中國歷代文化藝術

通赏中国历代词

王树海/主编

沈文凡　李　莹　代景丽
王　慷　胡　洋　杨辰宇　/著

長春出版社
全国百佳图书出版单位

图书在版编目(CIP)数据

通赏中国历代词 / 沈文凡，李莹，代景丽等著. —长春：长春出版社，2014.1（2016.12 重印）

（中国历代文化艺术 / 王树海主编）

ISBN 978-7-5445-2481-0

Ⅰ.①通… Ⅱ.①沈… ②李… ③代… Ⅲ.①词(文学)-文学欣赏-中国-古代 Ⅳ.①I207.23

中国版本图书馆 CIP 数据核字(2012)第 255961 号

通赏中国历代词

主　　编:王树海
著　　者:沈文凡　李　莹　代景丽　王　慷　胡　洋　杨辰宇
责任编辑:谢冰玉　历杏梅
封面设计:大　熊

出版发行:長春出版社　　总编室电话:0431-88563443
　　　　　　　　　　　　发行部电话:0431-88561180
地　　址:吉林省长春市建设街 1377 号
邮　　编:130061
网　　址:www.cccbs.net
制　　版:渲彩工作室
印　　刷:长春方圆印业有限公司
经　　销:新华书店

开　　本:787 毫米×1092 毫米　1/16
字　　数:250 千字
印　　张:14.75
版　　次:2014 年 1 月第 1 版
印　　次:2016 年 12 月第 2 次印刷
定　　价:29.50 元

总序

《中国历代文化艺术》丛书的策划萌生于自我拷问的“逼宫”阶段：富裕抑或温饱后的国人所衍生的一系列秽行劣迹如何消解？怎样阻遏？是亿万怀志有识之士焦虑的大事体，人们希冀、关注的目光合乎逻辑地投向了教育。诉诸宗教？不适国体，而且，中国自古以来就是多宗教而无宗教的国家。加重刑典？与时世潮流有舛，翻检家底，先秦法家的教训常教人记恚忧心；有人在正规教育的体制外补缺拾遗，力倡家庭教育甚或城隍庙教育，收效甚微……最终我们想到了文学艺术教育，宜先从历史古代入手。

长久长效的教育、教益，非文学艺术莫属。其向善向美的崇高道义，却是以社会成员自甘情愿、欣然领受的个体行为来实现的。她使人们乱中有支撑，忙里得从容，消闲时节有理想含慰藉。尽管学界时或有“文学边缘化”“后文学时代”和“文学死了”的众声喧哗，此于文学艺术自身难通款曲，西方哲学大佬黑格尔使用“三段论式”进行逻辑推演，宣判了文学艺术的死刑，时至今日不得执行。历史上大家大师误论误判是常有的事儿，鲜活的生活证明：只要有人类存在，文学就不能消亡。她呵护弱小，佑祖不幸，全力守望着心灵纯美，启迪人们对美的欣赏和追求。从其生产考稽，打压、支持全不奏效，夸饰、贬抑，几无意义，文学以其不可思议的独特魅力，展示着生灵的真善美。

“通赏”断限“历代”（以古代为主），析为A、B两大系列，A部含楹联、诗、词、书画、小说，B部则有神话、传奇、说唱文学、民间文学、杂剧戏曲等；一种体裁样式的通赏文学控制在30万字以内，约由上、下两编组成，上编简明交代基本知识、基本理论，下编分门别类进行赏析，精选精赏的撰述原则贯彻到底。

从根底上说，文学艺术没有国家民族的疆界，情感的交流，心灵的触碰，灵犀相通。然而，文学艺术的构成、鉴赏、表达传述、接受心理等，各民族、诸国度，尤其是中西方之间却赫然有别。首先是哲学信仰的崇奉和精神深层结构差异。中国传统的情节结构、矛盾冲突模式，整体上呈现出循环往复的“圆形曲线”，有类于“太极图”中的“阴阳鱼”——“我中有你，你中有我”，生息相依，和谐共生——无论怎样悲怆壮烈，不计如何可歌可泣，结局都归于“大团圆”。而西方则是一种“垂直交叉”的直线韵律，几近于“十字架”，平行展延与垂直运动的冲撞，势必造就毁灭性结局，读者抑或观众在经历了生与死的心灵颠簸、善与恶的人性决斗后，心智得以“升华”，道德赢获提升，悲剧一直是西方最高级质的审美范畴。文化谱系的不同，使中西方的文学艺术各现灵光。

就具体的文学艺术样式比较，益见各自拥居的优长缺憾。譬如诗歌，西方以“直抒胸臆”见长，中国则主要诉诸“借景抒情”“托物言志”的间接手段，看似表现手法不同，实则文化依本不一。有人称西方诗歌是“谋杀”，他们激情澎湃、高情千古地赞美歌唱一朵花儿时，花儿已“死”掉了，她已被掐下，或捧于掌，或置于案，或插于瓶，随着那“啊”的一声传来，花儿已被夸张的美意所“谋杀”。而中国的诗人倘或要钟情礼赞一朵花儿，作者就是那朵花儿，他要代她生根发芽，伸展枝叶，绽蕾开放，动摇于春风，接受雨露阳光的滋润爱抚，甚或经受风刀霜剑的侵凌，其语言也是委婉含蓄的，往往需要精致的通鉴通赏来理会其深幽不彰的诗意。诱惑似乎远不止于此，古代诗论有“诗无达诂”说，一人有一人的心得品鉴，一代人有一代人的训释理解，这是“一个没有终点的判断”，它永久性地刺激着人们的好奇心，引诱着你一步步走进文学艺术的纵深处。

关于“诗中诗”“艺中艺”的楹联艺术，亦须借此提醒记忆。倘或问询西方乃至世界文学艺术之林缺乏什么体裁，回答颇是简洁，这简洁的答案里滚动着沉雄的历史足音。西方文学艺术的园林里品类繁多，葳蕤茂盛，应有尽有，唯少楹联。她为母语汉语所独生独养，是汉文化体系万千宠爱集于一身的骄子。她与“戴着镣铐跳舞”的律诗血缘最近，诸多规矩的保障，成就其生长的方圆。她高贵亦平易，可长可短，小大由之；“可箴可铭”，概因世情；“纪胜纪地”，悉由胜意。“语其壮，则鲲海鹏霄；语其细，则蚊睫蜗角”。“诙谐亦寓劝惩，欣戚胥关名教”，“一为创局，顿成巨观”。在构成形式上，楹联最突出的特点是修辞格的对举对偶对仗，上联下联营构成为一个自给自足的圆融世界，“造化赋形，支体必双；神理为用，事不孤立”，“编字不只，捶句皆双；修短取均，奇偶相配”，通体呈现着宇宙对称守恒规律，忠实地传递着传统文化的命脉生息，一副佳联就是一个小宇宙。

小说乃至其前身，一直为人们所宠爱。西方小说催人读的力量多半在于谜底的篇末揭示。后来兴盛一时的“公案”“推理小说”将此推演到极致，当焦急的读者一路追随，赶到结局现场，看到了“嫌犯”是“谁”时，常常怅然若失，当读者翻江倒海般记忆、串联情节，一遍又一遍地“复盘”时，终觉不甚了了。而中国古代小说，往往一开局即告白结局，在其后的情节发展中，人们所寻觅的是那种导致成败胜负、团圆结局的因果关联是什么，历史的进步、局限？人性的光辉、暗淡？爱的饱满、缺失？抑或智慧的莅临、缺席……于思忖里颖悟，于颖悟中浸润美善。文学艺术的美育功能，善莫大焉，她该是全人类尤其是当下国人的宗教。

将中西文学艺术进行比照，并非厚此薄彼，意使彼此都获得一个参照系，亦使中国的古代文学艺术之“诗教”功用所呈现出的中国面目愈加俊美宜人。

在所有文学艺术体裁中虽只点到诗歌、楹联、小说，却也是“韵文”“散文”的典型代表了，余可均作如是观。读者可联系着自己的喜爱自我安排该丛书阅读的轻重缓急。令策划人、出版者充满自信、备感欣慰的是该丛书所延请的作者都是该领域的饱学之士，性情中人，读者与作者同赏、“通赏”，实属一大快事，同赏共勉，“通赏”普济，忙亦罢，闲亦罢，“达”亦罢，“穷”亦罢，赏吧！人生倘或没有文学艺术的照抚，日子将会如何的惨白啊！

王树海

前言

词是具有音乐性的格律诗。作为音乐文学样式，它是隋唐时期音乐革新的产物。中国的诗歌从《诗经》、汉魏六朝乐府到词都与音乐有着密切的关系，从雅乐、清乐到燕乐经历了不同的时代，受到不同文化的影响。一种音乐形式的发展是一个动态的历史过程，随着隋朝的统一而形成，因着唐代的鼎盛而发展，亦在元代渐趋衰落，被北曲所取代。明代以后，宋词曲谱大多失传，而按照格律填词的传统却不曾断绝。从广义而言，随着词体的发展，它逐渐脱离了音乐的形式，成为一种优美的韵文体式。

词，又称曲子词、长短句或诗余。宛敏灏先生在《词学概论》中指出：从音乐关系考校，词是"曲子词"的简称；从句法特点分析，词被称为"长短句"；从诗词差异审视，词又称为"诗余"；而袭用原名称者称其为"乐府"或"乐章"。

一般认为，词滥觞于两汉乐府民歌，兴于隋、唐，盛于两宋，繁衍于明，而中兴于清。词体在隋唐渐成气候，今仅余有《河传》《水调》《泛龙舟》等隋代词牌存世。现存较早的唐五代词作辑自甘肃敦煌千佛山石窟中的残卷，被称为"敦煌曲子词"，其中收录了162首词作，以中晚唐作品为主。"敦煌曲子词"内容丰富，涵盖了羁旅之呻吟、忠直之壮语、隐居之愉悦等主题。这些词作形式较为完备，格律较为宽泛，押韵和平仄较为自由，语言自然，反映了早期民间词的素朴风貌。

唐代文人词的创作状况比较复杂，唐玄宗前后出现的部分作品，如沈佺期的《回波乐》、张说的《舞马词》、韦应物的《三台》等作品可否被认定为词作尚存疑问。同时，《菩萨蛮》《忆秦娥》等作品的作者仍然存在争议。然而这些未解之疑问并不妨碍唐代文人词的杰出成就。《菩萨蛮》《忆秦娥》二词，境界清疏阔大，宋人黄昇称之“唐代词曲之祖”(《花庵词选》)。

中唐之后，文人作词渐多，著名词人包括张志和、戴叔伦、韦应物、刘禹锡、白居易等，多有模仿民歌的小令作品，带有鲜明的“南国风味”。戴叔伦的《调笑令》(边草)和韦应物的《调笑令》(胡马)描写边塞风光，抒写戍边将士的愁思，拓展了词境，提升了词体的艺术表现力。刘禹锡的《竹枝》《柳枝》等词，白居易的《忆江南》《长相思》等词极富民歌特点和生活气息。

词的真正文人化创作始自温庭筠，他是花间词派的代表人物，其词多写女子的离愁别恨和相思之情，善于描摹女性的容姿和服饰，展示幽微的内心世界，其《菩萨蛮》(小山重叠金明灭)、《菩萨蛮》(竹风轻动庭除冷)等词皆属此类。除常见的闺阁、艳情题材外，温庭筠还擅长描写游子思妇的情怀，其《梦江南》(千万恨)、《望江南》(梳洗罢)、《玉蝴蝶》(秋风凄切伤离)、《更漏子》(玉炉香)等词以浓艳密丽的笔调抒写感伤的意绪。在他的努力下，词体在题材、风格、意境、辞藻、韵律等方面都得到了较大的提升和发展，文人词得以确立，花间类型基本形成。

在花间词人群中，韦庄与温庭筠并称“温韦”，其词多用白描手法写闺情和游乐生活，特别是《菩萨蛮》五首，一改花间词风，以清新的语言直抒胸臆，上承白居易、刘禹锡《忆江南》词风，下开南唐冯延巳、李煜词之先河。花间词派的其他词人的创作亦以绮丽的艳情题材为主，这是特殊社会文化氛围中滋生的特殊的时代风气，作品往往流于颓靡，伤于侧艳。

南唐词人具有较高的文化修养，重视心灵感受，表现出抒情化、心灵化的倾向，即以主体心灵的反省、体验、品味和感悟为主。南唐宰相冯延巳词作“俯仰身世，所怀万端……其忧生念乱，意内而言外”(冯煦《阳春集序》)，词作中表现出强烈的时间意识和生命意识，将惆怅难言的忧愁化成迷茫惝恍的感情境界，其词境在某种程度上融合了诗境，较之花间词境既阔且深，于华贵之中有清新之气。南唐后主李煜在亡国之后，通过词作宣泄情感，创造出一片抒情的新天地，他在对客体的直觉感悟中，把握其内在的特性，做出审美评价与判断。后主之词美在性情，贵于真率，展现出情的动人和法的超妙，对后代词人产生了深远的影响。王国维《人间词话》肯定了他的艺术成就，认为“词至李后主而眼界始大，感慨遂深，遂变伶工之词而为士大夫之词"，从此词真正成为文人抒情言志的重要载体之一。隋唐五代时期是词体萌芽、发生的阶段，词体的体制、章法基本定型，言情和言志基调基本形成，为词体的演进和深化奠定了坚实的基础。

宋代君主汲取唐代灭亡的教训，以娱乐消弭对抗，这种时代风气刺激了具有表演功能和娱乐作用的词体的发展，为词的普及和推广提供了必要的机缘和氛围。宋代文人皆以能词为荣，词在宋代进入了全盛的局面，取得了巨大的艺术成就。从君王、将相、臣工、商贾到女性都通晓音律，雅好词章，在创作题材上有所开拓，思想和艺术上有所提升，形成了多个艺术体派。

北宋前期词的创作延续含蓄蕴藉的小令形式，以柔情为题材取向，确立了婉丽的审美规范。晏殊词以温润圆融著称，其词多表现雍容闲雅的情致，在诗酒之乐中，掺杂着一种无计消除的躁动和惆怅，被誉为"北宋倚声家初祖"(冯煦《蒿庵论词》)。欧阳修效仿民歌，融合雅俗，《朝中措》诸篇，寓情于景，抒发寄情山水、笑傲洒脱的情怀，涤尽五代余习，显出清疏峻杰的风貌，直接影响到苏轼和秦观的创作。晏殊幼子晏几道的小令深细委婉，淡语中有伤感的情绪。这一阶段的小令创作在继承中有所创新，体现出艺术上的新变。

与小令的早熟相对，调长拍缓、要眇婉转的慢词在北宋被推向了高峰。柳永是第一位大力创作慢词的词人，也是词史上第一位专力填词的词人。从柳词的源流来看，他取用在民间广为流传的市井新声，以通俗浅近为根本特征，更接近敦煌词一路。在内容上他以羁旅行役、都市风光、歌妓舞女和言志抒怀等题材为主。在艺术成就上，他大量创制慢词长调，以赋体入词，使宋词进入了以慢词为主体的新阶段。柳永为宋词发展做出了巨大贡献，苏轼、秦观、贺铸、周邦彦，乃至南宋的姜夔、吴文英等词人均在不同程度受其影响。

苏轼倡导"以诗为词"，将诗歌的创作方法和表现能力引入词中，对词境进行拓展，突破了词为"艳科"的传统，把诗歌广阔的题材、高尚的立意带进词的天地，全面地开拓了词的表现领域。词体在苏轼手中逐渐转变为士大夫言志抒怀的工具，表现自我的经历和性情。贺铸、秦观等人的词作，或以密丽之言诉幽深之情，或将身世之感融于艳情，表达哀伤而又和婉的情韵。周邦彦是"大晟词人"中最杰出的一位，他从声韵、结构和艺术手段等方面为词体的发展做出了贡献。李清照是中国词史上最杰出的女词人,她主张词应"别是一家",注意词的音乐性,表现出雅妙而清新的女性特质。北宋词的创作展现出体制完备、豪婉相济、雅俗共赏的特征。

靖康之难发生后,宋室南渡,词坛充满着亡国的悲凉和志士的感怆,柔弱与阳刚的情绪交织。南渡词人中,朱敦儒的词风随时事和性情而变化,从名士的疏放到流亡者的忧惧,其生命历程与创作历程彼此影响,成为沟通苏轼与辛弃疾词风的重要人物。

南渡词人之后,辛弃疾登上词坛,他继苏轼之后"以文为词",将士大夫之词变为志士之词。他"敛雄心,抗高调,变温婉,成悲凉"(周济《宋四家词选》),用志意风神熔铸笔下文字,反映了山河变异、神州陆沉的现实,抒写英雄志意。他将慷慨激昂、纵横恣肆的风格与悲壮昂扬的时代精神相结合,展现出由男子汉阳刚之气汇集而成的格调全新的词体风貌,对辛派词人和辛派后劲的创作产生了深远的影响。

辛派词人中,张孝祥的词风潇洒浪漫中有豪放的情怀和批判的精神。陆游以词作反映壮志难酬的苦闷和悲愤。陈亮"以词为文",表现出鲜明的议论性和现实性。辛派词人和辛派后劲继承苏轼开创的豪放词风,发扬南宋初期爱国词人的战斗传统,进一步扩大词的表现力。在表现手法上,他们不仅以诗入词,而且还以辞赋笔法填词,兼取各体文学之长,充分发挥词的抒情、状物、议论、记事、写景的功能,把词进一步推向散文化、议论化的道路,使词的表现力得到更大的拓展。

南宋词人中能开拓新局面,对后世词人产生较大影响的是辛弃疾和姜夔。姜夔是漂泊江湖的布衣寒士,他是继柳永、周邦彦之后又一位精通词律的名家,开创了骚雅峭拔的词风。姜夔词作"幽韵冷香",笔调清空瘦硬,情趣高雅脱俗。词中序言优美隽永,与词作珠联璧合。吴文英的作品在思维上富于变化,结构章法上打破时空的界限,表达深幽,个性鲜明。王沂孙善于咏物,词境比较狭窄。蒋捷的词作蕴藉而流畅,表现遗民感受。刘克庄的词中充满了民族的危亡感受和人道主义精神。

金、元词虽是从唐、五代、两宋词的母体中脱胎而出,但具体来说,又有各自不同的面貌。清代况周颐《蕙风词话》卷三曰:"南宋佳词能浑,至金源佳词近刚方。宋词深致能入骨,如清真、梦窗是。金词清劲能树骨,如萧闲(蔡松年)、遯庵(段克己)是。南人得江山之秀,北人以冰霜为清。南或失之绮靡,近于雕文刻镂之技。北或失之荒率,无解深裘大马之讥……然而宋、金之词之不同,固显而易见者也。”金太宗、熙宗两朝的词坛盟主宇文虚中、吴激,其词中都充斥着《哀江南赋》式的悲苦,或系心于故国莺花,或魂断于旧家梁燕,低回顾影,凄怆欲绝。蔡松年的词已基本上隔断和北宋王朝千丝万缕的政治联系,主要抒写作为金国臣僚的生活情趣,开有金百年词运。

世宗、章宗时期,承平日久,汉化浸深,蔡珪、耶律履、党怀英、赵秉文、完颜璹等脱颖而出,金词至此,自家已备。卫绍王以降,政荒于内,兵败于外,时局屡变,词亦随之,王渥、段克己、段成己等或吟高亢激越战歌,或发黍离之悲,或明首阳之志,兴趣在陶渊明、杜甫之间。金词具最高成就的当推元好问,其词沉郁顿挫,真实记录了北国壮丽河山之美及痛失国土之悲。

元词在题材和内容的取向上有十分明显的时代特征,相思爱恋主题随着词乐的消亡而逐渐受到冷落。与元代特殊的政治、社会环境相适应,元人笔下的词作往往以隐逸、山水、怀古为主题。代表词人有白朴、萨都剌、刘因、张翥、王旭等。由于元代结束了宋、金对峙的分裂局面,南北词风融合为一,故元词呈现出多样化的风格,但又因北方人数量居多,故元词的审美主导倾向,仍为金词所偏重的阳刚一路。值得注意的是,元以曲胜,而元曲的一个重要特点便是冷中藏谑,其时词曲并行,相互渗透,元词遂亦染上几分元曲的冷面滑稽。

明代自开国直至熹宗天启末年,明词却由序幕的哀管亢角转入了低轸轻弦,南宋、金、元词之清刚,一时收敛;唐、五代、北宋词之温柔,再度风发,但因其严重脱离社会现实,故在前期经历了一段较长的中衰期。词的黄金时代一去不返,词乐失传,同时,俗文学的兴起加速了诗词的衰落。在风云变幻的历史环境下,明初词坛以刘基、杨基、高启等人为代表。刘基《写情集》境界开阔,气象苍茫,手眼颇高。杨基的《眉庵词》有婉约本色,清雅风流。

永乐、成化年间,词坛创作以台阁体为主,缺少出色词人。弘治、嘉靖年间,出现了被誉为“一代词宗”的杨慎,他精通并关注词学理论,工于小令,颇富才情,其《二十一史弹词》中《说秦汉》的开场词《临江仙》(滚滚长江东逝水)更是在哲学的旷观之中充溢着历史的感伤。陈霆精于治词,追求圆妙词境,有《渚山堂词话》传世。

明代后期词坛,王世贞词长于立意而缺少浑融之态,且有曲化倾向,施绍莘词风轻艳风流。崇祯时期,政局动荡,满清悍师频繁入侵,明词在谢幕之前以急筑悲笳、紧锣密鼓重新回升到高音区,抒发慷慨报国之志,借比兴曲折表达伤悼之情。

元、明两代词风萎靡困窘,清代终于出现了"中兴"的局面,流派纷呈,名家辈出,抒情风格得以重立。清初云间词派以陈子龙和宋征璧、宋征舆兄弟为代表,为清词的发展奠定了基础,夏完淳的词则沉郁中有志士之气。顺治、康熙年间,"江左三大家"之一的吴伟业的词风从艳丽转为郁愤;尤侗《百末词》流宕隽永,才情富艳;宋琬《二乡亭词》以小令见长;广陵词坛王士禛重视神韵;王夫之作词多怀故国之思;屈大均词风豪健,境界开阔。阳羡、浙西二派犄角对接,清词中兴,大势既成。以陈维崧为代表的阳羡词派反清的民族意识较强烈,所作大抵取法南宋辛弃疾与阳羡名家蒋捷,悲壮淋漓,关心民生疾苦。浙西词派标榜醇雅,宗法南宋格律派,所追蹑者,尤在姜夔、张炎之骚雅清空一路,持续时间较长。此期词坛还出现专学唐、五代、北宋言情小令的现象,卓越代表是纳兰性德,其悼亡诸词纯任性灵,纯用白描,别具手笔。

乾隆、嘉庆、道光诸朝是清词的转折点,以张惠言为代表的常州词派,倡言寄托,强调意内言外之旨、风骚比兴之义,及至晚清,成就较高的当属蒋春霖、况周颐、郑文焯、王鹏运、朱祖谋诸人,他们寓伤时悯乱之慨,沉郁悲痛,为清词画上了圆满的句号。

《通赏中国历代词》以作品为经,收录并鉴赏了从中晚唐、五代、两宋、金、元、明至清代的名家词作;以题材为纬,涵盖了亲情友情、宦海迁谪、四时节序、咏物寄情、伤时念乱、羁旅怀人、边塞征戍、悼亡伤逝、怀古咏史、梦云飘缈、婚姻爱情、历代闺怨共12类主题。在每类通赏之前,撰写了相关题材的概说,从时代线索、文化线索和词体发展等角度进行阐述,从而揭示其题材意蕴、创作概况和词史影响。

沈文凡　李莹

2011年10月

目录

第四节 咏物寄情词

第五节 伤时念乱词

第一节 亲情友情词

概说

亲情，是指有血缘、婚姻或养育关系的人们之间的感情；友情，是人们在社会活动中因接触、交往、共事而产生的感情，尤其是患难与共、志同道合者之间的情谊。亲情和友情，是人皆有之的具有普世性的基本情感，一直是文学作品中的一个重要主题。中国的文学受到农业文明的影响，在以农业生产为主的宗法社会里，家庭是生产单位，家族是社会基层组织，血缘关系是联结人际关系的纽带，在社会生活中亲情和友情成为人们最主要的情感表现之一。而强调“亲亲尊尊”人伦关系的儒家学说，又使亲情上升到伦理道德层面。在这些因素的作用下，古人心中的亲情、友情观念极为浓重，深受儒学熏陶的文人，更是以身作则，如苏轼和苏辙之间的兄弟之情，他们患难与共，守望相助；李清照与赵明诚二人赌书泼茶，切磋文艺，成为文坛佳话。他们之间的情感不因时空的转移而改变，同时又随着世事的变迁而更加浓烈。尤其是李清照在《漱玉词》中既描绘了二人琴瑟和谐时的甜美，亦表达了分别时“人比黄花瘦”的忧伤，更有在遭逢国难、亲人永隔之际的无法言喻的悲苦。

词于隋唐之际配合燕乐产生以来，其情感内涵渐趋丰富，由最初的艳情而渐渐延伸至对亲情和友情的描写。晚唐五代时期，出现了具有代表性的表现亲情友情主题的词，如冯延巳的《鹊踏枝》（庭院深深深几许），温庭筠的《梦江南》（梳洗罢）、《更漏子》（柳丝长）、《更漏子》（相见稀），韦庄的《伤昔》（昔年曾作五陵游）等等。这些表现亲情友情的词作多以优美的景物和清丽的笔调将对亲朋良友的思念表现得声情并茂。

宋代自太祖建国伊始，定下了重文轻武、崇尚享乐的政治和文化基调，词体成为文人娱乐和抒情的主要方式。宋代是一个多情的时代，在文坛上涌现出诸如柳永、欧阳修、晏殊、晏几道、秦观、周邦彦、苏轼、辛弃疾、李清照等众多词坛名家，他们以词写心，留下了大量的真挚动人的亲情友情词，拓展了词境，深具性灵之美，真切地反映了宋代文化生态和文人性情。

有爱却要别离，游子羁旅天涯，不知何时才能够与亲人团聚，于是对于亲友家人的思念成为词作抒情中的应有之义。靖难南渡之后，南宋的政局处于风雨飘摇之中，许多主战志士报国无门，动辄得咎。他们在宦海浮沉和理想追求中，把亲情和友情当作精神上的慰藉。

金元时期频繁的政局变动，使文人心灵备受煎熬，对亲情和友情的吟咏也成为一种时代的主调，这些词较之前代，往往写得更加慷慨激昂，饱含时代悲音。

清词继承前代尤其是宋词传统，并不断开拓新的主题领域，深化了词境，呈现出中兴之势。在清代前期相对稳定的社会环境中，亲情友情词多以赠答、送别为主题，抒写性灵，比如顾贞观的《金缕曲》二首即是清代友情词的佳篇，字字饱含关怀，句句震撼灵魂。及至清代晚期，政局动荡不安，整个王朝处于风雨飘摇之中，此时的亲情友情词中则融入了黍离之悲。以况周颐、王鹏运、朱祖谋、郑文焯为代表的晚清词人在对亲情和友情的表达中融合着家国之思，既表达了对亲朋友人的真切关怀，又饱含着对现实政治的强烈不满和身世之感。

亲情友情作为词的重要主题之一，在宋代得到了大力发展，清代承其余绪，将此种主题推向高潮，使亲情友情词成为慰藉世人心灵的一剂良药。

鹧鸪天

（北宋）晏几道

彩袖殷勤捧玉钟。当年拚却醉颜红。舞低杨柳楼心月，歌尽桃花扇影风。

从别后，忆相逢，几回魂梦与君同？今宵剩把银釭照，犹恐相逢是梦中。

这首词是晏几道在与一个相熟的歌女意外重逢下的抒情之作，其间充满不期而遇的惊喜。晏几道善于捕捉主人公刹那之间的心理活动，虚实结合，情深而意密。词的上片叙写当年欢聚之时，歌女彩袖舒展，频频斟酒，自己拼命畅饮，当年醉颜犹在目前。歌女尽情为词人歌舞，通宵达旦，甚至唱到没有举扇之力，可见二人一见倾心，情意浓烈，在词人心中留下了难忘的印象。

词的下片由“从别后，忆相逢”勾起往昔的离愁和梦中的思念。词人巧妙地用“几回”来渲染反复缠绵的相思和意绪，并以犹恐是梦来收束，将缱绻情思转到眼前。今日良宵重现，伊人就在身畔，词人将惊喜之中掺杂着难以置信的复杂情感用直白的语言来表现，产生了缠绵动人的抒情效果。

虞美人 有美堂赠述古

（北宋）苏 轼

湖山信是东南美，一望弥千里。使君能得几回来？便使樽前醉倒更徘徊。

沙河塘里灯初上，水调谁家唱？夜阑风静欲归时，惟有一江明月碧琉璃。

宦海浮沉中的苏轼，对于亲情和友情有着独特的解读方式，他用超脱的眼光看待那个或多情或无情的世界。苏轼在政治仕途上无疑是不幸的，遭受文字狱，相继被流放到湖北黄州、广东惠州和海南儋州等地，但他用一双多情的眼睛观看春花秋月，解读社会人生，所以其词达，其情真。

神宗时期，苏轼曾在杭州任职，在那里他爱江南美景，更爱那里的可爱之人，这首词就是写给友人陈襄的。当时陈襄即将调离杭州，苏轼因留恋友人，即席写下此词。上片开头不言离别，只写“一望弥千里”的湖山之美，使人徜徉于山水之中，有闲适豁达之貌。接着笔锋突转，一句“使君能得几回来”便将离情引入眼前。词人既是问人，亦是自问，在那个政治风云变幻无常的年代，每个人都是浮萍，谁人又能左右自己的命运呢？但词人终是达观之人，面对人世的别离，他以酒畅怀，醉倒忘忧。

下片描写夜暮之景。此时清风徐来，水波不兴，月出东山，渔火点点，水面上不时传来袅袅歌声，一如词人的情思，千丝万缕。不知不觉中，天色已晚，暮色笼罩了苍茫的江面，友人离去的舟船亦渐渐消失在了词人的视线中。词人以“惟有一江明月碧琉璃”结束全词，留下一片空白，余味不尽。

这首词写江畔送别之景，别前情状与别后余韵相互生发，将词人对友人的深情抒发得淋漓尽致。当陈襄离杭时，苏轼追送至临平（今浙江余杭）又填《南乡子》赠之，表达光阴荏苒、物是人非的孤寂落寞。词人与友人再次分别之际，备感伤怀，有“今夜残灯斜照处，荧荧，秋雨晴时泪不晴”的哀叹。

江城子 乙卯正月二十日夜记梦

（北宋）苏 轼

十年生死两茫茫。不思量，自难忘。千里孤坟，无处话凄凉。纵使相逢应不识，尘满面，鬓如霜。

夜来幽梦忽还乡。小轩窗，正梳妆。相顾无言，惟有泪千行。料得年年断肠处，明月夜，短松冈。

此词作于熙宁八年(1075)正月二十日夜，时任密州知州的词人已至不惑之年。词中描绘了词人因思念亡妻而与之梦中相见的情景，缠绵悱恻而又哀伤凄凉。温柔贤惠的王弗16岁嫁于苏轼为妻，夫妻情深，但无奈造化弄人，王弗华年早逝，给苏轼以莫大的精神打击。他将丧妻之痛深深埋藏在心间，时时回味着彼时夫妻恩爱、形影相伴的甜蜜。

上片以“十年生死两茫茫”奠定基调，迷茫飘忽中有排空之势。夫妻阴阳阻隔已经十载，如今又远离故乡，梦中相见令人感慨万千。“不思量，自难忘”，词人用平常之语叙述自己对妻子的思念，二者看似矛盾，但艺术的张力使感情变得更加厚重、沉郁，深深地印在心上，融进血液。“千里孤坟”两句从亡妻的角度切入，写孤坟深处的凄凉之状。王弗葬在四川眉州老家，而苏轼千里游宦在外，生死相隔加上距离遥远，不能话凄凉，带给读者的感受是更加凄凉。“纵使相逢应不识，尘满面，鬓如霜”三句，词人以退为进，想象着相逢后的情景，独自揣想：即使你我得以相聚，恐怕经历了岁月沧桑，你也不能认出昔日夫君了吧？且看我现今因漂泊而生的白发，这些岁月的痕迹，又何尝不是因你而生呢？此时的苏轼已不再是青云得意的科场新贵，历经政治风雨和生活窘境的他，心境相比之前已经有了巨大的变化。

下片写梦境，以“夜来幽梦忽还乡”领起，妻子昔日姣好的容貌永驻心间。既已相见，何以无言？只为情到深处泪自流，夫妻别后重逢，万千言语，喜极而泣，此乃无声胜有声之境也。柳永《雨霖铃》中有“执手相看泪眼，竟无语凝噎”的无声表现，可见情到深处，已经不再是言语所能传达。全词以“料得年年断肠处，明月夜，短松冈”作结，将茫茫的思念和忧伤定格在妻子的坟墓前，明月下是难以摆脱的绵绵思念。

唐圭璋《唐宋词简释》评曰：“此首为公悼亡之作。真情郁勃，句句沉痛，而音响凄厉，诚后山所谓‘有声当彻天，有泪当彻泉’也。”苏轼的这首《江城子》是悼亡词中的不朽之作。

江城子　别徐州

（北宋）苏　轼

天涯流落思无穷！既相逢，却匆匆。携手佳人，和泪折残红。为问东风余几许？春纵在，与谁同！

隋堤三月水溶溶。背归鸿，去吴中。回首彭城，清泗与淮通。欲寄相思千点泪，流不到，楚江东。

宋神宗元丰二年(1079)，苏轼自徐州调任湖州。在徐州任职期间，他对这里产生了深厚的感情，故此，分别之际他的离情格外浓郁深挚。

这首词是写给徐州友人田叔通、寇元弼、石坦夫的。上片以感慨起调，有时空苍茫之感，同时含有身世飘零之叹。“既相逢，却匆匆”转写对徐州的留恋。两年的徐州任职让词人漂泊不定的生活产生了些许的归属感，无奈佳期不长，转眼又将奔赴陌生之所，此时此刻对徐州风物人情更是倍加难舍。“携手佳人”两句，将此番感触上升为一种佳人良期的悲怨。末三句更由残红而及残春，春光纵在，良友将别，愁绪万千。词人将积郁的愁思注入即事即地的景物之中，字字入情。

下片即景抒情。“隋堤三月水溶溶”实写途中之景，意境苍茫，情、景悠悠。“背归鸿，去吴中”亦是实写，但饱含悲音。词人看到天空中由南而北的归鸿，他不禁联想到自身的处境。他与飞鸿相背，告别徐州而将飘向湖州，心境异常苍凉。“回首彭城，清泗与淮通”虚写徐州之别，“彭城”即徐州。词人因不忍离去而频频回首，但无奈山水阻隔，视线脱离了徐州，心却只系“故里”。于是词人幻想借泗淮之水寄心间情泪，想象奇特，造语精警至极。

全词以别恨贯穿始终，上片写别时情景，下片想象别后境况，词人欲托清泗流水把千滴相思之泪寄往徐州，怎奈楚江（指泗水）东流，相思难寄，怎能不令词人怅然若失！托流水以寄泪，想象丰富贴切，情真景阔，造语精警；楚江东流又大有“人生常恨水常东”之境。

一剪梅

（宋）李清照

红藕香残玉簟秋。轻解罗裳，独上兰舟。云中谁寄锦书来？雁字回时，月满西楼。

花自飘零水自流。一种相思，两处闲愁。此情无计可消除。才下眉头，却上心头。

与苏轼的情感表现不同，作为恪守诗词分野的女性词人，李清照的词作中有着柔美和轻盈的婉约特质。李清照身处两宋之交，雅好词章而经历了甜蜜的婚姻和痛苦的分别，正因为李清照与赵明诚之间夫妻情深，故在离别之时亦痛苦至极。在她词的创作历程中，前期多描写女性的日常生活和略带幽怨的思念。

《一剪梅》写于赵明诚负笈远游之际，面对离别，词人颇感惆怅，故黄昇于《花庵词选》中题作“别愁”。这首怀人佳作，因愁而美，词人以女性特有的细腻和柔情将古代女子离别后对丈夫的思念表达得如诉如泣而哀婉动人。上片以“红藕香残玉簟秋”起笔，构成一幅秋日残香图，既交代了时令，又渲染了思夫的自然氛围。秋意与怀人彼此生发，且以藕断丝连作衬，心间愁绪又增一层，那秋日的竹席似乎知晓词人的心事，也渗透着丝丝凄凉。正如《长恨歌》中李、杨分别之际有“鸳鸯瓦冷霜华重，翡翠衾寒谁与共”的句子，环境的寒凉正是心境寒凉的外化。“轻解罗裳，独上兰舟”则笔锋陡转，由对自然景物静态的观照转入对自我形象的刻画：因情而醉的词人，换上便装，轻启兰舟以游历遣怀。她盼望着云中的锦书，然而传书的飞雁没有留下任何的讯息，只有月亮的一抹清辉洒向西楼，勾起更加深沉的思念。

“花自飘零水自流”有着“落花有意，流水无情”的悲凉，同时亦有花落、水流，时光匆匆、生命流逝的哀感伴随着别愁。一个“自”字便将词人对青春易逝、韶华空去的慨叹表现得极为充分。落花流水的无情衬托着一个有情而且正在动情的抒情主人公。“花自飘零水自流”承上启下，将上片中词人的情感形象化的同时，也为下片愁思的抒写做好了铺垫，词人的情感至此达到一种高潮，于是便有“一种相思，两处闲愁”的吟唱，“一种”“两处”将情感的辐射面加以扩大，从双方思念来写，形成一种彼此间的内心对话，暗写夫妇之间心心相印的情感状态。

词末又以“此情无计可消除。才下眉头，却上心头”作结，将对丈夫的那份思念写得愈发浓重。用“才下”“却上”两个通俗之词便把女词人愁思难消的心绪活灵活现地表达出来，可见其炼字功夫之深。

全词以景寄情，由白昼时的出游写及夜晚的月满西楼，在时光的流逝中将深情娓娓道来。词作布局工巧，用语贴切，对夫婿的思念和牵挂历历可见。与此情感相类，还有作于重阳佳节的《醉花阴》（薄雾浓云愁永昼）亦是怀人词，她以“莫道不消魂，帘卷西风，人比黄花瘦”写相思之意，将黯然神伤的心绪与秋风中的菊花进行对比，以有形喻无形，刚健中有婀娜，同样独具匠心。

临江仙 梅

（宋）李清照

庭院深深深几许？云窗雾阁春迟。为谁憔悴损芳姿，夜来清梦好，应是发南枝。

玉瘦檀轻无限恨，南楼羌管休吹。浓香吹尽有谁知，暖风迟日也，别到杏花肥。

李清照善写黍离之悲，怀恋往昔亲情、友情。词人毕生酷爱梅花，以梅之高格自比，梅即为词人的情感化身。

这首咏梅词作于建炎三年(1129)，是李清照生命晚期的代表作之一。此时的词风由早期的清新俊逸转为苍凉沉郁，饱含身世之悲。

词人开篇即巧妙运用欧阳修《蝶恋花》中“庭院深深深几许”的词境，连用三个“深”字，极力渲染梅花的生存环境，有压抑之感，不仅如此，还有“云窗”“雾阁”相绕，凄凉之境溢出于笔墨之间。“为谁憔悴损芳姿，夜来清梦好，应是发南枝”，词人不解孤梅缘何零落，大概花开时节也只是清梦而已吧？上片言梅而不见梅，但个中神韵在跌宕之间显现无遗。

下片直接写梅，消瘦的面庞，经历了岁月的沧桑，浓香几被春风吹尽，不为人知。词人在这里借梅花以自喻，饱含无限国恨家愁。

整首词布局工巧，先以隔笔写梅之孤寂，再以逼近之法描摹残梅苍凉之貌。清代况周颐《蕙风词话》卷五云：“以性灵语咏物，以沉着之笔达出，斯为无上上乘。”词人处处咏梅，时时不离性情，二者相谐为一，实为托物言志的佳作。对此，徐北文主编的《李清照全集评注》评之曰：“这首咏梅词，托物言志，以梅喻人。表面写梅，实际上写人。写梅花运用了拟人的写法。‘为谁憔悴损芳姿’‘夜来清梦好’‘无限恨’，赋予梅花以人的思想、感情和行为。说是写人，却有梅花的物态形象：‘发南枝’‘玉瘦檀轻’‘浓香’，真是亦花亦人，梅与人浑然一体。寄托着女主人对远离身边的心上人的深情思念，为相思而憔悴痛损，忧心韶华易逝、红颜衰老，心上人对自己冷落和疏远。”

武陵春

（宋）李清照

风住尘香花已尽，日晚倦梳头。物是人非事事休，欲语泪先流。

闻说双溪春尚好，也拟泛轻舟。只恐双溪舴艋舟，载不动许多愁。

李清照早年过着优裕富足的生活，与丈夫赵明诚感情甚笃。当金兵入主中原，她与家人被迫流寓南方，丈夫因病去世，女词人身心受到重创，举目所见皆为凄凉之景。《武陵春》是李清照避乱金华时所作，全词写得深沉哀婉，别有情致。上片以“风住尘香花已尽”的静态之景起笔，春景也因情感的悲楚而变得凝滞，风停了，雨止了，泥土中散发出春花的芳香，寄寓异乡的词人看到片片落花，心碎不已，情思遂荡漾开来。此时天色已晚，但词人因失去悦己者而发丝凌乱，不修边幅。春景虽好，但是彼人不再，物是人非之感涌上心头，国已破，人已没，人生凄凉不过如此。词人想对春光诉说自己的忧愁，但无奈“欲语泪先流”，只一“欲”字便将词人心间无限愁苦书写殆尽。

下片转入对生活细节的描摹，她满载心间愁苦，踏上了借春遣怀的行程。轻盈的小舟，载不动纤纤女子一颗柔弱的心，那是因为词人心间满是情愁。她历尽离乱之苦，所以词情极为悲戚。上片极言眼前景物之不堪、心情之凄苦，这里词人巧妙运用心理描写，以“只恐双溪舴艋舟，载不动许多愁”来写无形之愁，赋予其真切可感的重量，将暮春愁苦定格在一片孤舟上，余味无穷。历代文学作品中将愁这种虚幻的感情加以实化有不同的手段，秦观《江城子》中有“便做春江都是泪，流不尽，许多愁”，以一江春水喻愁绪；《西厢记》中有“量这些大小车儿如何载得起”，愁绪难以用车载起；而李清照的愁绪则表现得更加轻盈而优雅。

李清照主张词应“别是一家”，从本体论的高度张扬了词体。她的词作语言精妙清亮，以自然风韵见长。比如词人以“风住”“日晚”“只恐”等寻常语入词，给深邃难言的情感以生命的气息，生动感人。

沁园春 寄稼轩承旨

（南宋）刘　过

斗酒彘肩，风雨渡江，岂不快哉！被香山居士，约林和靖，与东坡老，驾勒吾回。坡谓西湖，正如西子，浓抹淡妆临镜台。二公者，皆掉头不顾，只管衔杯。

白云天竺飞来，图画里、峥嵘楼观开。爱东西双涧，纵横水绕，两峰南北，高下云堆。逋曰不然，暗香浮动，争似孤山先探梅。须晴去，访稼轩未晚，且此徘徊。

《沁园春》作于宋宁宗嘉泰三年(1203)，这是布衣词人刘过写给友人辛弃疾的一首妙词。辛弃疾时任浙东安抚使，曾邀刘过到绍兴一聚，刘过因故无法践约，故创作了这首穿越时空、想象奇诡的作品作为应答。

此词夹叙夹议，场景开阔旷达。起句“斗酒彘肩”，事出《史记·项羽本纪》，用樊哙豪饮畅啖之典，意在表明自己欲赴宴同欢的意愿。“风雨渡江”之景，词人言曰“岂不快哉”，直抒胸臆，真切可感。“被香山居士”以下数句，词人打破时空界限，说白居易、林和靖与苏轼这三位不同时代，但皆与杭州有着密切关系的先贤挽留词人，不愿他离杭而赴约，并演绎了一段精彩对白，想象可谓奇特。另外词人巧妙化用坡翁“浓妆淡抹总相宜”之胜境，眼前景，心间情，随西湖晴雨而舒展。“二公者，皆掉头不顾，只管衔杯”这一承上启下之笔，似是无意，却显神思。

下片以白云天竺的绵邈映衬峥嵘之景，情怀自由超逸。纵横水绕的东西双涧，高下相倾的南北两峰，江山形胜令人难弃。唯独林逋不以为然，孤山梅韵先得其心。

刘过这首《沁园春》用杭州西湖、楼阁、梅花衬托“风雨渡江”的北伐志意，整首词有大开大阖之势，异于常道，别有新意。宋代俞文豹《吹剑录》赞此词云：“此词虽粗而局段高，与三贤游，固可睨视稼轩。视林、白之清致，则东坡所谓‘淡妆浓抹’已不足道。稼轩富贵，焉能浼我哉。”

望海潮　上兰州守

(金)邓千江

云雷天堑，金汤地险，名藩自古皋兰。营屯绣错，山形米聚，喉襟百二秦关。鏖战血犹殷。见阵云冷落，时有雕盘。静塞楼头，晓月依旧玉弓弯。

看看定远西还。有元戎阃令，上将斋坛。区脱昼空，兜零夕举，甘泉又报平安。吹笛虎牙闲。且宴陪珠履，歌按云鬟。未拓兴灵，醉魂长绕贺兰山。

邓千江独以《望海潮》孤篇名世。全词激情澎湃，是写给驻守兰州的张六太尉的。上片全面展现眼前景观：天堑之险，再以“云雷”修饰，尽显黄河波涛汹涌之势。皋兰直与云天相接，地势险要，固若金汤；营寨犹如错落有致的刺绣，山峦密集恰似群米聚拢。于此众山之中，皋兰山占据“百二秦关”的喉襟之位，使人油然而生庄严壮美之感。词中隐约可见两军鏖战的情形，孤云伴着明月，传达着战士对亲人的思恋。

词的上片写皋兰地势之险、军备之严，又写战斗之激烈、战场之悲壮。下片承之以现实的喜人战果，残酷的战争难以泯灭对亲人的思念，并将此化作强大的精神动力，遂有“甘泉又报平安”之实。相思不得相见，莫若魂归故里，长此共欢。

对于《望海潮》，前人评价甚高。明代杨慎《词品》卷五谓：“金人乐府称邓千江《望海潮》为第一。”这首词融复杂情感于激昂的战斗之中，写得慷慨悲壮，颇有建安风骨，一气贯通，铮铮有力，更显雄豪风格。

鹧鸪引　赠驭说高秀英

(元)王　恽

短短罗袿淡淡妆，拂开红袖便当场。掩翻歌扇珠成串，吹落谈霏玉有香。

由汉魏、到隋唐，谁教若辈管兴亡？百年总是逢场戏，拍板门锤未易当。

王恽的这首词真切反映了人生如戏的生命感悟。词上片写景，下片议论，情论浑融，感慨深沉。全词起之以美轮美奂的场景描写：短短的罗袿，衬之以淡淡的妆饰，在人生的舞台上拂袖起舞，锦珠玉喉，遍体生香。词人反思历史：自汉及唐，又有多少英雄豪杰相继登场，演绎出诸多气壮山河的史诗。如今繁华已尽，留下的唯有对故人的思恋，“百年总是逢场戏”，追古思今，饱含人生感悟和对历史变迁、人生意义的哲理思考。

这首小词通俗易懂，结构精巧，脉络清晰，对世事无常之态看得清晰明彻，亦是对世人的一种警策。

太常引 饯齐参议归山东

（元）刘燕哥

故人送我出阳关，无计锁雕鞍。今古别离难，兀谁画、蛾眉远山。一尊别酒，一声杜宇，寂寞又春残。明月小楼间，第一夜、相思泪弹。

刘燕歌这首词书写饯别离情，声声含情，句句存泪，情感真挚而深沉，真实再现了元代社会下层妇女的真情实感，曾经盛极一时。

上片写实，述离别之状：阳关一出，遂有“无计锁雕鞍”感慨之深。“今古别离难”，直言当时心境，融合历史情境，有浑融苍茫之感，引起观者的深切共鸣。“兀谁画、蛾眉远山”看似虚无之笔，实则尽写眷恋之感，以局部的生活场景尽诉别后孤清。

下片述离别之悲：别酒苦楚，杜鹃声切，芳春将残，寂寞蔓延小楼，只余孤月相伴。“一尊别酒，一声杜宇”点明物候，送别时正当春残，烘托出送别心情之沉重。结尾写别后心情，虽较直露而不觉其平淡。全词在巧妙的时空转换中将一己别情进行了拓展和升华，博大而深挚。

念奴娇 家信至有感

（清）吴兆骞

牧羝沙碛，待风鬟、唤作雨工行雨。不是垂虹亭子上，休盼绿杨烟缕。白苇烧残，黄榆吹落，也算相思树。空题裂帛，迢迢南北无路。

消受水驿山程，灯昏被冷，梦里偏叨絮。儿女心肠英雄泪，抵死偏萦离绪。锦字闺中，琼枝海上，辛苦随穷戍。柴车冰雪，七香金犊何处？

清康熙二年(1663)，吴兆骞在荒寒之地饱受身心折磨，经过顾贞观等友人的斡旋，朝廷准其妻葛氏前往陪伴。“二十三年真一梦”的遭遇，令词人有恍若隔世之感。这首词就是作于词人在书信中得知其妻将来之时，兴奋之情溢于字里行间。

上片首句以“牧羝沙碛”出之，既是实写，又是虚晃之笔，漫天黄沙淹没了所有的信念，词人对于归程似乎已经不抱任何幻想，直将心境引向绝地。“牧羝沙碛”这一典故出自《汉书》，苏武被困匈奴，坚守汉节，至十九载方归，用在这里意在表明自己在绝望的心境中不改志节。“待风鬟”两句，词意陡转，苍劲有力，他选取唐传奇中柳毅巧遇牧羊龙女的故事，表明内心渴望亲人的陪伴，恰当贴切的典故增添了艺术想象力和浪漫气息，在一张一弛之间将词人现实的孤寂袒露无遗。“不是垂虹亭子上”以下数句，以景结情，构成一幅异乡飘零图。“亭子”“绿杨”“烟缕”等家乡景物萦绕心头，如梦如幻。一个“休盼”，便将词人的悲绝之情淋漓尽致地呈现。故乡虽好，但如今已难触摸，陪伴自己的唯有这异域的残苇、落榆，看之既久，愈觉似故乡的相思之树，洒下的都是悲痛欲绝的思念之意，念此，不禁提笔写信，只是千山阻隔，亲人又怎能收到自己的寂寥与愁思呢？

换头由实转虚，写梦中情境。又是一个凄清寒冷的月明之夜，词人想象着妻子征途的奔波劳碌，遂有“消受水驿山程”之叹。一个“偏”字已将词人对于葛氏的牵挂表现得异常充分。“儿女心肠英雄泪”两句直接描写自己的儿女情长与英雄气短。“锦字闺中，琼枝海上，辛苦随穷戍”，极言妻子的体贴与贤惠，在绝境中收到妻子的书信，胜过得到海上琼枝。

词末以调侃之语出之，“柴车冰雪，七香金犊何处”，冰天雪地唯有柴车一架迎接你的到来。词人心境本已十分沉痛，但他故意以淡语着笔，既表达了词人对妻子的欢迎和豁达泰然的心境，也给凄凉艰苦的流放日子增添了几分光彩。

金缕曲

寄吴汉槎宁古塔，以词代书。丙辰冬寓京师千佛寺冰雪中作

（清）顾贞观

其一

季子平安否？便归来、平生万事，那堪回首？行路悠悠谁慰藉？母老家贫子幼。记不起、从前杯酒。魑魅择人应见惯，总输他、覆雨翻云手。冰与雪，周旋久。

泪痕莫滴牛衣透。数天涯、依然骨肉，几家能彀？比似红颜多薄命，更不如今还有。只绝塞、苦寒难受。廿载包胥承一诺，盼乌头、马角终相救。置此札，君怀袖。

其二

我亦飘零久。十年来、深恩负尽，死生师友。宿昔齐名非忝

窃，只看杜陵穷瘦，曾不减、夜郎僝僽。薄命长辞知己别，问人生、到此凄凉否？千万恨，为兄剖。

兄生辛未吾丁丑。共些时、冰霜摧折，早衰蒲柳。词赋从今须少作，留取心魂相守。但愿得、河清人寿。归日急翻行戍稿，把空名、料理传身后。言不尽，观顿首。

顾贞观，号梁汾，清代著名词人。他少有才名，与吴江才子吴兆骞结下深厚友谊。中年漂泊京城之际，结识了著名词人纳兰性德，成为莫逆之交。

清顺治十五年(1658)，吴兆骞因科场舞弊案被流放宁古塔(今黑龙江宁安市)，对于朋友的此番不幸，顾贞观感同身受，当从书信中得知吴兆骞的境遇时，立下"必归季子"的誓言。《金缕曲》是顾贞观的至情之作，当时他为了营救吴兆骞，连同纳兰性德向宰相明珠求助，不惜屈膝下跪以求友人复归。后来吴兆骞从宁古塔归来，到明珠府上拜谢，于其屋壁之上见到如下题字——"顾梁汾为松陵才子吴汉槎屈膝处"，遂声泪俱下，感友人用心之深，生死为念。这两首词，将对友人的叮咛告诫，写得哀怨情深，如从肺腑中自然流出，故有"千古绝调"之誉。

词前小序交代了写作背景。"汉槎"即吴兆骞的字。顾贞观两首《金缕曲》，感慨良多，情深意切。

第一首词上片写对友人的问候和同情。以问句起笔，借问季子以生发心间情事。"季子"，春秋时季札，少有贤名，因封于延陵，遂号称"延陵季子"，后来常用"季子"来称呼姓吴的人，这里是指好友吴兆骞，富有历史情韵。词人开篇即连用三个问句，足见其焦灼之态，因对其格外关切，故有戍边、归来以及征途之忧。往事如烟，怎堪回首？漫漫人生路，唯有"母老家贫子幼"相伴，人生凄凉，世事无常。岁月悠悠，无奈艰辛时常出现，昂扬斗志与落魄情状交替。末句的"冰与雪，周旋久"，既写北方冰天雪地的困苦情境，又表明营救周旋的艰难。自吴兆骞坐江南科场案至此，已经整整 20 年。上片总写流放生涯的困顿与艰辛，为下片抒情蓄势。

下片，词人已泪眼婆娑，仰问苍天："数天涯、依然骨肉，几家能彀？"边地生存艰难，使词人徒增几多抱怨。苦寒有限，但"廿载包胥承一诺，盼乌头、马角终相救"的情谊却是无价的。"廿载"两句，连用两个历史典故，增加了词的表达内容。"包胥承一诺"一典出自《史记》。春秋时，伍子胥因躲避仇人迫害从楚国逃向吴国，他对申包胥说："我必覆楚。"申包胥回答道："我必存之。"后来伍子胥带领吴兵攻陷了楚国的都城郢，申包胥到秦国寻求援兵，终复楚国，兑现了彼此的诺言。"乌头、马角"一典亦出自《史记》。战国末年，燕太子丹成为秦国的人质，燕太子丹请求回国。秦王说："乌头白，马生角，乃许耳！"太子丹仰天长叹，自知这种情况皆非常态，心灰意冷之时，举目所见乌头竟变白，马亦生角，秦王遂放之。顾贞观选用这两个典故，意思是告慰友人，莫要心伤，对于生死之交的承诺你我一定要实现，不到最后关头，谁都没有放弃彼此的权利。结之以“置此札，君怀袖”，虽然你我远隔万水千山，但营救友人的赤诚之心天地可鉴。

第二首词紧承上首，只一“亦”字便表明人生对照之意，以此缓解友人流离之悲。时光总无情，转眼你我已经结交数十年，我们的知己情谊，又有几人能知？“宿昔齐名非忝窃，只看杜陵穷瘦，曾不减、夜郎僝僽”，以李、杜之谊自比，因李白曾被流放到夜郎，而今友人吴兆骞亦被谪放荒芜之所，词人与杜甫一样，时刻牵挂着生死至交，但即使这样，恐怕也难以与远离故土的孤独愁苦相比。“薄命长辞”以下三句，词人抚今追昔，突然想到亡妻，不禁悲从中来。红颜薄命之痛，知己生离之苦，如此凄凉之境又有几人能承受？“千万恨，为兄剖”，言辞短促，自然收束上片。至此，词人将自己的人生不幸一一罗列，既是一种遣怀，同时也是对友人的体贴与劝勉。

换头变换写作的视角，从年龄说起，“共些时、冰霜摧折，早衰蒲柳”，岁月无情，你我已近不惑之年，在人世的漂泊中经历了诸多磨难，身体也因此受到摧残，所以我们都要各自珍惜余下的时光，即使写词也不要过于勉强，毕竟那是劳心费神之事，如今只是希望上苍能够眷恋你我之谊，求得归园闲居，终其天年，此生无憾也！倘若真有此日，朋友你当务之急的就是将毕生之作整理完毕以遗后人，终生将因此受益。“言不尽，观顿首”是书信体的固有体式，与前文的“季子平安否”遥相呼应，构成一体，悲而不乱，条理清晰，以文为词。

身处风雨飘摇的清代末期，顾贞观与吴兆骞深交数十年，亦师亦友，互相切磋，成为词坛佳话。这份深挚的情谊因离别徒增凄凉而更为可贵。词人追思往事，历历在目。劝勉后人，亦是自勉，言虽有尽，思念无穷。

金缕曲 赠梁汾

（清）纳兰性德

德也狂生耳。偶然间、缁尘京国，乌衣门第。有酒惟浇赵州土，谁会成生此意？不信道、遂成知己。青眼高歌俱未老，向尊前、拭尽英雄泪。君不见，月如水。

共君此夜须沉醉。且由他、蛾眉谣诼，古今同忌。身世悠悠何足问，冷笑置之而已！寻思起、从头翻悔。一日心期千劫在，后身缘、恐结他生里。然诺重，君须记。

清康熙十五年（1676），顾贞观与纳兰性德相识，荣辱与共，结下了深厚友谊。

这首词即是纳兰性德与顾贞观相识不久的题赠之作。据顾贞观记云:“岁丙辰,容若年二十有二,乃一见即恨识余之晚,阅数日,填此曲为余题照。”

纳兰性德《金缕曲》一反含蓄隽秀之气,直抒胸臆,酣畅淋漓地向友人表达自己的情感。上片写新结知己之乐。以“德也狂生耳”领起全词,“德”是词人的自称,着一“狂”字已见其洒脱不羁之性情。“缁尘”,意即风尘。“京国”,犹言京城。“乌衣门第”,东晋时王导、谢安等名门望族居住在乌衣巷(今南京市内),后来以“乌衣”借指高门贵族之家。词人以简洁素朴的文字,巧妙交代了与友人相识的地点,飘忽风尘之中竟遇人生知己,有意外之喜。战国时平原君好养士,死后虽未葬在赵州,但因他是赵国公子,又是赵相,故称他的墓为“赵州土”。“有酒”两句,借平原君喜好养士的典故,表明自己礼贤下士、笃好交友的个性。共同的志趣与相同的追求,使词人有相见恨晚之感。“青眼”见于《晋书》,据载,晋代阮籍为人能为青白之眼,见礼俗之人即为白眼,见高人雅士、与己意气相投者则为青眼。这里化用杜甫《短歌行　赠王郎司直》“青眼高歌望吾子,眼中之人吾老矣”的诗意,意思是说:你我既成莫逆,年龄都不算老(梁汾时年40岁,纳兰性德22岁),彼此青睐有加,月光流水知此情谊。

下片直抒胸臆,描写身居世俗中的淡然之貌。词人勉励友人不必为恶意中伤而苦闷,有着真挚情谊的呵护,此生足矣!“且由他”以下数句,既是对友人的一番宽慰之辞,亦是词人的自我激励。词人冷眼面对世事沧桑,坚信亲朋间自有真实情意可以撼天动地,故而用佛家人世轮回之念告诫处于因谗遭贬、仕途失意的顾贞观“一日心期千劫在,后身缘、恐结他生里”,如此深情厚谊坚不可摧。末句“然诺重,君须记”,词人更是将山高水长之念告知友人,无论身居何方,“我”对你的情谊永远不变,可与日月齐辉。

纳兰性德用平易自然之笔,将自己对友人的关爱和信任写得真切感人。严迪昌先生的《清词史》赞之云“情辞兼备,超迈有神”,此言不虚也。

踏莎行　寄见阳

(清)纳兰性德

倚柳题笺,当花侧帽。赏心应比驱驰好。错教双鬓受东风,看吹绿影成丝早。

金殿寒鸦,玉阶春草。就中冷暖和谁道。小楼明月镇长闲,人生何事缁尘老。

在清代词史上,纳兰性德是一位极具代表性的词人,王国维《人间词话》评曰:“纳兰容若以自然之眼观物,以自然之舌言情。此由初入中原,未染汉人风气，故能真切如此。北宋以来，一人而已。”特殊的身世经历加上独特的文人个性，使得纳兰性德的词在真情中透出忧伤。纳兰虽贵为八旗之后，但他常怀归隐之思，渴慕自由。他素与汉族士人交好，为人慷慨真挚，留下了不少友情佳作。

这首词是纳兰性德写与友人张见阳的，通篇表达的都是对官场生涯的厌倦，词人所向往的是“倚柳题笺，当花侧帽”的闲适生活。上片总写友人游宦之闲适和自己御前的拘束，对比鲜明。“倚柳题笺”三句意为风流自赏、闲散度日总比从驾驱驰、日夜奔波劳碌要潇洒自如。“倚柳题笺”指的是作诗填词的悠闲自适生活。“侧帽”指斜戴着帽子，用来形容洒脱不羁、风流自赏的装束。词人身在庙堂之上，欲驰骋心怀而不可得，于是便向友人倾诉心中苦闷。纳兰性德对友人毫不遮掩自己的心头愁思，视其为人生知己，朋友间的信任与默契见于纸间。“绿影”即绿发，指乌黑发亮的头发。“错教”两句，寄寓词人无限的人生喟叹：对镜自视，看到岁月的痕迹已经留在双鬓，又向乌发蔓延，心间顿时波涛翻滚，难以平息。

下片自然转向对官宦生涯的描摹。“金殿”“玉阶”，代指皇宫、朝堂。金碧辉煌的庙堂，阴森一片，充满了尔虞我诈。“金殿”“玉阶”的尊贵与“寒鸦”“春草”的伤感彼此辉映，生发出“就中冷暖和谁道”的感怀。只一“谁”字既写出了词人身居庙堂的孤独无依，又传达了对友人的深切思念，高山流水之意尽在其间。“镇长”即经常之意，足见其寂寥空虚之貌。“小楼明月镇长闲，人生何事缁尘老”两句，词人概写宫廷生活的闲愁别绪，表达自己不愿同流合污，“出淤泥而不染”的美好操守。这首赠别词似是牢骚之语，却尽显词人性情，将对友人的思念蕴含其间，可谓情深义重之笔。

临江仙　寄严荪友

（清）纳兰性德

别后闲情何所寄？初莺早雁相思。如今憔悴异当时，飘零心事，残月落花知。

生小不知江上路，分明却到梁溪。匆匆刚欲话分携，香消梦冷，窗白一声鸡。

这是纳兰性德写给好友严荪友的赠别词。词人与挚友分别，转眼数载，于是作此词以自遣。上片首句“别后闲情何所寄”，开门见山，极写闲情无处抛洒之貌。“何所寄”看似无处遣怀，其实暗藏玄机。“初莺”借喻暮春之时，“早雁”借指秋末之日。“初莺早雁”即春去秋来，词人无日不思念友人，这是一种跨越时空的牵挂，不以岁月的变更而有所改变。“如今”以下三句直抒胸臆，词人自己如今的憔悴，一方面是因为思念故友，另一方面是由于一己飘零，心间愁绪无人知晓，唯有残花落絮能解，寂寥始终如影随形，挥之不去。寄生于苍茫大地之间，思之既深，遂入梦境。此种情怀亦见之于李杜交谊。杜甫听到李白流放夜郎后，积思成梦而作《梦李白二首》，“三夜频梦君，情亲见君意”的笃厚真情显于纸间。

在这首词的下片，纳兰性德因思念友人而不能得见，旋即梦中相聚。“梁溪”是友人的家乡，代指严荪友。“生小”两句以浪漫之笔书写奇幻梦境，他全然不知友人居所，但因相见心切竟至其乡，牵挂之深据此可见矣！词人享受着这好梦，但梦断香消随流水，这恼人鸡鸣，为何偏要扰人清梦呢？东方既白，惆怅又生，不知何时你我再能相遇？

词的末尾表现颇似金昌绪的《春怨》：“打起黄莺儿，莫教枝上啼。啼时惊妾梦，不得到辽西。”只不过，一写念友，一写思亲，一则雅致，一则通俗，异曲同工，殊文共妙。

第二节 宦海迁谪词

概说

宦海迁谪文学是被贬官员在迁谪期间所写的与迁谪生活和情感相关的作品。这种题材与政治形态、士人心理和文学表达等方面密切相关，其中折射出文人对于人生无常的深切体悟，是中国士人在儒、释、道诸家思想糅合下的生命感受的集中体现。对此，尚永亮先生指出：“一部中国文学史，很大程度上是由迁客骚人的低吟高唱所构成。”（《贬谪文化与贬谪文学：以中唐元和五大诗人之贬及其创作为中心》）宽泛地讲，贬谪是对获罪官吏的一种惩罚。大凡政有乖枉、怀奸挟情、贪黩乱法、心怀不轨而又不够五刑之量刑标准者，皆在贬谪之列。所谓“减秩居官，前代通则；贬职左迁，往朝继轨”（《沈约集校笺》）是也。迁谪，作为处罚的一种方式，被贬官员往往只能迁往荒无人烟的偏僻之地，形同流放，所以古人又多将贬谪称为“流贬”。但实际上在君主集权的专制王朝，一些忧国忧民，不与奸邪同流合污之士“欲为圣朝除弊事，肯将衰骨惜残年”，敢于直言进谏，经常引起龙颜不悦，而遭受贬谪。历史上颇为庞大的宦海迁谪队伍中，聚集了很多良臣才子，如唐代的张说、张九龄、陆贽、韩愈、柳宗元、刘禹锡、元稹、白居易，宋代的王禹偁、寇准、范仲淹、苏轼、黄庭坚、秦观、晁补之、胡铨等皆有过左迁的经历，有的不止一次。这些遭受贬谪的士人受到了不公正的对待，身心遭受到极大的伤害，他们将千愁百感付诸诗词，或抨击讽刺黑暗的朝政，或咏物表达自己的坚定信念、高洁节操，或寄亲酬友，诉说衷肠，寻觅知音，或纵情山水，俯仰古今，或参禅悟道，超然物外，由此构成了内容丰富、形式多样、蔚为壮观的谪贬文学，可谓“穷而后工”。

谪贬文学有许多共同特征，但就词而言，不同时期表现出不同特点和风格。

中唐时期，宦海迁谪词的基调以悲伤、悲怆为主，但其中也有着坚定和达观，以刘禹锡、白居易、柳宗元、张志和等人为代表。这种情感基调在北宋时期得以发扬光大，在苏轼的周围形成了一个以秦观、晁补之、张耒等人为代表的文学创作团体，他们将刘禹锡的坚定达观和白居易的悠然闲适融为一体，提升了宦海迁谪词的境界，拓展了表达内容，成为世人面对挫折沉浮时的一剂精神良药。

北宋时期，党争不断，文人的命运也似浮萍般漂移不定，托之于词，便有诸多宦海迁谪词佳作。欧阳修的《朝中措》（平山栏槛倚晴空）系其任扬州太守时送别友人所作，有着“行乐直须年少，尊前看取衰翁”的豁达与清旷。王安石的《桂枝香》（登临送目）作于退居金陵之后，抒发“千古凭高对此，谩嗟荣辱”的兴亡之感；晁补之的《临江仙》（谪官江城无屋买）写于信州任上，传达“青山无限好，犹道不如归”的思归情愫。周邦彦的《满庭芳》（风老莺雏）以清爽之墨写僻远之景致，抒发“憔悴江南倦客”的身世之叹。凡此种种，或写景，或怀人，抑或自勉，皆为宦海浮沉中的士人的独有感受。总之，北宋迁客词人早已无暇顾及闺情花柳的旖旎风光，而是深深陷入了彷徨、落寞、思索、感喟当中，有着一股沉痛的力量，形成了个体生命在坎坷和苦难中的独特感受。

南宋时期，金兵进逼中原，民不聊生，李纲、赵鼎、胡铨、辛弃疾、张孝祥、张元干等有志之士坚决抗金，与秦桧等主和派形成对立，宦海生涯几经浮沉，词间满含山河沦陷的悲痛，重笔浓墨抒发英雄末路之感，谱写慷慨悲凉之调。赵鼎的《鹧鸪天》（客路那知岁序移）以谪居建康时的上元节为背景，通过今昔对比书写“天涯海角悲凉地，记得当年全盛时”的亡国之痛，发出凄凉沉重之音。张元干的《贺新郎》（梦绕神州路）作于谪居新州之时，空有“万里江山知何处”的慨叹，慷慨激昂中含有沉郁悲壮的力量。山河破碎的时代，爱国志士的宦海迁谪词中反映了志在收复的心声，具有一股动人心魂的力量。

至金元明清时期，因时代的变迁，迁谪之作更加突出家国之感、黍离之悲。送别词、伤春悲秋词以及闺怨词深入发展，拓宽了词境，具有了记载心史的现实意义。因宦游经历的多样化，涌现出一大批卓越的词人。宇文虚中的《迎春乐》（宝幡彩胜堆金缕）写“念憔悴，几年羁旅”的故国之恋。吴激的《诉衷情》（夜寒茅店不成眠）记述“夜寒茅店不成眠，残月照吟鞭”的愁绪，寄托了词人的身世之感。蔡松年的《鹧鸪天》（秀樾横塘十里香）托物言志，以“胭脂雪瘦熏沉水，翡翠盘高走夜光”来写荷塘秋夜，恬淡清朗。许古的《行香子》（秋入鸣皋）突出“乐因循，能潦倒，也消摇”的挂冠闲散之乐。张可久的《人月圆》（兴亡千古繁华梦）因情布景，书写其“松花酿酒，春水煎茶”的隐者情怀。赵宽的《减字木兰花》（寒风吹水）写姚江“白雨横秋，秋色萧条动客舟”的羁旅之愁。汤显祖的《阮郎归》（不经人事意相关）描画怀春少女之神韵，抒发“肠断春色在眉弯”的感叹。陈子龙的《江城子》（一帘病枕五更钟）写“楚宫吴苑草茸茸”的黍离之悲。

宦海迁谪词，由唐及清，与历史的盛衰荣辱始终相随，形成了一条清晰的发展脉络，是在政治中举步维艰的文人的心灵史诗。

浪淘沙

（唐）刘禹锡

其一

九曲黄河万里沙，浪淘风簸自天涯。如今直上银河去，同到牵牛织女家。

其四

鹦鹉洲头浪风沙，青楼春望日将斜。衔泥燕子争归舍，独自狂夫不忆家。

其八

莫道谗言如浪深，莫言迁客似沙沉。千淘万漉虽辛苦，吹尽狂沙始到金。

其九

流水淘沙不暂停，前波未灭后波生。令人忽忆潇湘渚，回唱迎神三两声。

《浪淘沙》作于刘禹锡的夔州任上，第一首词以来自黄河的沙粒起笔，因风起势，直至浪漫的七夕传说；第四首词从日暮归燕落笔，终之以“独自狂夫不忆家”，超然之姿据此可知。其八、其九两首词与其说是写景，莫不如说是写心。“莫道谗言如浪深，莫言迁客似沙沉”，连用两个“莫”字，表明一种释然、自信的态度。“千淘万漉虽辛苦，吹尽狂沙始到金”更将这种自信写到极致，给人以精神的振奋和鼓舞。“令人忽忆潇湘渚，回唱迎神三两声”，词人有感于屈原的流放，并将继承其忠君报国之志，用满腔的热情拥抱生活。刘禹锡《浪淘沙》由逝水起兴，抒发对于历史和人生的深刻体悟，表现出词人坚忍而执着的精神追求。

忆江南

（唐）白居易

江南好，风景旧曾谙。日出江花红胜火，春来江水绿如蓝。能不忆江南？

江南忆，最忆是杭州。山寺月中寻桂子，郡亭枕上看潮头。何日更重游？

江南忆，其次忆吴宫。吴酒一杯春竹叶，吴娃双舞醉芙蓉。早晚复相逢？

白居易和刘禹锡同为中唐文学大家，两人积极吸收民歌的精华，同作《竹枝词》，对词学的发展产生了深刻的影响。白居易的人生以被贬江州为界，分为前后两个截然不同的时期。前期官至左拾遗，其间写下了大量的讽喻诗，代表作《秦中吟》和《新乐府》系列组诗以揭露时弊为内容。贬谪江州是白居易人生的重大转折。江州之贬给心气颇高的白居易以沉重的打击，同时也使他重新寻找精神的寄托，佛道思想潜滋暗长，遂有"面上灭除忧喜色，胸中消尽是非心"(《咏怀》)的心境。

《忆江南》虽属追昔之作，却反映了白居易迁谪苏杭期间的真实感受。该词清新明朗，用"红""绿"强烈的色调反差写出春天日出时的江南之美，怀恋之情清晰可见。山寺、月中、桂子的佳境，更有那吴娃醉舞、吴宫春酒，让人思归。词人写景概括而凝练，但又不失情感之真。

三首词的末句从"能不忆江南"到"何日更重游"及"早晚复相逢"，在三个充满感伤的问句中引发感怀，层层递进的语气背后是对江南风物的深切回味和牵挂。

全词以"忆"统领全篇，反复吟唱，挥洒自如，描绘了一幅景美情浓的江南春日游览图，令人心驰神往。

定风波

三月七日沙湖道中遇雨。雨具先去，同行皆狼狈，余独不觉。已而遂晴，故作此

(北宋)苏　轼

莫听穿林打叶声，何妨吟啸且徐行。竹杖芒鞋轻胜马，谁怕？一蓑烟雨任平生。

料峭春风吹酒醒，微冷，山头斜照却相迎。回首向来萧瑟处，归去，也无风雨也无晴。

此词作于元丰五年(1082)春天，距离苏轼黄州之贬已有三年。此时的苏轼面对政治上的风雨，以宠辱不惊、去留无意的态度处之。

上片叙事，"穿林打叶"极写雨势之大，"吟啸且徐行"又写心态之平和，二者构成一种外在的艺术张力，又以"莫听""何妨"缓解，更显词人达观情怀。"一蓑烟雨任平生"既是面对自然风雨的态度，又表明自己对人生无常的态度，极其坦然。

下片以景结情，富含哲学意味。风雨过后，夕阳斜照，令人陶醉。故词人有"回首向来萧瑟处，归去，也无风雨也无晴"的慨叹，现时经历的一切都只是暂时的，顺其自然是最好的生活方式。词人由一场突如其来的骤雨，引发对人生的思考，立意可谓新颖。清代刘熙载《艺概》指出："东坡词颇似老杜诗，以其无意不可

人，无事不可言也。”苏轼将道途遇雨的经历写出了性情和境界，可见其“不以物喜，不以己悲”的超然与达观的人生态度。

满庭芳 元丰七年四月一日，余将去黄移汝，留别雪堂邻里二三君子。会李仲览自江东来别，遂书以遗之

(北宋)苏　轼

归去来兮，吾归何处，万里家在岷峨。百年强半，来日苦无多。坐见黄州再闰，儿童尽、楚语吴歌。山中友，鸡豚社酒，相劝老东坡。

云何。当此去，人生底事，来往如梭。待闲看，秋风洛水清波。好在堂前细柳，应念我，莫剪柔柯。仍传语，江南父老，时与晒渔蓑。

苏轼一生经历了几波政治风雨的冲击，足迹远至海南，其所经历的生活困窘、价值失落、人情冷暖都成为他的创作源泉。贬谪生活中萍踪不定的苏轼渐渐打开了创作视野和心胸，情感由愤懑而渐趋平和，心理的变化轨迹于其不同时期的词中可以窥见。

此词写于黄州雪堂，时年苏轼 49 岁。这是一首告别黄州父老的词，其中饱含深情。苏轼喜欢以诗入词，开拓崭新的词境。开篇即以陶渊明的《归去来兮辞》起笔，弃官归隐之志据此可见矣，但无奈“万里家在岷峨”，被贬之官，何来自由？想来人生苦短，又将面临别离，不禁悲从中来。黄州之贬，转眼已六七年，往昔谈笑，共垦东坡，如今又要把酒送别，心生悲凉。

下片巧妙设置问答的形式，将人生的无奈和生活的琐碎并举。“细柳”“渔蓑”等看似平淡的景语饱含情韵，质朴的笔墨展现的却是深情与痛楚，张力十足。词人于贬谪临别之际，仍有脉脉温情和诸般牵挂，在人生的逆境中仍保有纯真的赤子情怀，真正难得。

念奴娇 八月十七日，同诸生步自永安城楼，过张宽夫园待月。偶有名酒，因以金荷酌众客。客有孙彦立，善吹笛。援笔作乐府长短句，文不加点

(北宋)黄庭坚

断虹霁雨，净秋空，山染修眉新绿。桂影扶疏，谁便道，今夕清辉不足？万里青天，姮娥何处？驾此一轮玉。寒光零乱，为谁

偏照醽醁？

年少从我追游，晚凉幽径，绕张园森木。共倒金荷，家万里，难得尊前相属。老子平生，江南江北，最爱临风笛。孙郎微笑，坐来声喷霜竹。

黄庭坚，世称“黄山谷”，北宋著名的诗人、词客和书法大家，同时也是盛极一时的江西诗派的代表诗人，和秦观、晁补之、张耒并称“苏门四学士”。宋英宗治平四年（1067），黄庭坚得中进士，绍圣初以校书郎坐修《神宗实录》失实被贬，后来新党执政，屡次遭贬。黄庭坚曾经先后流寓黔州、戎州、鄂州等地，最后死于宜州贬所。黄庭坚历经人世沧桑，心境不断转换，作品具有时代的印迹和个性特点。

绍圣元年（1094），词人被贬为涪州别驾，安置黔州（今四川彭水），后移戎州。黄庭坚于月圆之时同亲朋密友相聚，词酒遣兴，不见悲音，其历经政治风雨的洗礼，不以荣辱浮沉为意，充分展示出词人傲岸独立的个性。

上片以风雨之后的彩虹起笔，直写秋山清空之境，继而承之以“桂影扶疏”，视点随之转移到浩渺天宇。凌乱的寒光洒下点点中秋情韵，月光含有情意，便有下片的人事之欢。

“年少从我追游”，指的是跟随黄庭坚到贬所的洪朋、洪刍、洪炎等几位外甥，赏景吟唱间故园之恋充盈心头。“江南江北”，点明一生的颠沛流离，如今只能在清风明月、美酒雅乐的慰藉中寻求解脱和遁逃。于是当酒意正酣，笛音正好之时，词人亦陶醉其间。

黄山谷以生命的深情陶冶万物，贬谪之词亦能在诙谐调笑间寄寓得失之感，于酒、月中寻求解脱。

虞美人　宜州见梅作

（北宋）黄庭坚

天涯也有江南信，梅破知春近。夜阑风细得香迟，不道晓来开遍向南枝。

玉台弄粉花应妒，飘到眉心住。平生个里愿杯深，去国十年老尽少年心。

这首词写于黄庭坚第二次被贬宜州期间，时年60岁。词开篇即借用南朝陆凯寄赠范晔梅花的典故，以一枝梅花代表江南的春色，寄予友人，情深意切。“风细”“香迟”包孕着十年漂泊生涯的甘苦，“晓来开遍向南枝”则寄寓着美好的希望。下片巧妙运用南朝刘宋寿阳公主梅花妆的典故，表现惜花之情和今昔盛衰之感。

全词处处写梅花，时时不离迁客情感，字句之间把天涯与江南、垂老与少年、去国十年与平生做对比，表现出词人对无辜遭贬的不满，有不胜今昔之感；另一方面又表现出天涯见梅的喜悦，抒情而不消沉。词作内涵丰富，意境深邃，兴味倍增。

除此之外，黄庭坚的《竹枝词》也展现了他被遣夔州时的心灵挣扎，如“三峡猿声泪欲流，夔州竹枝解人愁”“鬼门关外莫言远，四海一家皆弟兄”，数语声声含泪而不失豁达性情。《定风波》（万里黔中一漏天）“屋居终日似乘船，及至重阳天也霁”，黔州之贬，使其身如浮萍饱受漂泊之苦，但难撼其志。其《鹧鸪天》（黄菊枝头生晓寒）“身健在，且加餐。舞裙歌板尽清欢。黄花白发相牵挽，付与时人冷眼看”，抒写昂扬的斗志，以调侃的方式来发泄心中的愤懑与不平。

千秋岁

（北宋）秦　观

水边沙外，城郭春寒退。花影乱，莺声碎。飘零疏酒盏，离别宽衣带。人不见，碧云暮合空相对。

忆昔西池会，鹓鹭同飞盖。携手处，今谁在？日边清梦断，镜里朱颜改。春去也，飞红万点愁如海。

秦观是宋代著名词人，号称“国士无双”，但时运不佳，终生卷进朋党相争的政治旋涡。绍圣三年（1096），秦观再次遭贬，由处州徙郴州。政治气候的风云变幻时时触动词人敏感的神经，故其词大多描写男女情爱，借以抒发失意的哀怨。秦观词文字工巧精细，音律谐美，情韵兼胜。张炎《词源》谓之曰：“秦少游词体制淡雅，气骨不衰，清丽中不断意脉，咀嚼无滓，久而知味。”秦观用伤心之语书写身世凄寒，笔致清雅，意态邈远，如云水缭绕，诚“古之伤心人”之语也。这种特征在其宦海迁谪词中表现得极为明显。

此词作于秦观任职处州之时，上片写春景，详略有致。“水边沙外，城郭春寒退”，总写春来寒退范围之广。“花影乱，莺声碎”，化用晚唐杜荀鹤《春宫怨》中“风暖鸟声碎，日高花影重”的名句，形成视觉、听觉的互补之势，写尽浓郁的春色。“飘零”“疏酒”“离别”等词隐含无限孤独之感，异乡逢春，愁思更浓。无怪乎清代词论家冯煦《蒿庵词论》赞之曰：“其淡语皆有味，浅语皆有致。”“空相对”传达出词人思乡怀人的惆怅心情。形影消瘦的词人面对现实的凄凉境遇，唯有以回忆自慰，下片即追念当年师友欢聚场景，充满了物是人非、生命流逝的感怀，遂有“春去也，飞红万点愁如海”的怨绝之语。这种春愁中既有伤春情怀，又将身世之感融入自然景物，以海喻愁，较之李后主的“问君能有几多愁，恰似一江春水向东流”更加优美而哀伤。

踏莎行　郴州旅舍

（北宋）秦　观

雾失楼台，月迷津渡，桃源望断无寻处。可堪孤馆闭春寒，杜鹃声里斜阳暮。

驿寄梅花，鱼传尺素，砌成此恨无重数。郴江幸自绕郴山，为谁流下潇湘去？

郴州之贬，对秦观的心灵造成了极大的伤害，此时的词作因境遇的恶劣更加哀苦凄厉。这首词大约作于绍圣四年(1097)春三月，初抵郴州之时，词人以委婉曲折的笔法，抒写谪居的凄苦与幽怨。王国维《人间词话》中认为“少游词境最为凄婉。至‘可堪孤馆闭春寒，杜鹃声里斜阳暮’则变而为凄厉矣”。

上片描写谪居中环境的寂寞凄冷。“雾失楼台，月迷津渡，桃园望断无寻处”寓情于景。“失”“迷”“无寻处”等状态在虚实结合中既点题，表现贬官羁旅中的进退失据的现实，又展示了心灵迷失的困境和消沉的情绪。“可堪孤馆闭春寒，杜鹃声里斜阳暮”，则从环境和氛围的渲染中加深了这种凄迷的心灵感伤。春寒日暮，词人独处客馆，杜鹃哀啼，触动了词人的身世之感。

下片“驿寄梅花，鱼传尺素”连用两则有关友人投寄书信的典故，将人世的分离之痛砌成新愁旧恨，哀苦更添一层。词人化虚为实，将“恨”具体化，将情绪表现得更加动人。末句以“郴江幸自绕郴山，为谁流下潇湘去”收之，有跌宕之妙，在这看似无理的探问中却充满了难抑的苦楚和情意，留下了无尽的想象空间。于是这种想象与黄昏雾霭、迷蒙月色融成一片，共同渲染出一种整体的哀伤情境。这首词最佳处在于虚实相间，互为生发。上片以虚带实，下片化实为虚。

秦观其他表现迁谪情感的词作亦有《望海潮》(梅英疏淡)、《江城子》(西城杨柳弄春柔)、《临江仙》(独倚危樯情悄悄)、《如梦令》(遥夜沉沉如水)、《阮郎归》(湘天风雨破寒初)、《满庭芳》(碧水惊秋)等，这些作品真实记录了词人悲苦的心路历程，词境幽冷苍凉。

卜算子　咏梅

（南宋）陆　游

驿外断桥边，寂寞开无主。已是黄昏独自愁，更著风和雨。

无意苦争春，一任群芳妒。零落成泥碾作尘，只有香如故。

咏物之词，寄情也深，宋代尤重梅花，爱其凌寒傲雪之志，超尘脱俗之美。乾道二年(1166)，陆游因“力说张浚用兵”获罪，谪居山阴，抑郁情怀挥之不去，故作此词以自遣。这首词咏物寓志，表达了陆游孤高雅洁的志趣。

上片描摹梅花的生存环境之恶劣，是蓄势之笔：驿外断桥更兼黄昏风雨，此般凄凉怎能消受？“寂寞”“独自”“愁”三个词语连用，遥相呼应，使人顿生怜爱之情。下片借花寓情，以花明志。草木无情，花开花落，纯属自然现象，却暗含着词人的不幸遭遇，深刻揭露了苟且偷安之辈的无耻行径。“无意苦争春”虚实结合，实写梅花傲冬而放，虚写词人孤高之貌，他不畏谗毁、坚贞自守的品格同梅花凌风傲霜的气节相合，故其“零落成泥碾作尘”亦在所不惜，因为尚留香气满人间。

南乡子

(南宋)陆　游

归梦寄吴樯，水驿江程去路长。想见芳洲初系缆，斜阳，烟树参差认武昌。

愁鬓点新霜，曾是朝衣染御香。重到故乡交旧少，凄凉，却恐他乡胜故乡。

陆游以诗名世，60 年间存诗近万首。词与之相比，可谓凤毛麟角，仅存 140 多首。这些诗词，内容丰富，以爱国题材为主，全面书写陆游的政治抱负和日常生活，风格或雄浑，或婉丽，真实再现了孝宗时期的政治生态。陆游生逢宋、金南北对峙的年代，渴求国家统一的愿望更加强烈。陆游有着儒家建功立业、积极进取的事功观，这样的家国情怀使其始终坚持抗金，矢志不渝，直至弥留之际尚有“王师北定中原日，家祭无忘告乃翁”的牵挂。

陆游的宦海词有些表现历经漂泊之苦后的归家愁思，喜以梦入词，满含凄凉之景。夏承焘先生定这首词为宋孝宗淳熙五年(1178)词人由四川东归江行途中所作。陆游时年 54 岁，入川已 9 年矣。

上片写归途舟行所见之景，景中含有淡淡乡愁。起笔视东归如梦，继写归程漫长，离别之际，斜阳、烟树愈发令人费思量，使人不禁生出“日暮乡关何处是，烟波江上使人愁”(崔颢《黄鹤楼》)的慨叹。下片玄想归乡境况。愁鬓点霜，多年宦游，故乡生疏，故交零落。一句“却恐他乡胜故乡”使思乡之情更加伤感凄凉，裂人心肺。

诉衷情

(南宋)陆　游

当年万里觅封侯，匹马戍梁州。关河梦断何处，尘暗旧貂裘。

胡未灭，鬓先秋，泪空流。此生谁料，心在天山，身老沧洲。

陆游作这首词时，已年近70，身处山阴，未曾忘记忧国旧志，词作有沉郁之美。陆游遭赵汝愚弹劾，被罢免官职退居山阴，国耻未雪，失地未收，壮志未酬，满心凄苦。

作品以回忆往日戎马生涯开篇，“当年万里觅封侯”，英姿勃勃，意气风发。可惜，在南郑抗御金兵只有半年，陆游就被调离前线，从此关塞河防，只能梦中相见，而梦醒不知身何处，只有那时的貂裘还在，但已尘封色暗。一个“暗”字把壮志落空、岁月易逝精当地表现出来。下片“胡未灭，鬓先秋，泪空流”用语急促，悲痛随出。结语“此生谁料，心在天山，身老沧洲”步入凄凉之境。

这首词气势悲壮，大开大阖，通过今昔对比，抒发了词人岁月虚度、英雄无用武之地的悲愤不平之情。上片叙事，下片抒情，生动地反映了一位爱国志士的坎坷经历和不幸遭遇，沉郁苍凉。

摸鱼儿 淳熙己亥，自湖北漕移湖南，同官王正之置酒小山亭，为赋

（南宋）辛弃疾

更能消、几番风雨？匆匆春又归去。惜春长怕花开早，何况落红无数。春且住。见说道、天涯芳草无归路。怨春不语。算只有殷勤，画檐蛛网，尽日惹飞絮。

长门事，准拟佳期又误。蛾眉曾有人妒。千金纵买相如赋，脉脉此情谁诉？君莫舞，君不见、玉环飞燕皆尘土！闲愁最苦。休去倚危栏，斜阳正在、烟柳断肠处。

辛弃疾是南宋著名爱国词人，21岁即参加抗金义军，有武中猛将之风与文中屈子之调，曾进奏《美芹十论》和《九议》，详细分析敌我形势，提出强兵复国的具体规划，显示出卓越的军事才能。辛弃疾先后辗转建康、滁州、湖北、江西、湖南、福建、浙东等地出任地方官员。他以气节自负，以功业自诩，力主抗金，豪迈奔放的爱国情怀发而为词，或因壮志难酬而有伤时之痛，或因风光之美而有隐居山林之愿，呈现出壮美与柔媚的差异。淳熙八年（1181）冬，辛弃疾受到弹劾而被免职，归居江西上饶。此后20年间，他虽出任福建提点刑狱和福建安抚使，但大部分时间都在乡间赋闲。

这首词写于淳熙六年己亥（1179），辛弃疾南渡之后的第17年，他不断被朝廷调遣，这次他又将由湖北转运副使改调湖南转运副使，胸有大志的辛弃疾感慨颇深，遂成此词。

词的上片写暮春之景，风雨残春，落红飞絮，尽是哀怨。词人在惜春中有忧

国和自伤之情。“春且住”以下三句，对春尽力挽留而未果，故滋生怨春之情。下片抒情，援引汉武帝、陈皇后和赵飞燕、杨玉环的故事自比，失意愁苦之情尽在斜阳下的“烟柳断肠处”。英雄无用武之所的辛弃疾，对处于风雨飘摇中的国家充满忧虑，加之与友人天涯相隔，痛苦深长。

陈廷焯《白雨斋词话》卷一评此词说：“词意殊怨，然姿态飞动，极沉郁顿挫之致。”梁启超称此词“回肠荡气，至于此极，前无古人，后无来者”（梁令娴《艺蘅馆词选》）。

清平乐 村居

（南宋）辛弃疾

茅檐低小，溪上青青草。醉里吴音相媚好，白发谁家翁媪。

大儿锄豆溪东，中儿正织鸡笼；最喜小儿无赖，溪头卧剥莲蓬。

此词是辛弃疾闲居江西上饶带湖时所作。词人远离庙堂，仕途风波暂时平静下来，内心固有的隐逸情怀显现出来。这首清新宁静的村居词颇得田园诗之闲趣。“茅檐”“青草”“溪”等静谧的景物，一一进入词人的视线。辛弃疾对周围的一切只是做客观的描摹，摄取自然状态下的人情物貌入词，没有复杂的剪接，却自成佳篇。

上片总写农家田园风光，侧重突出的是白发老农，以声代人，乡音柔悦。恬淡自足之乐在“醉里吴音相媚好，白发谁家翁媪”的调侃中显现得极为充分。下片分写农村生活的具体场景，勾勒出大儿锄豆、中儿织鸡笼、小儿卧剥莲蓬的闲适场面，充满生活气息，令人神往。词人置身局外，静观万物之变，此乃无人之境也，“以我观物，故不知何者为我，何者为物”（王国维《人间词话》）也。

鹧鸪天 戊申初度

（明）杨 慎

宦海风波记昔年，天涯青镜感华颠。过堂未悟钟将衅，睨柱谁知璧偶全。

周卦气，卜先天，日斜鼓缶月明前。笑看太白成三影，便是维摩不二禅。

多年的谪戍生涯，使词人走向了内心的平静，隐逸情怀浮现词间。这首词作于嘉靖二十七年（1548），词人回忆官宦生涯，往事如烟，如今唯剩衰老容颜，只是有些人和事尚未悟出其真谛。

下片词人于愁苦之际开始探寻解脱之道，他在占卜后心态达到一种释然的状态，遂有“笑看太白成三影，便是维摩不二禅”的淡泊之举，表现出一种通达与豁朗。但从总体来说，杨慎的词作，尤其是晚年时期的词作，更多的是表达自己欲叶落归根而不能的惆怅与孤寂。如《定风波》（客中冬至夜偏长）、《江城梅花引》（漏声沉）等，都表达了词人对于漂泊之苦的厌倦，真切反映了词人宦海浮沉的愤懑之情。

青玉案 临淄道上

（清）朱彝尊

清秋满目临淄水，一半是，牛山泪。此地从来多古意。王侯无数，残碑破冢，禾黍西风里。

青州从事须沉醉，稷下雄谈且休矣！回首吴关二千里。分明记得，先生弹铗，也说归来是。

清代政局动荡，在政坛上遂构成一个庞大的宦海沉浮的群体，他们以词写心，将仕途坎坷、人生荣辱之感表现得极为充分。

朱彝尊这首词写于山东临淄道上，词中抒发的是断肠人的天涯之痛，寄托了对故国的怀恋，写得沉郁悲怆。满目清秋，令人伤怀不已，又恰值羁旅飘零之际，故水亦化作酸楚之泪。“一半是，牛山泪”，词人巧妙化用《晏子春秋》中“牛山滴泪”的典故，将复杂的故国情怀表达得深沉而厚重。“此地”四句，词人从临淄写起，思绪飘向遥远的春秋时代，今昔对照，感慨怎能不多？“禾黍西风里”更是一语道破怀古真谛，蕴含词人的家国之叹。

下片借酒消愁，“回首”以下数句，明确表明繁华不再，故国已成回忆中的影像，自己的归乡路途漫漫，饱含身世之感。

第三节 四时节序词

概说

关于文学创作中景与情的辩证关系，古人早有论述。《文心雕龙·明诗》曰："人禀七情，应物斯感，感物吟志，莫非自然。"刘勰认为自然万物是人之七情六欲的有效表现，承载着时人的喜怒哀乐，借时序景物传情达意，彰显出彼时创作者的真实心境。在这里，外界的景物映射到主体的心田，社会环境的因素开始影响外在景致，外物与内情彼此沟通，即有"春秋代序，阴阳惨舒，物色之动，心亦摇焉"（刘勰《文心雕龙》）之说。

陆机《文赋》云："遵四时以叹逝，瞻万物而思纷；悲落叶于劲秋，喜柔条于芳春。"景物的触发引起创作主体心灵的萌动，主观心情悲喜给客观之物着上情感色彩，创作中景与情二者互相生发，使之有机融合。

四时节序词主要是指那些以时令节日、民俗风物、自然风光等为表现对象的词作，往往具有情景兼长的审美特质。中华文化经历了五千年的积累与沉淀，形成了固定的思维模式与丰富多彩的岁时节令文化。我们悠久的农耕文明和特有的宇宙观为四时变化赋予了更多的思想、社会内涵。农业生产与四时变化息息相关，从"春种夏长秋收冬藏"开始，四时具有了人文色彩。上古时代，人们就把四时运行纳入阴阳五行之中，春木夏火秋金冬水。《礼记·月令》将时序季节与星象、祭祀、政事、人事融为一体，这种整体思维终止了对事物认识的深化，但对诗词创作，却拓宽了想象空间，增添了无尽的韵味。

翻开中国文学的浩浩长卷，吟咏四时节序的作品由来已久。早在《诗经》的时代，诗人们就开始有了敏锐的时间意识，它通过对草木山水的吟唱，折射出艺术主体细腻而又丰富的精神世界。

《楚辞》中对节序的表现更为浪漫。先秦文学在内容上虽然不乏反映季节时令的作品，但纯以时令节序为表现主体的名篇诗文尚未出现。

汉魏六朝，文学取得了突飞猛进的发展，古诗、乐府、骈赋等文学形式争奇斗艳，极大地丰富了四时节序文学的表现方式，涌现出一批以季节命名的赋作，这些作品紧扣季节特征，用典雅的语言表现特定的物候特征，尤其是在对秋的描写中表现得更为突出，感慨生命的流逝与无常，思考人生的终极意义。

纵观隋唐诗词不难发现，四时节序类作品的内容更加充实，创作群体也更加多元，景物描摹进一步细化。隋代建于文帝，亡于炀帝，前后 37 年，在文学方面大多承南北朝余绪，以繁缛骈俪见长，所写不出宫苑亭台，偏离了自然本色，故而对四时节序的绘饰也缺乏内在精神。李唐王朝由兴至衰，也使文人的处境、思想经历了较大的变化，给四时节序诗词的创作注入了新的内涵。

五代南唐的词作突破了“应歌”和“代言”体式的限制，不再拘泥于对审美客体的静态观照和描摹，注重主体的心灵体验，扩大了词的抒情功能，深化了词境。此时以冯延巳、李煜为代表，他们用心灵审视自然万物，抒写其身处忧患之中对时序变化的感受和体验以及人生命运的嗟叹，情泪俱下，尤为感人。此后，以四时变化为载体抒发内心喜怒哀乐遂成为词的主要抒情方式。此时四时节序词多用《忆江南》《采桑子》《蝶恋花》《梅花》等词牌，所绘景物不出春花、秋月、离愁、梧桐、檀香、晚妆、香腮、烟雨等，虚情实景融合无间，注重人物描写和意象的巧妙组合。

宋代，是词的黄金时代，四时节序词也丰富多样，异彩纷呈。文人士大夫们通过对春愁秋恨的感怀和节日里悲欢离合的描摹，传达出国愁己怨，也展现了都市的繁华和当时的生活场景，反映出更为深广的社会内容。如欧阳修的《御带花》（青春何处风光好）详细刻画了京城元夕的热闹情景，颇具历史情韵和生命气息；柳永的《木兰花慢》（拆桐花烂熳）则描绘了清明时节的自然风光，侧面烘托出北宋时期社会安定、文化繁荣的景象。

张先、晏殊、李清照、刘辰翁等人亦是咏春叹秋能手，那些有关季节性的意象，折射出情感内涵的不断变迁，表现出思念、落寞、伤感、绝望等种种情绪，密集的意象勾画出摇曳多姿的四季画卷。透过密丽的意象可以窥探出彼时词人忧时伤国、怀才不遇、思乡怀人等诸多情感，具有丰富的人生风味。尤其是对清明、上元、七夕、寒食、端午、中秋等节序的关注上，体现了宋代的民俗文化和享乐观念，反映出五彩斑斓的社会生活。

宋代如李清照、朱淑真等女性词人，面对山河巨变、人生转换，写下诸多借四时节序抒情的词作，前者代表作有《永遇乐》（落日熔金）、《行香子》（草际鸣蛩）、《如梦令》（昨夜雨疏风骤）、《小重山》（春到长门春草青）；后者有《菩萨蛮》（秋声乍起梧桐落）、《鹊桥仙》（巧云妆晚）、《蝶恋花》（楼外垂杨千万缕）、《清平乐》（恼烟撩露）、《浣溪沙》（春巷夭桃吐绛英）等等。这些词不但刻画了自然四时以及节日风俗，而且也反映了词人人生四季的感慨与情愁，情思细腻，形成迥异于宋代男性词人的艺术风貌。

值得重视的是，宋词对于“春”“秋”的歌咏集前人之大成，形成了独特的面貌。宋代词人身处文艺繁荣之国度，思想上受到诸多外来文化的影响，艺术视角空前扩大，在咏春类作品中，逐渐形成伤春、惜春、送春、早春、暮春的吟咏门类，传达着或怀人思乡，或闲适旷达的情感，春光秋景之于词人，并非只是自然景致的变换，更多的是折射出词人内心世界的情绪被动。

相较咏春词，宋代咏秋词并未形成如此浩大的规模，但经过不断吸收前人咏秋的写作经验，亦形成自身的特色并沿着古人开辟的词路，融合时代要义，以残阳、秋雨、落叶、衰草等为描摹对象，着重表现羁旅怀人、人生无常之感，尤其到南宋时期，咏秋词经辛弃疾、岳飞、张孝祥等爱国词人的创作，蕴含着时代的悲音，境界也更为深沉阔大。

同时，节序词自词体产生伊始，便形成了自身的发展模式，清明词、元宵词、七夕词、中秋词、除夕词等经过不断的发展演变，宋时达到鼎盛，构成元宵观灯、清明祭祖、七夕乞巧、中秋赏月、重阳登高、除夕守岁等丰富多彩的社会画卷。

金元时期四时节序类词在数量上远远少于宋代，但在内容、手法以及词境上却有所突破，它表现出更为深广的社会内涵。白描手法的运用也给人以返璞归真之感，对用典、拟人等艺术手法的传神使用，极大地开拓了词境。

明清时代，词随着时代变革，历史意蕴更加浓厚，四时节序类词亦呈现出繁荣局面。纵览两代词作，因历史的变革，词人的兴亡之感加深，融入四时节序词中，则有一层忧郁气息。比如陈子龙《点绛唇》（满眼韶华）云“春无语！杜鹃啼处，泪洒胭脂雨”；《念奴娇》（问天何意）“当日九畹光风，数茎清露，纤手分花叶。曾在多情怀袖里，一缕同心千结”，时时写春，处处见愁，点滴之间，故国情思染满词作。夏完淳《卜算子》（秋色到空闺）中“秋色到空闺，夜扫梧桐叶”则渲染出独守空闺的千般惆怅，相思之情扑面而来。王夫之的《清平乐》（归禽响暝）借雨以抒怀，归禽、垂杨、浮萍等意象折射出词人“谁信碧云深处，夕阳仍在天涯”的迷茫。朱彝尊的《木兰花慢》（今年风月好）状上元热闹之景，铺叙蛾眉女子的卷帘风情，情感细腻，极具生活情韵；《金缕曲》（谁在纱窗语）则捕捉愁燕、荷叶、鼓蛙等夏日意象入词，叙写午梦乍醒的烦忧与困惑。顾贞观的《步蟾宫》（玉纤暗数佳期近）“玉纤暗数佳期近。已到也、忽生幽恨”，舍景存情，写尽自身爱恋中的情意，这首情词以七夕为创作背景，映射了对他的思念。总之，明清时代的四时节序词在情感上不出闺怨之愁、家国之怨，在景物的描写上更富概括性。

忆江南

（唐）刘禹锡

春去也，多谢洛城人。弱柳从风疑举袂，丛兰裛露似沾巾，独坐亦含嚬。

此词是写一位洛阳少女的惜春伤春之情。“春去也，多谢洛城人”，起句即描写春天已经逝去的伤感之情。春天已经匆匆过去了，在这即将分别的时候，谢别洛阳城的人。接下来词人开始描绘分别时的场景。“弱柳从风疑举袂，丛兰裛露似沾巾”，那纤细柔弱的柳枝随着清风轻轻摇摆，就像是女子在举袂挥手告别，那一丛丛的兰花上挂满了露珠，就像是分别之际流下的伤心泪水。词人通过对柳枝和露水的拟人化描写，将伤感之情寄托于这美好而凄凉的春景之中，写法婉转有致而又耐人寻味。尾句“独坐亦含嚬”，描写主人公惜春伤春时的情态，她独自坐在那里，面带微笑，可是在微笑中又频频蹙眉，人物的情态刻画达到了极致。主人公热爱春天的美好，所以她面带笑容，然而她又伤感这美好春光的易逝，所以她又频频蹙眉。这样矛盾的表情和心态，令读者更为立体地体会到主人公当时的心境，从而增添了全词的抒情色彩。

清平乐

（南唐）李　煜

别来春半，触目愁肠断。砌下落梅如雪乱，拂了一身还满。

雁来音信无凭，路遥归梦难成。离恨恰如春草，更行更远还生。

暮春时节的凄凉景致触动了词人内心的感伤，他感伤着春天的易逝，想起自己的命运，也在感慨人生的美好时光一去不复返。“别来春半，触目柔肠断”，自从离别以来，春天已经过去了一半时光，满眼凄凉的景色激起了词人的愁思。起句点明了写作时间是在暮春时节。“砌下落梅如雪乱，拂了一身还满”，那台阶下散落的梅花就像是飘起的白雪一样凌乱不堪，落了词人满身，将它们拂去，很快又落满了。从此句我们可以得知梅花之多。如雪的白梅在暮春时分飘然落下，这是何等凄清又伤感的景致，暗示着词人人生的悲哀。“拂了一身还满”，是用飘落的梅花来比喻词人内心的愁苦之情，挥之不去，无论怎样，离愁始终萦绕在心头。

下片词人抒发自己对故国的深情。“雁来音信无凭，路遥归梦难成”，词人抬头望见大雁已经飞回来了，可惜它没有捎来自己期盼的音信，故国此刻距离自己是那么的遥远，即使在梦中想与它相见，也很难达成愿望，表达了词人的幽怨之情。“离恨恰如春草，更行更远还生”，离别的情绪就好似这暮春时节的青草一样，在这百花凋零的暮春时节，它们更加的繁盛。词人在词句中将其内心离别的愁绪比作远连天边的春草，正在不断地繁衍滋生，用了“更行”“更远”“还生”三个层层递进的词语，将内心情感的委婉、深沉、绵延不绝表现得淋漓尽致。

迎新春

（北宋）柳　永

嶰管变青律，帝里阳和新布。晴景回轻煦。庆嘉节、当三五。列华灯、千门万户。遍九陌、罗绮香风微度。十里然绛树。鳌山耸、喧天箫鼓。

渐天如水，素月当午。香径里、绝缨掷果无数。更阑烛影花阴下，少年人、往往奇遇。太平时、朝野多欢民康阜。随分良聚。堪对此景，争忍独醒归去。

宋代多情才子柳永，因浪漫性情与用世志意的冲突而耽溺于狎妓填词的生活，自称“奉旨填词柳三变”。柳永写下不少伤春悲秋的词坛佳作，尤以咏春词为多。他紧紧抓住早春与暮春两个最具特点的时期，全力描绘眼中明媚娇艳的春景。柳永的咏春词与特定的民俗相结合，全面展现了彼时的社会生活风貌，极大地丰富了节序词的时代内涵。

三五佳节，春光和煦，音声相协，到处呈现出早春喜意：华灯香风，雅俗同聚，风流春昼。上片音声祥和，下片情深意密，景如画，情似歌。

此词以元宵佳节作为早春背景来展开，栩栩如生地描绘了都市的繁华之貌，也反映出宋时的民俗情状。柳永以咏春为背景的词作大约有 50 首，他用拟人手法将其人生情感移入春景中，于表面的喜庆、欢乐之余，展现出暮春将至的几许惆怅。

木兰花慢

（北宋）柳　永

拆桐花烂熳，乍疏雨、洗清明。正艳杏烧林，缃桃绣野，芳景如屏。倾城，尽寻胜去，骤雕鞍绀幰出郊坰。风暖繁弦脆管，万家竞奏新声。

盈盈，斗草踏青。人艳冶，递逢迎。向路旁往往，遗簪堕珥，珠翠纵横。欢情，对佳丽地，信金罍罄竭玉山倾。拚却明朝永日，画堂一枕春醒。

宋末词人刘辰翁《临江仙》（立春后即事）云“欲知春色招人醉，须是元宵与踏青”，据此可见，清明在宋代占有重要地位。清明，是二十四节气之一，也是我国传统节日之一，并成为一种特殊的文学意象。经过不断的演绎，宋词中的清明，包含怀人思乡、赏春游乐以及春暮花凋所引发的感伤惆怅等诸多情感。清明之际，正值春光融融之时，“人禀七情，应物斯感，感物吟志，莫非自然”（刘勰《文心雕龙》），眼前景对应心中情，遂有清明词中的踏青、折柳之乐。

上片描写清明疏雨，桃杏开遍山林田野，如诗如画。下片自然转入赏春游玩之乐，“斗草踏青”“遗簪堕珥”刻画入神，如临其境，令人心旷神怡。该词可谓是宋代清明风光和社会祥和图景的真实写照。

清明在宋词中还有怀人思乡的悲楚之意，古人对祖先怀着景仰之情，故在民间形成清明扫墓的习俗，用以祭奠其灵魂。同时暮春时节的物候变化也会触动词人敏感的神经，故对羁旅行役之苦的描摹也是清明词表现的重要主题。

应天长

（北宋）柳　永

残蝉渐绝。傍碧砌修梧，败叶微脱。风露凄清，正是登高时节。东篱霜乍结。绽金蕊、嫩香堪折。聚宴处，落帽风流，未饶前哲。

把酒与君说。恁好景佳辰，怎忍虚设。休效牛山，空对江天凝咽。尘劳无暂歇。遇良会、剩偷欢悦。歌声阕。杯兴方浓，莫便中辍。

重阳节指农历九月初九，因两九相重，故又称“重九”。由于九月初九中的“九九”谐音为“久久”，含有长久之意，因此人们常在此日祭祖或举行敬老活动，故又称“老人节”。重阳节源于先秦时期的九月节庆，至汉代而定型。唐代，重阳被正式定为民间节日，形成重阳登高、赏菊、饮酒、佩茱萸等习俗，一直沿袭至今。宋代，文人墨客留下不少重阳词作。

柳永《应天长》以清秋之景入词：梧桐叶下几只残蝉发出几声哀鸣，落叶纷飞，因声起舞，风清露凉，正是登高佳季。心灵的吟唱极尽自然，眼前秋景虽然荒凉，但词人情致正浓，“聚宴处，落帽风流，未饶前哲”引用孟嘉“落帽”而重九登高和齐景公为人生短暂而“牛山下涕”的典故，使得这首重阳词的主题更加突出，意味更加厚重。

天仙子

（北宋）张　先

《水调》数声持酒听，午醉醒来愁未醒。送春春去几时回？临晚镜，伤流景，往事后期空记省。

沙上并禽池上暝，云破月来花弄影。重重帘幕密遮灯，风不定，人初静，明日落红应满径。

张先是北宋时期著名的词人，其词的题材主要为有关士大夫的上层社会生活和男女之情，也有一部分反映了下层民众的生活。

此词是张先的伤春之作。词人通过对暮春之景的描绘，抒发其年老位卑、孤独苦寂的感慨之情。全词文字内敛而富有艺术张力，意境恬淡而韵味悠长，是张先词之代表作。“《水调》数声持酒听，午醉醒来愁未醒”，一边饮酒一边听着《水调》的乐曲，中午喝酒时的醉意已经消解了，可是这满腔的愁绪还在胸中萦绕。“送春春去几时回”，这是词人发出的感慨：今日我在此送走了春天，可是春天几时能再回来？这里的“春”，不仅仅是指大好春光，也是代指美好的年华。词人感慨春光易逝，也是在感慨人生中的美好年华与这春光一般易逝，只留下人们对青春的追忆和惋惜。“临晚镜，伤流景，往事后期空记省”，在夜晚时分，望着镜子中的自己，感慨着美好的景色一点点流逝，曾经的约定记得那么清楚，可是一切都是徒劳的，以后都化成了过往云烟。这一句是化用杜牧诗句“自悲临晓镜，谁与惜流年”，词人将杜牧的“晓”改为“晚”。杜牧写的是女子晨起梳妆时看到镜中的自己，感慨年华易逝，而此词的写作背景是在中午喝醉酒又醒来之后，时间已经是傍晚时分，所以用了“晚”。这里的“晚”不仅仅是指天色已晚，也是在说人生的晚年。也正是因为步入晚年，不再有青春时光了，所以才会对镜感慨流年。往事已成云烟，一旦错过机缘便再也无法得到了。许多美好而甜蜜的往事在这流逝的春光中更能引起无限的怅惘。过去的美好并没有因时间的流逝而渐渐淡忘，反而随着词人年龄的增长而更加清晰了，这也为词人增添了更多的伤感和烦恼，所以才会醉酒，并且酒醒愁绪还未醒，前后呼应，更加突出词人惆怅的心境。

下片开始对春光景色进行描写，触景生情，极有意境。“沙上并禽池上暝，云破月来花弄影”，在沙滩上嬉戏的水鸟已经回到水面睡着了，风吹散了云彩，露出了月亮的光芒，月下的花枝随风摇摆，好似在舞动自己的影子。此句成为流传千古的名句。词人将郁积已久的苦闷心情，通过这即将流逝的盎然春意来表达，那种纠结的心境仿佛就在那花枝妩媚的弄影中悠悠地传达出来，让读者在流逝的春景中感受一丝凄凉和美感。“重重帘幕密遮灯”，一层层的帘幕密密地遮住了烛光。“风不定，人初静，明日落红应满径”，风还在吹着，没有停息，可是人声却渐渐消失了，夜空变得静谧，想想明天，那满枝的花朵必定被吹散凋零，落红必定铺满暮春的小路。好景不常，刚才还在月下舞动身影的花朵，明天就要成为落红一片了。此句将词人伤春之逝的惆怅和自嗟迟暮的愁绪表达得淋漓尽致。

破阵子

（北宋）晏　殊

燕子来时新社，梨花落后清明。池上碧苔三四点，叶底黄鹂一两声，日长飞絮轻。

巧笑东邻女伴，采桑径里逢迎。疑怪昨宵春梦好，原是今朝斗草赢，笑从双脸生。

晏殊是北宋前期婉约派词人之一，在北宋文坛上具有很高的地位。因身为宰相，生活闲适，晏殊在词中努力追求闲适恬静的现实人生欢乐。燕子遵时而来，梨花依节而落，碧苔点点嵌入池间，黄鹂声落叶底，飞絮在阳光下轻飘，笔调何其轻盈！景浓难掩情深，词人接着描绘飞絮之下踏青斗草的乡村姑娘，她们无忧无虑，一如祥和的春光，给人以心灵的慰藉。词人爱春而不滞于春景，重在凸显春日给人带来的点滴感悟。至此，词人闲适旷达的生活情调显现无遗。晏殊《破阵子》纯用白描，不加雕饰，极富民歌风味，为充斥着酒宴花间题材的宋初词坛带来清新空气。

踏莎行

（北宋）晏　殊

小径红稀，芳郊绿遍。高台树色阴阴见。春风不解禁杨花，濛濛乱扑行人面。

翠叶藏莺，珠帘隔燕。炉香静逐游丝转。一场愁梦酒醒时，斜阳却照深深院。

晏殊的词继承了晚唐五代的风格，绮丽中有深沉的内容，不流于轻浮。他所作的《踏莎行》是一首惜春伤春词，很能代表他的词风。

此词主要是对春光的客观描写，在这些景物描写中，我们不难体会到词人的惜春伤春之情。“小径红稀，芳郊绿遍”，起句便为我们描绘了一幅具有典型特征的春景。小径两旁的花儿已经渐渐零落，所以显得很稀疏，只能看到星星点点的几瓣残红，而漫山遍野已经被绿草覆盖。从这一起句，我们可以得知此时已是暮春时节。“高台树色阴阴见”，在高台附近的树木已经郁郁葱葱了，形成了一大片阴凉，从而显得更加幽深。词人将目光由芳草转向了高台附近的参天大树，层次分明。接下来词人继续描写暮春时节的典型景色。“春风不解禁杨花，濛濛乱扑行人面”，杨花飞舞是暮春时独有的景致，词人从开篇至此，都是在强调此时的季节为暮春时节，也为后文抒发惜春伤春情感做铺垫。春风肆意地吹拂，将满树的杨花吹起，飞落在路上行人的脸上。此句描写极富动感，春风不懂得约束杨花，暗示春天已经无法挽留，即将逝去。

下片继续描写暮春景致，进一步抒发自己的情感。“翠叶藏莺，珠帘隔燕”，大树的叶子已经长得茂密而翠绿，莺鸟落在树上都被树叶遮住了身影，而屋内密密的珠帘低垂，屋外的燕子被这珠帘所阻而无法入室。这两句对室外与室内景致的描写，生动地展现了暮春时分的恬淡和静谧。“炉香静逐游丝转”，香炉里的烟雾袅袅上升，和飘荡的游丝缭绕在一起，相互纠结，一起旋转，渐渐就分不清哪个是烟雾，哪个是游丝了。此句虽为动态描写，却是在反衬室内的安静。“一场愁梦酒醒时，斜阳却照深深院”，尾句点题，表达惜春伤春的情感。日暮时分，中午时饮的酒已经渐渐消解，一觉醒来，心中仍有愁绪。抬眼望去，斜阳正照在庭院中，显得庭院更加幽深。词人用“愁梦”一词，委婉地表达出其对美好春光易逝的愁思。前人对此词，都给予很高的评价。

木兰花

（北宋）宋　祁

东城渐觉风光好，縠皱波纹迎客棹。绿杨烟外晓寒轻，红杏枝头春意闹。

浮生长恨欢娱少，肯爱千金轻一笑。为君持酒劝斜阳，且向花间留晚照。

春日融融，大地回春，万物复苏，激发出人们对于生命的热情。宋代感春词以写初春、阳春景色居多，借以抒发快乐而恬适的心境，表达对春天的独特感受。

词上片写景而饱含柔情：绿波荡漾，风吻东城，绿杨冲破晨间清寒，红杏亦不甘寂寞，笑看蜂歌蝶舞，好不热闹！“红杏枝头春意闹”一句既出，令早春增色无穷。王国维《人间词话》评之曰：“‘红杏枝头春意闹’，著一‘闹’字而境界全出。”承接上片绿杨红杏的春景，下片遂有及时享乐的生活感触，面对人世无常，聚少离多，哪怕是抛却千金也要笑对人生得失，这也是词人的一种自我劝勉，是释怀之叹。

这首词上片写景绚丽明媚，下片抒情喜悦酣畅，注重字句的锤炼和推敲，结句“且向花间留晚照”产生了无穷的余味，提升了整首词的品格。

御带花

（北宋）欧阳修

青春何处风光好？帝里偏爱元夕。万重缯彩，构一屏峰岭，半空金碧。空槊银缸，耀绛幕、龙虎腾掷。沙堤远，雕轮绣毂，争走五王宅。

雍容熙熙昼，会乐府神姬，海洞仙客。拽香摇翠，称执手行歌，锦街天陌。月淡寒轻，渐向晓、漏声寂寂。当年少，狂心未已，不醉怎归得。

元夕，俗称元宵节，又称上元节、灯节，因其象征着团圆、美满，寄托了百姓渴望平安团圆的美好愿望，故历来备受重视。隋唐以降，元宵观灯成为古代女性最重要的娱乐活动之一。宋代市民文化日益丰富，每年上元节都要举办大型灯会，并以戏曲为衬，成为东京元宵节的特有习俗。

上片以设问句式起笔，扣人心弦。只一"偏爱"言尽宋人对于元宵节的情有独钟。"万重缯彩"以下三句，将色彩斑斓之景、龙腾虎跃之势书写殆尽。下片遥想神姬、仙客，更添喜庆气氛。"月淡寒轻，渐向晓、漏声寂寂"，描绘佳景良辰相逢，忘却今昔是何年，秉烛夜游以享太平。

此词以欢快的笔调歌咏元宵佳节，称颂太平盛世，成为北宋节序词的名作之一。李清照的《永遇乐》（落日熔金）则以元宵节为背景，对比南渡前后的生活情景，表达物是人非的人生感慨，也反映了北宋时期的元宵盛况。

蝶恋花

（北宋）欧阳修

庭院深深深几许？杨柳堆烟，帘幕无重数。玉勒雕鞍游冶处，楼高不见章台路。

雨横风狂三月暮。门掩黄昏，无计留春住。泪眼问花花不语，乱红飞过秋千去。

这首《蝶恋花》是一首惜春伤春词。词人开篇即写了庭院深深的景致。"庭院深深深几许？杨柳堆烟，帘幕无重数"，庭院那么幽深，迷蒙的烟雾笼罩在依依的杨柳上方。庭院寂静幽深，与世隔绝，那笼罩在杨柳上的烟雾又给人一种压抑禁锢之感。词句中的"深几许""无重数"都饱含怨艾之情，他用这样压抑的词语来描绘春天的庭院，为此词打下了感伤的情感基调。词人用美好的春光来比喻主人公的青春，这春光的压抑之感也是在暗示主人公的美好时光被禁锢。“玉勒雕鞍游冶处，楼高不见章台路”，主人公的夫婿薄情寡义，将主人公紧锁在闺阁之中，自己却在外面寻欢作乐。而女子对此却无可奈何，只能在闺阁之中感叹春光流逝。

“雨横风狂三月暮。门掩黄昏，无计留春住”，在暮春的三月，狂风暴雨袭击着春色，将厚重的大门关起可以掩闭黄昏的景色，却无法留住春光。词人用三月暮时的狂风暴雨来比喻负心人的残酷无情，用被摧残的春光比喻主人公的青春，感叹韶华空逝、人生易老的悲痛。“泪眼问花花不语，乱红飞过秋千去”，主人公满眼泪水地问着残落的花朵，是否知道自己的心意，可是花儿默默无语，它们随风飘舞，一点一点地飞到了秋千外。此句语言流美，意蕴深厚，与词的境界浑然天成。

阮郎归

（北宋）晏几道

天边金掌露成霜，云随雁字长。绿杯红袖趁重阳，人情似故乡。

兰佩紫，菊簪黄，殷勤理旧狂。欲将沉醉换悲凉，清歌莫断肠！

《阮郎归》是写于重阳时节的抒情小令。起首两句写深秋景致，金露凝霜，云随雁归，意象凄凉而别有韵味。三、四句以重阳接之。“兰佩紫，菊簪黄”写出思乡之切和友情之真。“殷勤理旧狂”一句意转而层深，将满腹不足为外人道的情绪努力地消解。结句“欲将沉醉换悲凉，清歌莫断肠”于疏狂之余，身世怀抱尽显词间。清代况周颐《蕙风词话》评之曰：“此词沉着厚重，得此结句，便觉竟体空灵。”

水调歌头 丙辰中秋，欢饮达旦，大醉，作此篇，兼怀子由

（北宋）苏　轼

明月几时有？把酒问青天。不知天上宫阙，今夕是何年。我欲乘风归去，又恐琼楼玉宇，高处不胜寒。起舞弄清影，何似在人间！

转朱阁，低绮户，照无眠。不应有恨，何事长向别时圆？人有悲欢离合，月有阴晴圆缺，此事古难全。但愿人长久，千里共婵娟。

中秋之夜，月明人圆，正值金秋时节，农事已罢，农家宴饮欢庆丰收，借天上一轮圆月寄予对生活的美好期盼，文人则赏月吟诗遣怀助兴，有团圆祥和之气。在宋词中，中秋的主题或通过对怡人月色夜景的赏玩，表达闲适旷达的情怀；或因月之盈亏而感叹沧海之变，传达怀人念友之情。

这首词作于宋神宗熙宁九年（1076），此时词人任职密州，非常思念兄弟苏

辙。上片以景起笔，词人“举杯邀明月”，情思飞向缥缈的天宇，身心获得莫大的自由，然在孤高旷远的胜境中，愈发显得孤独无依。下片自然转入怀人，月儿高悬碧空，洒下一片清辉，只是不见亲人的踪影，遂有“人有悲欢离合，月有阴晴圆缺，此事古难全。但愿人长久，千里共婵娟”的哲学思辨，将离别的思念以旷达之笔结之，余味无穷。

这首中秋望月怀人之作是宋代中秋词的绝唱，对后代产生了深远的影响。

南乡子 夏日作

（北宋）李之仪

绿水满池塘。点水蜻蜓避燕忙。杏子压枝黄半熟，邻墙。风送荷花几阵香。

角簟衬牙床。汗透鲛绡昼影长。点滴芭蕉疏雨过，微凉。画角悠悠送夕阳。

绿水漫过池塘，蜻蜓点水忙碌不息，举目看邻家墙院，更喜杏子已经将熟，荷花的香气被风送过，令人神清气爽，还有那雨中芭蕉，夕阳画角，一切都展示着生命的美与力，独不见盛夏的燥热，颇有闲适之风。李之仪的这首《南乡子》选择典型的盛夏景物，明亮色彩中有一股清凉之感。

清平乐

（北宋）黄庭坚

春归何处？寂寞无行路。若有人知春去处，唤取归来同住。

春无踪迹谁知？除非问取黄鹂。百啭无人能解，因风飞过蔷薇。

黄庭坚是北宋著名的文学家，他的词风跌宕起伏，重在抒发内心感慨。

这是一首表达词人对春天的怜惜和不舍的词作。词人将春天拟人化，来表现自己对春天的珍惜和追索，语言简练优雅，情深意切。“春归何处？寂寞无行路”，春天去了哪里？只留下了一条寂静的道路，却无法将它找回。词人用问句引起全篇，直接点明春天已经过去，而自己对春天还是深深的不舍。因为春天的逝去而深感寂寞，却又无从寻觅，这样强烈的情感，仿佛是失去了恋人一般，词人用他自身对春天的感受，引起读者的共鸣。“若有人知春去处，唤取归来同住”，如果有人知道春天它去了什么地方，请将它唤回，与我一起居住。这样奇特的想象和写作手法，令读者觉得此词生动而瑰丽，也反映出词人对美好春光的执着。

下片仍以问句起始。“春无踪迹谁知？除非问取黄鹂”，春天离去的时候不会留下一丝痕迹，所以没有人知道它究竟去了哪里，除非问一问黄鹂。词人明白春天的去向无人知道，他明白春天也不可能如自己所想象的那样被呼唤回来与自己同住，但他仍抱有一丝希望，希望黄鹂能告诉自己春天的去向。“百啭无人能解，因风飞过蔷薇”，黄鹂的叫声婉转动人，可惜词人无法理解它在说些什么，仍无法得知春天的去向，心情更加沉重和苦闷。一阵阵风吹拂过蔷薇，夏季已经来临，这时词人才彻底失望，知道春天是无法回来了。此词文字简朴，生动活泼，然意味悠远，耐人寻味。

浣溪沙

(北宋)秦　观

漠漠轻寒上小楼，晓阴无赖似穷秋。淡烟流水画屏幽。

自在飞花轻似梦，无边丝雨细如愁。宝帘闲挂小银钩。

秦观的《浣溪沙》情境朦胧，韵味隽永。全篇看似都是景物描写，并未提及惜春伤春之情，但读罢此词，一种对春季的怜惜和伤感不禁萦绕心头，这也正是词人的高明之处。

“漠漠轻寒上小楼，晓阴无赖似穷秋”，此词的起句十分平淡，但在这种平淡中又透露出词人的内心十分敏感。天气微微有些寒冷，烟雾袅袅，词人独自一人登上小楼，眺望远方，此时正值暮春时节，却令词人感觉到像是进入了深秋一般寒冷，都怪这春阴寒薄，不由得使人心情抑郁起来。词人仿佛在为我们呈现一幅暮春时分的画卷，用白描的手法，展现出春寒萧索的清晨中那寥廓冷寂的气氛。词人没有提及愁绪，但这愁思已在这薄薄春寒中无声无息地弥散开来。词人不说自己的心情烦闷，反而责怪天气，说自己的郁闷是因为早上的春阴所致，由此我们能够感受到词人面对逝去的美好春光时的无奈心境。“淡烟流水画屏幽”，他望向远方，淡淡的烟雾在远处萦绕，眼前又是静静的流水轻轻地流淌着，这一切就像是屏风上的画一样，因为这一丝丝雾气而显得幽迷淡远。这样的景致正好与主人公此刻的心境相符，情景交融。

下片通过景致描写，进一步抒发春愁。“自在飞花轻似梦，无边丝雨细如愁”，楼外的天空飘浮着自由自在的飞花，迷离惝恍，好似梦境一般虚无缥缈，而此刻天空又下起了丝丝细雨，迷迷蒙蒙，无边无际，就好像是人的忧愁一般绵绵不断。词人在此用了两个巧妙的比喻，用梦比喻漫天的飞花，用愁思比喻飘洒的细雨。这两个比喻用得极为贴切，令读者感到缥缈朦胧，若即若离。词人以情观物，移情入景，所以才出现飞花似梦、细雨如愁这样生动形象、韵味绵长的比喻。“宝帘闲挂小银钩”，词人不经意中望向珠帘外的景致，一钩精巧玲珑的弯月正挂在天空。词人以此种意象作为结句，令帘外的凄清景致和帘内人的忧愁思绪融为一体，委婉曲折，情景交融，一种淡淡的闲愁挥之不去，忘之不能。

画堂春

（北宋）秦　观

落红铺径水平池，弄晴小雨霏霏。杏园憔悴杜鹃啼，无奈春归。

柳外画楼独上，凭栏手捻花枝。放花无语对斜晖，此恨谁知。

秦观的词作情感丰富，善写自己细微独到的切身感受，所以格外感人。宋神宗元丰五年（1082），秦观礼部考试落第。此词是他在落第后，由于心情苦闷而作的一首伤春词。

此词上片侧重描写春季的景物。“落红铺径水平池，弄晴小雨霏霏”，花瓣凋零成为落红，铺满了狭窄的小径，池塘的水面上涨，已经与岸齐平了；天气忽晴忽雨，刚刚还是晴空万里，突然又下起了小雨来，好像是在相互嬉戏一般。词人在此点明了写作时间是暮春时分。这里的景致描写，选择了落红、池塘、雨水，读起来带有一丝凄凉之情。“杏园憔悴杜鹃啼，无奈春归”，杏园里已经没有了曾经热闹的景色，像一个十分憔悴的女子，杜鹃在枝头飞来飞去，一声声啼叫在此刻听起来是那么悲凉，可这一切都怨谁呢？都是无可奈何之情啊，因为春天已经离去了。词人用拟人的手法，将杏花的飘零与憔悴的女子相比拟，令读者更深切地体会到这其中的失落感。

此词下片是人物情态描写。“柳外画楼独上，凭栏手捻花枝”，主人公一个人独自登上画楼，她独自倚着栏杆，手中捻着花枝，柳树已经茂盛繁密，一些柳条伸向了画楼。“放花无语对斜晖，此恨谁知”，她默默将手中的花枝放下，转而无语地望着天边的斜晖，陷入了深深的思绪之中。她内心的愁苦、内心的怨恨又有谁知道呢？词人在这里并没有说明她的怨恨是什么，也没有说明她的恨到了何种程度，但我们可以透过词人对主人公的一系列的动作与神态的描写，看出她内心饱含着深深的痛苦。眼前这暮春时节的凄凉景色更加令她触景生情，联想到自己美好的年华很快就要过去，青春白白流逝，心里更加难过。此词蕴藉含蓄，寄情悠远，将惜春伤春之情娓娓道来。

水龙吟　次韵林圣予惜春

（北宋）晁补之

问春何苦匆匆，带风伴雨如驰骤。幽葩细萼，小园低槛，壅培未就。吹尽繁红，占春长久，不如垂柳。算春常不老，人愁春老，愁只是、人间有。

春恨十常八九。忍轻辜、芳醪经口。那知自是，桃花结子，不因春瘦。世上功名，老来风味，春归时候。纵樽前痛饮，狂歌似旧，情难依旧。

晁补之是北宋时期的著名文学家，“苏门四学士”之一。他的词风清俊流畅。

这首《水龙吟》是词人抒发内心伤春惜春情怀的词作。“问春何苦匆匆，带风伴雨如驰骤”，想问问春天，为何要带着苦楚匆匆离去，还伴着疾风骤雨？起句便感叹春天匆匆而去了，为全篇打下了感伤的情感基调。“幽葩细萼，小园低槛，壅培未就”，幽香的奇葩中长着纤细的绿萼，散发出阵阵清香。庭院里的栏杆低矮，刚刚雍土培苗，花枝还没有生长成熟。词人对院内景致的细致描写，为我们展现出一幅优美清静的春光画卷。“吹尽繁红，占春长久，不如垂柳”，狂风将花朵都吹落了，只剩下满地的落红，在春光中长久不变的并不是这些艳丽的花朵，而是那依依的垂柳。词人从自然现象中道出了富贵无常的人生哲理。“算春常不老，人愁春老，愁只是、人间有”，春光常在而不会衰老，只是人们常常会看着春光易逝而感觉愁苦和伤感，所以说，愁苦只是人世间的情绪，是人的主观思想，而客观事物并没有愁绪。此句，词人将春本身与文人伤春的关系进行了哲理思考与论述。

下片词人以旷达的心胸劝诫友人。“春恨十常八九。忍轻辜、芳醪经口”，人世间的春恨情绪十常八九，抑制住自己内心孤独苦寂的情绪，看见那芳香撩人的美酒，怎么能辜负呢？“那知自是，桃花结子，不因春瘦”，细细想想便知，那些飘零的落红并不是因为春天的离去而伤感，而是因为桃李只有花朵零落了才能结出果实。“世上功名，老来风味，春归时候”，人世间的功名利禄，都是过眼云烟，何况人都有年老的时候，功名利禄不可能永久伴随自己左右，就像春天到了末尾一定会归去一样。“纵樽前痛饮，狂歌似旧，情难依旧”，纵然能够借歌酒自我排遣，但是青春和豪情难似旧时，借以表达词人的“惜春”之情。

此词语言浅近凝练，层层递进，以理服人。词人用自己旷达的胸襟来劝说友人看淡世间的功名利禄，结尾以春归来表达人生的哲理，写得自然洒脱，豪迈旷逸。

满庭芳　夏日溧水无想山作

（北宋）周邦彦

风老莺雏，雨肥梅子，午阴嘉树清圆。地卑山近，衣润费炉烟。人静乌鸢自乐，小桥外、新渌溅溅。凭栏久，黄芦苦竹，拟泛九江船。

年年。如社燕，漂流瀚海，来寄修椽。且莫思身外，长近樽前。憔悴江南倦客，不堪听、急管繁弦。歌筵畔，先安簟枕，容我醉时眠。

周邦彦，字美成，号清真居士。此词上片铺叙江南初夏景色，清丽润朗，将羁旅愁怀融入景中，圆润中充满动感生机；下片抒漂流之哀，结句以“醉时眠”暗示倦客心情。化用前人诗句，鲜活空灵，毫不黏滞，读起来词意蕴藉而余味不尽。清代周济《宋四家词选》称：“清真浑厚，正于钩勒处见，他人一钩勒便刻削，清真愈钩勒愈浑厚。”

六 丑 蔷薇谢后作

（北宋）周邦彦

正单衣试酒，怅客里光阴虚掷。愿春暂留，春归如过翼，一去无迹。为问花何在？夜来风雨，葬楚宫倾国。钗钿堕处遗香泽。乱点桃蹊，轻翻柳陌，多情为谁追惜？但蜂媒蝶使，时叩窗槅。

东园岑寂，渐蒙笼暗碧。静绕珍丛底，成叹息。长条故惹行客。似牵衣待话，别情无极。残英小，强簪巾帻；终不似、一朵钗头颤袅，向人欹侧。漂流处，莫趁潮汐。恐断红尚有相思字，何由见得。

周邦彦善于体物言情，语言精巧细致，词风典雅柔婉。此词是周邦彦惜春伤花之作，也是借此来表达自己对身世的感慨以及对美好时光易逝的叹息。他在暮春时分，看见凋零的蔷薇，触发感慨，于是创作了此词。

此词的上片主要是描写春光逝去、繁花凋零的景象。“正单衣试酒，怅客里光阴虚掷”，春日到来了，词人穿着刚刚换上的单衣在那里饮酒，忽然想起自己身在异乡，虚度光阴，就不免伤感起来了。此词的起句点明了季节，抒发了惜春之情，也为全篇定下了忧伤的情感基调。词人长期身处异乡，正值春去之际，不免触景伤情，对过往的光阴发出叹息——“愿春暂留，春归如过翼，一去无迹”，在这里用飞鸟比喻春天，形容春天流逝之迅速。词人希望春天能够暂时留下来，可惜春天就像那飞鸟一样，转瞬就飞过去了，不见了踪迹。词人希望春天留下，也是希望美好的时光留下，可是这些美好不但没有留下，反而像飞鸟一样迅速飞走了，无影无踪。“为问花何在？夜来风雨，葬楚宫倾国”，那些美丽的蔷薇花都哪里去了？一夜的风雨，应该已经将它们吹落，不知落向了何处，就像美人的命运一样，纵然有倾国倾城的美貌，也终会香消玉殒，飘零一生而无人怜惜。词人在此将美人比作落花，这样的比喻有很多，比如韩偓的《哭花》诗中有这样一句："若是有情争不哭，夜来风雨葬西施。"此句一波三折，生动地表达了词人内心的矛盾之情和苦闷难耐。陈廷焯曾在《白雨斋词话》中评论此句："此处点醒题旨，既突兀，又绵密，妙只五字束住，下文反复缠绵，更不纠缠一笔，却满纸羁愁抑郁，且有许多不敢说处，言中有物，吞吐尽致。""钗钿堕处遗香泽"，词人又将美人头上的发簪比作落花，那发簪上一定还带有美人的体香，如花瓣一样遗落在泥土中，却还飘着淡淡的香气，此句化用徐夤《蔷薇》"晚风飘处似遗钿"。"乱点桃蹊，轻翻柳陌"，蔷薇那轻盈的花瓣随风飘舞，一些落到两旁长满桃树的小径上，凌乱地铺了一路，还有一些被吹向高处，在柳叶间飞旋，好像在与柳叶嬉戏玩耍。"多情为谁追惜"，这些飘飞的花瓣如此美丽多情，却无人怜惜。词人不禁想到自己，自己的情感又有谁会懂呢？"但蜂媒蝶使，时叩窗槅"，只有蜜蜂和蝴蝶来回飞舞，不时地撞在窗户上，仿佛在提醒词人去怜惜满地凋零的蔷薇。词人通过对凋零的蔷薇和暮春景致的描写，将自己对春天逝去的惋惜之情表达得韵味盎然，暗含着词人对自身遭遇的感慨。

此词下片描绘了词人对蔷薇和对春天的怜惜之情。"东园岑寂，渐蒙笼暗碧"，词人抬眼望见庭院内一片寂静凄美的景致，蔷薇都凋谢了，而树叶的绿色越来越深了。一个"寂"字烘托出了凄凉的氛围。"静绕珍丛底，成叹息"，词人静静地围着已经凋零的蔷薇花丛绕步，看着那些落花，不免深深叹息起来。"长条故惹行客。似牵衣待话，别情无极"，蔷薇花枝长而纤细，它们随意地伸出花丛，好像是在撩拨词人的心绪，它们就像是即将与恋人分别一般，牵扯住词人的衣襟，好像有千言万语的离情别绪要诉说。词人将自身情感融入蔷薇花枝中，是说自己和蔷薇一样同病相怜，也是在表达自己和蔷薇一样，都已经失去了美好的时光。"残英小，强簪巾帻"，在蔷薇的枝条上，词人看见了一朵残留的小花，便将它别在了发簪上。词人以为这朵小蔷薇是花枝对自己的告别，于是将它插于发簪。"终不似、一朵钗头颤袅，向人欹侧"，词人很快发现，那只是一朵普通的蔷薇，它哪里比得上春季盛开时，在美人发簪上时的楚楚动人呢？词人再次感叹自己和蔷薇一样，都失去了最美好的时光。写到这里，词人已经有种大梦初醒的感觉了，可是他又对现状无可奈何。"漂流处，莫趁潮汐"，那随处飞舞的蔷薇花瓣啊，你们千万不要落在有潮汐的地方啊，那样就被带走了。即使是蔷薇已经飘零，但词人仍对其有不舍之情，不愿它们随波流走。"恐断红尚有相思字，何由见得"，词人唯恐这些蔷薇花瓣上寄托着相思之情，如果花瓣被潮汐带走了，那么爱人又从何得知这份相思呢？

如梦令

(宋)李清照

昨夜雨疏风骤。浓睡不消残酒。试问卷帘人,却道海棠依旧。知否。知否。应是绿肥红瘦。

李清照是南宋时期的著名女词人。她的作品并不是很多,但她的很多作品都成为流传千古的经典。她的这首《如梦令》是一首伤春惜花的作品。全词简短而凝练,却为我们呈现了一幅暮春时节的画卷,流露出词人对春光流逝的惋惜之情。

此词是李清照早期的作品。"昨夜雨疏风骤。浓睡不消残酒",昨天夜里下起了大雨,还刮着狂风,词人一早醒来,感到自己尚有些醉意,昨天饮的酒还没有完全消解。"试问卷帘人,却道海棠依旧",词人知道昨夜的一场风吹雨打,她意识到庭院里的海棠花也许被打落了不少,于是她急切地询问自己的侍女,屋外的海棠花怎么样了。"知否。知否。应是绿肥红瘦",知道吗,知道吗,应该是海棠花已经凋零了,而树叶愈发地繁盛茂密了。词人在此连用两个"知否",表达自己的急切和惋惜之情。"绿肥红瘦"不仅仅是词人内心幻想着的窗外海棠的样子,也是由听觉向视觉转化,由内心猜想到客观现实的转化,为读者留下了广阔的想象空间,并且将自己对春光易逝的伤感情思表达得轻松贴切,韵味悠长。

醉花阴

(宋)李清照

薄雾浓云愁永昼,瑞脑消金兽。佳节又重阳,玉枕纱厨,半夜凉初透。
东篱把酒黄昏后,有暗香盈袖。莫道不消魂,帘卷西风,人比黄花瘦。

这是李清照前期词的代表作,通过细腻笔触捕捉重阳情事,借以抒发佳节怀人的思绪。上片"薄雾浓云愁永昼,瑞脑消金兽"虚写白昼的漫长,烘托出环境的凄凉。"佳节又重阳,玉枕纱厨,半夜凉初透"点明时序,实写中秋之夜的冷寂。由昼及夜,一以贯之的是无法消解的愁。过片以黄昏把酒独饮的情景承接上片,衬托出词人内心浓重的孤寂。末句以"莫道不销魂,帘卷西风,人比黄花瘦"结之,设喻巧妙,花枯人瘦,更有西风添愁,词人的心愁有了实体的依托,可观可感,可谓妙矣。柴虎臣《古今词论》评之云:"语境则咸阳古道,汴水长流,语事则赤壁周郎,江州司马,语景则岸草平沙,晓风残月,语情则红雨飞愁,黄花比瘦,可谓雅畅。"可见此结句风流蕴藉,在词史中可谓抒情典范。

行香子

（宋）李清照

草际鸣蛩，惊落梧桐。正人间天上愁浓。云阶月地，关锁千重。纵浮槎来，浮槎去，不相逢。

星桥鹊驾，经年才见，想离情别恨难穷。牵牛织女，莫是离中。甚霎儿晴，霎儿雨，霎儿风。

“草际鸣蛩，惊落梧桐”点明时序，凄清至极。人间天上同愁，牛郎织女分别之苦同词人思夫之痛如此相同，“云阶月地，关锁千重”专写相见之难，情思难断。下片“星桥鹊驾，经年才见”写相见之喜，天上人间两相对照，凄凉更添一层。这首七夕词，巧妙地将现实中无法消解的情愁借神话一气说出，七夕景物的渲染更增生死别离的悲伤凄楚。刘辰翁的《西江月》（天上低昂似旧）借七夕来抒发故国之思。柳永的《二郎神》（炎光谢）将牛郎织女的鹊桥相会与李隆基、杨玉环的马嵬死别相互融汇，充满浪漫色彩。苏轼的《鹊桥仙》（缑山仙子）则一反常调，借七夕来吟咏对友人的依恋之情。与之相比，李清照这首《行香子》将自己与丈夫的永久离别融入七夕传说，更加哀婉凄凉，打动人心。

采桑子

（金）王　寂

十年尘土湖州梦，依旧相逢。眼约心同，空有灵犀一点通。

寻春自恨来何暮，春事成空。懊恼东风，绿尽疏阴落尽红。

王寂的这首《采桑子》是以杜牧的情感故事为题材而创作的，表达了对身世的感慨和对春天及其所代表的美好时光的留恋之情。

唐文宗大和末年，杜牧在湖州遇到一位美丽的少女，便与其家人相约十年后来迎娶这名女子。如果十年后自己没有来迎娶，那这位女子可以嫁给别人。十四年后，杜牧再次来到湖州，该女子已经嫁人，并且有了两个孩子。杜牧十分伤感，怨悔不已。此词就是以这段情感故事为背景来写的。“十年尘土湖州梦，依旧相逢”，杜牧曾有“十年一觉扬州梦”之句，作者将其改为“十年尘土湖州梦”，增添了一丝沧桑感和含蓄的韵味。两人一别经年，回首光阴，两人都经历了太多苦难和沧桑，别后竟然再次相逢了。“眼约心同，空有灵犀一点通”，此句化用了李商隐“身无彩凤双飞翼，心有灵犀一点通”。词人选用了一个“空”字，与李商隐的心灵相惜的感觉完全不同，其在此表达的是一种无奈和妥协。纵然两人有着相通的情感和爱恋，纵然两人心有灵犀，心心相印，可是一切都是徒劳的，最终两人还是无法摆脱命运的安排，终究还是不能在一起。这一个“空”字表达出多少的悲愤和无奈，令读者不免产生一种沉重的失落感。

“寻春自恨来何暮，春事成空”，在这暮春时节，已经寻觅不到春天的一丝痕迹了，只剩下空荡荡的恨意萦绕心中，表达了作者对美好春天逝去的遗憾和对自身命运的怨愤。“懊恼东风，绿尽疏阴落尽红”，作者怨恨这无情无义的东风，吹到绿叶的深处驱散开一片片树荫，将春天盛开的美好繁花吹落，只剩下一地的残红。《采桑子》句式参差交错，读起来朗朗上口，节奏感强烈，加之语言哀婉动人，凄凉萧索，产生了强烈的艺术效果，令人不能不为之动容。

青草碧

（金）完颜璹

几番风雨西城陌，不见海棠红、梨花白。底事胜赏匆匆，正自天付酒肠窄。更笑老东君，人间客。

赖有玉管新翻，罗襟醉墨。望中倚栏人，如曾识。旧梦回首何堪，故苑春光又陈迹。落尽后庭花，春草碧。

完颜璹是金代著名的文学家，他博学多才，创作过很多著名的诗文。他的《青草碧》通过抒发对于美好春光的流逝引发的物是人非的感受，表达对于往昔盛世的怀念。作者所处的时期为金代后期，北面蒙古族向南扩张，因战乱频仍，朝廷不得不迁都。以前繁华的故都现在已经一片荒芜萧索，作者热爱国家，面对这样紧迫的形势，不由得为国家的前途而忧心忡忡。但身为政治上不得意的皇族，他无法直接表露自己对国家的伤感之情，于是借着对春光的留恋和感慨来寄托情怀。此词上片主要抒发作者惜春伤春的情感。“几番风雨西城陌，不见海棠红、梨花白”，西城经过几番风雨以后，曾经盛开的娇艳鲜红的海棠花和洁白无瑕的梨花都凋零了。作者起句便为我们展现了一幅暮春时节的凄凉景象，几番风雨的来临，春天已经渐渐过去，随之而去的是美丽动人的海棠花和梨花，作者触景伤情，不免浮想联翩，无限怅惘涌上心头。“不见”二字，形象地展现了作者寻觅春花而只见一地落红的情态，十分伤感。“底事胜赏匆匆，正自天付酒肠窄”，这里作者开始自怨自艾。一切的美好都已经匆匆过去了，成为过眼云烟，他独自一人借酒浇愁，消解断肠之痛。“更笑老东君，人间客”，掌管春天的老东君也和春天一样，是人间来去匆匆的过客，转瞬即逝。本是感慨春光易逝，却用了一个“笑”字传达出一种强颜欢笑的无奈之情，不免令人心酸。此词下片，作者主要描写自己的内心情态。“赖有玉管新翻，罗襟醉墨”，尽管作者心中十分郁闷，不过还好可以听到新编的优美的曲子，用玉管悠悠扬扬地吹奏出来，在醉酒之后还可以挥毫泼墨抒发内心感慨。“望中倚栏人，如曾识”，作者在醉酒之际望向远方，那在高楼之上倚着栏杆的人似曾相识。不禁令作者联想起曾经的往事。“旧梦回首何堪，故苑春光又陈迹”，昔日繁华的故苑现在已经不堪入目，往事不堪回首，美好春光消逝在这斑驳的陈迹之中。凄绝悲伤，传达出作者对国家日渐衰败的无限感伤之情。“落尽后庭花，春草碧”，尾句韵味悠长，引用后庭花之典，使兴亡之叹更具历史感，凝重深邃，给读者留下了无穷的想象空间。春日里盛开的繁花都已经落尽了，只剩下一片片碧绿的青草，绵延着作者对春日的无限怀念和留恋。曾经的美好时光，就如同眼前的景象一般逝去了，作者心中不免无限悲凉。此词意境清幽，语言浅近，却情深意切，发人深省。

风入松

(南宋)吴文英

听风听雨过清明，愁草瘗花铭。楼前绿暗分携路，一丝柳、一寸柔情。料峭春寒中酒，交加晓梦啼莺。

西园日日扫林亭，依旧赏新晴。黄蜂频扑秋千索，有当时、纤手香凝。惆怅双鸳不到，幽阶一夜苔生。

清明时节，本就是个敏感的节令，词人的心中早就充满了无限伤感和痛苦的回忆，天公又不作美，狂风急雨使词人的悲伤更加浓重。春天的脚步逼近，草长新芽，百花盛开，可是词人眼中的草却是满腔愁情，落花更是让他想起了爱姬的离去。花瓣落在草地上，愁草又添哀情，而自己更是在家中为那些落花撰写花铭。词人心底绵长的思念，在清明时节一触即发，忧伤无限。

“楼前绿暗分携路，一丝柳、一寸柔情”，当词人在风雨中送走清明后，便决定踏出室外，然而春的到来不但没有让词人感到欣喜，反而处处勾起他的思念。自己楼前的绿荫浓暗处，正是当时和爱妾分手的地方，对分手的痛苦之情，词人并未直抒胸臆，而是借助柳树来说明分手的痛心。离别时，连那些在春风中摇荡的丝丝柳条，每一寸都是词人与爱姬的柔情缠绵。“料峭春寒中酒，交加晓梦啼莺”，词人心寒似冰，一点也没感到温暖，在风中瑟瑟发抖，于是饮酒驱寒，半酣之时，便在一片交加杂乱的莺声中朦朦胧胧地睡去。

下片着力表现词人故地重游而引起的回忆，西园是词人与爱姬经常游玩的地方，这里天天被打扫得干干净净。词人漫步于此，欣赏着新晴的美景，岂料忽然秋千进入眼帘，秋千空荡荡的，可是那黄蜂儿却再三地扑向秋千，这一切骤然触动着词人的心扉，是否爱姬纤手留下的香气儿才引得黄蜂频扑而不忍离去，连黄蜂都如此有情，词人又怎能平静？“幽阶”“苔生”都映衬着佳人离去后词人心境的凄凉。

全词写景不离伤怀之情。清明之际风含情，雨带悲，词人满目凄迷。“黄蜂频扑秋千索，有当时、纤手香凝”的细节刻画，更是“痴”情的生动表现。

祝英台近　除夜立春

（南宋）吴文英

剪红情，裁绿意，花信上钗股。残日东风，不放岁华去。有人添烛西窗，不眠侵晓，笑声转、新年莺语。

旧尊俎。玉纤曾擘黄柑，柔香系幽素。归梦湖边，还迷镜中路。可怜千点吴霜，寒销不尽，又相对、落梅如雨。

除夕是一年中最末的一天，又称除日、除夜、岁除，俗称“年三十”。宋代除夕词多描绘热闹欢畅的场面，真实记录了除夕时相关的民俗活动，譬如燃放爆竹、贴春联、守岁等，因此爆竹、桃符、屠苏等成为除夕词的常用意象。

这是一首游子客居他乡的节日感怀之作。江南春光无限，恰逢除夕佳节，引起词人“每逢佳节倍思亲”的感慨，饱含愁寂。上片写守岁的情形，剪红刻翠，惠风徐徐，笔调欢畅。下片由喜转悲，追忆往昔和情人共聚的热闹情形，往事如梦更加重了词人的孤独伤感。全词以眼前欢乐之景开篇，以“落梅如雨”的幽深冷峭之语作结，漂泊之苦尽在其间。吴文英《祝英台近》缘情造景，虽言“立春”却充满寒意。此词描摹多种意象，色彩明艳内含伤感，体现出密丽的风格。而“归梦”“迷”“吴霜”“落梅”则将整首作品笼罩在凄迷而惝恍的词境中，展现出一种朦胧之美。

木兰花慢　西湖送春

（元）梁　曾

问花花不语，为谁落，为谁开？算春色三分，半随流水，半入尘埃。人生能几欢笑？但相逢、尊酒莫相催。千古幕天席地，一春翠绕珠围。

彩云回首暗高台，烟树渺吟怀。拼一醉留春，留春不住，醉里春归。西楼半帘斜日，怪衔春、燕子却飞来。一枕青楼好梦，又教风雨惊回。

梁曾是元代的文学家,《木兰花慢》这首惜春伤春词,语意伤感缠绵,情思婉转真切,传达出作者面对春天逝去的伤感情绪。

“问花花不语,为谁落,为谁开”,此词的起句不同于一般的惜春伤春词。很多惜春伤春词的起句,都是描写凄清的暮春时节的景致,为后面抒发感伤之情做铺垫。而此词则是通过疑问来引出全篇的伤春情绪。作者向花朵提问:你是为谁而开放的,又是为谁而凋零的?可惜花朵沉默不语,不肯回答。这些美丽的花朵都是在春天开放的,可如今已经凋零了,由此点明写作时间是暮春时节。“算春色三分,半随流水,半入尘埃”,既然春花不肯解答作者的疑问,作者便细细计算春光流逝了多少。那些美丽的春花如今已经变成落红,一半随着流水漂向远方,还有一半落入泥土。“人生能几欢笑,但相逢、尊酒莫相催”,人生苦短,能有几次真正欢乐的时光呢?与人相逢时,便要把酒言欢,可是不要催促快快饮酒,要慢慢饮酒,珍惜这次相逢的短暂时光。“千古幕天席地,一春翠绕珠围”,天做幕,地做席,千古以来便是如此,而此刻春光的流逝也不过是千百年的延续而已。读到此句,我们已不难感受出作者是在强颜欢笑,他的豁达中包含着无可奈何的惜春伤春之情。

此词下片主要写作者对往事的回首,抒发其对美好时光的留恋之情。“彩云回首暗高台”,远处的一片片云彩更是增加了作者的伤感,眼前的高台也变得黯淡无光了。“烟树渺吟怀”,作者回首时,看见烟树浩渺,不禁触景伤情。“拚一醉留春,留春不住,醉里春归”,作者想逃脱这痛苦的思绪,于是再次想到了醉酒。作者想借着自己的醉意将这美好的春光留住,可惜却无力回天,在昏昏沉醉中,春光还是流走了。“西楼半帘斜日,怪衔春、燕子却飞来”,作者透过半挂的珠帘,看见了远方的夕阳余晖,燕子从远处飞来,仿佛嘴里衔着凋零的春光。“一枕青楼好梦,又教风雨惊回”,作者借着醉意昏睡,梦到了美好的春光,可惜又是一番狂风暴雨将其惊醒,也打破了美梦。此句结尾,表明作者期盼美好春光归来的愿望彻底落空了。

青玉案

(元)顾德辉

春寒恻恻春阴薄。整半月,春萧索。晴日朝来升屋角。树头幽鸟,对调新语,语罢双飞却。

红入花腮青入萼。尽不爽,花期约。可恨狂风空自恶。晚来一阵,晚来一阵,难道都吹落。

顾德辉是元代文学家,他为人潇洒不羁,喜欢饮酒赋诗。《青玉案》表达了词人伤春的思绪。

此词语意清新淡雅，层次分明。上片侧重景色的描写，为作者的伤春之情做铺垫。“春寒恻恻春阴薄”，起句为我们展现了一幅早春的凄美画卷。乍暖还寒的时候，春寒萦绕在周围，那薄薄的春阴已经越来越近了。“整半月，春萧索”，又过了半月，依旧是春寒荡漾，春意萧条。“晴日朝来升屋角”，天空开始变得晴朗了，太阳升上了高空，照亮了屋内的角落。从起句的春意阴霾，到此刻的天空晴朗，作者只用了寥寥数语便成功地完成了转换，可见作者对文字的驾驭能力。随着太阳的出现，景色的明朗，作者的心情也开始轻松起来了。“树头幽鸟，对调新语，语罢双飞却”，作者抬头望向屋外的大树，树枝上有鸟儿在栖息，鸟儿们在相互鸣啾婉唱，好像是在说悄悄话，说完悄悄话后，便双双飞走了。

下片作者进一步抒发自己的伤春之情。“红入花腮青入萼。尽不爽、花期约”，春天到了，花朵的脸颊变红了，花朵的萼变成了青绿色。尽管现在的天气仍然是春寒料峭，但是花期如约而至，百花就要盛开了。“可恨狂风空自恶”，天空又刮起了可恶的狂风，为春季又增添了一丝寒意。“晓来一阵，晚来一阵，难道都吹落”，这可恶的狂风啊，早上吹了一阵，晚上又吹了一阵，难道一定要将这含苞待放的花朵吹落吗？作者以此问句作结，韵味悠长，给读者留下了丰富的想象空间，也表达了作者对春花的怜惜及伤春之情。

风流子　送春同芝麓

（明）李　雯

谁教春去也，人间恨、何处问斜阳。见花褪残红，莺捎浓绿，思量往事，尘海茫茫。芳心谢，锦梭停旧织，麝月懒新妆。杜宇数声，觉余惊梦，碧栏三尺，空倚愁肠。

东君抛人易，回头处、犹是昔日池塘。留下长杨紫陌，付与谁行。想折柳声中，吹来不尽，落花影里，舞去还香。难把一樽轻送，多少暄凉。

李雯作为遗民词人，他对故国的怀恋如影随形。该词开篇即以天问之笔发问“谁教春去也”，季节的变换，也昭示着词人心境的变更。斜阳不答，唯见繁花已残，莺啼浓荫深处，杜宇声声惊醒旧日春梦，空回首，愁肠已断，凄凉无限。词人爱春送春，实则送别对故国的一番深情，他用重彩浓墨写出了对故国的一片冰心。

山花子 春恨

（明）陈子龙

杨柳迷离晓雾中，杏花零落五更钟。寂寂景阳宫外月，照残红。

蝶化彩衣金缕尽，虫衔画粉玉楼空。惟有无情双燕子，舞东风！

陈子龙是明清之际的著名文学家，因善于作词，被评为“明代第一词人”。他的词作语言精妙，意象丰富，情韵生动，婉约含蓄，深受好评。

在这首惜春伤春词中，他描述昔日繁华的景象如今已经一片凄迷，表达了对美好春光的怀恋之情。此词题为“春恨”，其实不仅仅是写春光春情，也是借着对春光的留恋抒发对故国的深切感情。上片主要是描写暮春的凄迷景象，借以抒发作者的情愫。“杨柳迷离晓雾中，杏花零落五更钟”，远处的杨柳在弥漫的晓雾中若隐若现，零落的杏花随风飞舞，此时响起了凄凉的钟声。“五更钟”出自李商隐《无题》中的“来是空言去绝踪，月斜楼上五更钟”，此句中的“五更钟”是在暗示朝廷的衰落与灭亡。词的起句便为我们展现了一幅凄凉的暮春画卷。词中出现的景物“杨柳”“晓雾”“杏花”“五更钟”，都是带有一丝凄清色彩的景致，为全篇奠定了悲凉的感情氛围。“寂寂景阳宫外月，照残红”，明月那么的寂静，冷冷地挂在景阳宫外的夜空，照着飘落满地的残红。作者又选用了冷月、旧宫、残红等意象，进一步描写了这里凄凉的景象，渲染感伤情怀。“景阳宫”，是指南朝陈的宫殿“景阳殿”，故址在今南京市北玄武湖畔。祯明三年(589)，隋军南下过江，攻占台城，陈后主听闻此消息，便与妃子张丽华藏在景阳宫的枯井内，后来被隋军抓获。明朝和陈朝都建都南京，作者选用“景阳宫”这一意象，是为了影射明朝灭亡一事。历史在不断地变化，战争、政变推动改朝换代，使一个朝代灭亡，另一个朝代兴起。只有这天上的明月，一成不变，依然那么寂静，那么皎洁，冷眼观看着人世间发生的一切。而后作者描绘的月光照耀着满地残红，也是说那些美好的时光终究会凋零。

上片作者对一些宏大的景致进行渲染，下片则通过一些比较细微的物态描写进一步抒发自己伤春伤情的感慨。“蝶化彩衣金缕尽，虫衔画粉玉楼空”，化用《罗浮山志》中葛洪成仙，遗衣化为彩蝶的故事。遗衣化作了五彩的蝴蝶，金丝缕也销蚀殆尽，是指明朝的皇室贵族死后，宫殿已经朽蚀一空，没有了往日威严的气象，只剩一片萧索凄凉之景。“惟有无情双燕子，舞东风”，只有那没有情感的燕子，双双还在天空中玩耍嬉戏，与东风缠绵追逐。暮春时节燕子归来，本是一番美好的景象，可是在作者眼中却是冰冷的毫无感情的动物，不懂作者内心的伤感。此句中的燕子，是作者用来比喻降清旧臣的无情无义。他们仍在这旧时的宫殿上盘旋飞舞，与东风嬉戏，丝毫没有亡国的悲恸。清陈延焯谓此词：“凄丽近南唐二主，词义亦哀以思矣！”（《白雨易词话》）“凄丽”言此词在风格上近似南唐李璟、李煜，“哀以思”则揭示词的内蕴以悲思故国为旨归。

菩萨蛮

（清）纳兰性德

萧萧几叶风兼雨，离人偏识长更苦。欹枕数秋天，蟾蜍早下弦。
夜寒惊被薄，泪与灯花落。无处不伤心，轻尘在玉琴。

秋雨更兼劲风，黄叶随风而落，似乎在诉说着离人之意。天凉人亦散，孤独难耐，寒意袭来，“锦衾不耐五更寒”，醒来唯有孤灯伴着思念之泪，凄凉之感充满字里行间。“其所为词，纯任性灵，纤尘不染”（况周颐《蕙风词话》）。纳兰性德春秋词喜欢以“雨”“泪”“粉香”“酒”“落月”“夕阳”“残灯”“孤影”“寒柳”等意象构图。本词通过对落叶、风雨、秋蟾、玉琴等物象的刻画营造出萧瑟之境，用以烘托“无处不伤心”之情。意境虽不很深，却在平易中别有远致。

相见欢

（清）张惠言

年年负却花期，过春时。只合安排愁绪送春归。
梅花雪，梨花月，总相思。自是春来不觉去偏知。

张惠言是清代著名词人，也是常州词派的开创者。他的词作现存世的不多，却不失佳作。这首《相见欢》是比较著名的惜春伤春词。

词人通过对暮春景物的描写，借物抒情，表达自己惜春伤春的内心情感。“年年负却花期”，年复一年，每年都辜负了百花盛开的美好季节。起句便用了一句感叹，通过“年年”二字表达一种自责的心情，责怪自己每年都错过美好的春光，辜负盛开的繁花。“过春时。只合安排愁绪送春归”，等到春天逝去了，只好带着满心的惆怅之情送别春天，看着它离去。词人在此进一步抒发自己对春天逝去的惆怅之情，也表露其对春天逝去的无奈心境。

下片词人选用春季的典型景象来表达自己对春天的怜惜和向往之情。“梅花雪，梨花月，总相思”，盛开在雪中的寒梅那么俏丽芬芳，绽放在月下的梨花又是那么娇婉清纯，这些美好的景色总是稍纵即逝，从而引发人们更多的情思。“自是春来不觉去偏知”，那些美好的事物就如同这春光一般，在它来的时候悄无声息，令人没有察觉到，可是在它逝去的时候却令人恍然发现这些美好已经不复存在了。此词语言凝练，结构简单清晰，一唱三叹，对春光的逝去从自责到惆怅再到无奈，淋漓尽致地表达了词人惜春伤春的情感。

水调歌头　春日赋示杨生子掞（其五）

（清）张惠言

长镵白木柄，劚破一庭寒。三枝两枝生绿，位置小窗前。要使花颜四面，和著草心千朵，向我十分妍。何必兰与菊，生意总欣然。

晓来风，夜来雨，晚来烟。是他酿就春色，又断送流年。便欲诛茅江上，只恐空林衰草，憔悴不堪怜。歌罢且更酌，与子绕花间。

这是组词《水调歌头》之第五首，"长镵白木柄，劚破一庭寒"，作者起句化用杜甫《乾元中寓居同谷县作歌七首》中的第一首"长镵长镵白木柄，我生托子以为命"这一句。当时杜甫全家从秦州到同谷，由于无房可住，他们全家就住在一个山洞里，没有东西可吃，杜甫就用一把长镵到雪地里去挖些草根之类的植物充饥，他们一家就这样度过了饥寒交迫的冬天。"长镵"是指一种掘土挖东西的工具。词人化用杜甫的诗句，意在表明，如果想要找到美好的春天，就要自己动手在寒冷的庭院里寻找，要自己在院子里播种春天。"三枝两枝生绿，位置小窗前"，那些种子已经生出了三三两两的绿枝，词人将它们栽种在小盆里，放置在自己小小的窗子前面。这是多么惬意的一种生活情景。"要使花颜四面，和著草心千朵，向我十分妍"，词人要努力种植和浇灌这些花花草草，他想要花朵绽放美丽的容颜，想要一片青翠碧绿的芳草，这些美丽的花花草草在春天时会随风轻摇，向自己微笑。词人用拟人的手法，将花草饱满绚丽的样子比作人的笑容和甜美，而这些甜美和笑容都是词人亲手种植出来的，这是何等令人快乐和欣慰的事情。"何必兰与菊，生意总欣然"，想要有快乐的心境，想要享受美好的时光，何必一定要种植高雅的兰花和孤傲的菊花呢？这随意种植的花花草草欣欣向荣，就是最美好的时光了。由此我们可以看出词人豁达开通的思想。他不强求所谓名贵的花草，只在乎自己身边的快乐和属于自己的幸福时光。虽然只是普通的花花草草，但因是自己种植的，生长在自己的庭院内，就是珍贵的。

"晓来风，夜来雨，晚来烟"，可是美好的时光并不是常在的，虽然词人的院内已经长满了繁盛的花花草草，可是从早到晚，一阵狂风一阵暴雨接踵而来。下片一个转折，写到这些美好的花草必然要经历风雨的摧残，必然要承受风雨的袭击。这也是词人对人生的一种体悟，人生定会经历很多的考验和挫折，定会遭受艰难和痛苦，这样才能逐渐地成熟起来。"是他酿就春色，又断送流年"，正是这连绵不断的狂风暴雨才带来了春天的气息，也正是这狂风暴雨又将春天的花朵打落，将春天送走。此句词人意在表达苦难是避免不了的，花草要在狂风暴雨中成长后凋零，人生要在苦难中打磨后成熟。“便欲诛茅江上，只恐空林衰草，憔悴不堪怜”，如要逃避世间的苦难隐居起来，可隐居处也可能是遍野的空林衰草，令人不堪入目。“诛茅江上”是化用屈原《卜居》里的“宁诛除草茅以力耕”之句，指伐掉荒草用来种植田地，词人以此表示隐居之意。美好的时光逝去了，要想逃避眼前的一切衰败景象，选择隐居的方式，可是世间随处都有风雨的痕迹，都有衰败的迹象，春天离去后到处都是衰草遍野，又怎么可能做到真正的逃避呢？面对苦难，不应该想到逃避，而应该想怎样勇敢面对，去化解苦难。“歌罢且更酌，与子绕花间”，听完美好的歌曲，再饮几杯酒，醉眠在芳草间，好好享受这个美好的春天。词人用这样美好的场景来作为此词的结句，意在传达只要内心真诚充实，就能找到快乐，那么每天都是美好的春天。

卜算子

（清）蒋春霖

燕子不曾来，小院阴阴雨。一角阑干聚落花，此是春归处。

弹泪别东风，把酒浇飞絮。化了浮萍也是愁，莫向天涯去。

蒋春霖是清代的著名词人，与纳兰性德、项鸿祚有“清代三大词人”之称。他的词文字优美严谨，讲究律度，善于铺垫和造景，具有很高的艺术成就。

此词上片通过对暮春景致的描写，来烘托伤春的凄凉心境。“燕子不曾来，小院阴阴雨”，燕子还没有飞回来，此刻天空下起了细细的小雨，院子里变得阴晦起来了。一句“燕子不曾来”，点明了写作时间是春季，燕子还不曾飞回来。“一角阑干聚落花，此是春归处”，庭院的栏杆下堆积着凋零的残红，这里就是春天离去的地方啊。词人通过满地的落花，想到春天已经离去了，不免伤感起来。

下片词人开始融入自身感受，来抒发对春天的留恋和怜惜。一句“弹泪别东风，把酒浇飞絮”，将词人的情态刻画得淋漓尽致。词人面对着呼啸而过的东风，不禁悲从中来，流下了眼泪。春季的杨树已经开始飘洒飞絮了，词人将手中的酒洒向那些飘舞的飞絮，以此来寄托自己对春天逝去的哀思之情。“化了浮萍也是愁，莫向天涯去”，词人所见一切景物都是愁绪，飞絮是愁，浮萍是愁，一切过往的云烟都是愁苦，而这些愁苦无法飘向远方流落天涯，终日萦绕在词人的心头，无论如何也无法得到消解。清代陈廷焯在《白雨斋诗话》曾提及此词：“鹿潭穷愁潦倒，抑郁以终，悲愤慷慨，一发于词，如《卜算子》云云，何其凄怨如此！”

第四节 咏物寄情词

概说

咏物词就是以自然界和现实生活中的“物”为描摹、歌咏对象的词作。它从咏物诗中脱胎出来，一脉相承。在咏物题材发展流变中，其艺术特质也渐趋明晰，如刘勰《文心雕龙·物色》所指：“春秋代序，阴阳惨舒，物色之动，心亦摇焉……是以诗人感物，联类不穷；流连万象之际，沉吟视听之区。写气图貌，既随物以宛转；属采附声，亦与心而徘徊。”张炎《词源》云：“诗难于咏物，词为尤难。体认稍真则拘而不畅，摹写差远则晦而不明。”咏物之作，拘于题则滞，远于题则空，更要避免死语，切题而不拘于题，寄情而不脱于物，才能将情感和神韵表现出来。据此可见，描摹物象与抒发情感作为咏物作品的题内应有之义，它们在作品中的表现方式是评价其艺术水准高下的重要原则。咏物之作在早期的文学作品中，往往追求外在物貌的形似，后经文人不断开拓，即物达情，别有寄托的咏物观日渐成熟，尤其在词的创作中表现得更为充分。

清代俞琰在《咏物诗选》自序中写道：“诗也者，发于志而实感于物者也。诗感于物，而其体物者不可以不工，状物者不可以不切，于是有咏物一体，以穷物之情，尽物之态，而诗学之要，莫先于咏物也……故咏物一体，三百导其源，六朝备其制，唐人擅其美，两宋、元、明沿其传。其佳者往往拟诸形容，象其物宜，不即不离而绘声绘影。”汉代为盛世之朝，以赋为尊，这种文体注重韵散结合，侧重体物写貌，讲究铺陈雕琢，力求穷形尽相，至此，咏物赋已见雏形。祢衡的《鹦鹉赋》、王褒的《洞箫赋》等从不同侧面状写风物，别有神韵。咏物赋的兴盛对魏晋以来的咏物诗包括宋代咏物词特别是咏物慢词的创作，有着某种启发和诱导的作用。

赋体穷形尽相的铺陈推动了咏物诗的发展，但是受到时代风气的影响，魏晋南北朝的诗人们细致地描摹物象，巧构形似之言，追求唯美精致的形式，促进了体物技巧和声律辞采的发展。

与整体诗歌成就相一致，唐代咏物诗创作空前活跃，取材范围扩大，艺术手法日趋多样，咏物诗在内容和形式上走向成熟和完善，其体贴物情、略貌取神、虚实相生等手法为咏物词积累了经验。盛唐和中唐的咏物词大多采用诗意的语言入词，吟咏的对象既有自然意象的特征，也有情思意绪的表达，尤以前者为多。但从整体上而言，情感的表达融于对景物的刻画，以情观景，移情入景。

到晚唐五代时期，以描写宫廷饰物、华美器具，尤其是美女情貌见长的花间词，虽然屡遭诟病，但对咏物词的发展起到了促进作用，尤其是温、韦诸人，将官场失意的惆怅带入“花间”的景物描写，为咏物词注入了思想内容，词人们或咏物以寄兴亡之慨，或咏物以抒心中郁结，或咏物以展自然人文之貌，凡此诸般，均为宋代咏物寄情词的全面繁荣奠定了基础。

北宋前期咏物寄情词继承了韦词外柔骨秀的艺术本色，巧构形似，风格冶艳，花间遗风犹存。北宋后期，咏物词的创作开始回归兴寄传统，词人将笔触伸向社会人生，审美趣味也已不再只局限于对外在形态的描绘，而是赋予事物以生命和情感，其中苏轼和周邦彦的创作对咏物词产生了积极的影响。

词至南宋，词境尤为阔大，士大夫以天下为己任之情怀表现得更加深挚，尤其是在内容上也有新的突破。山河破碎，国难当头，时代的伤痕刻在词人的心中，咏物的取材和词风都发生了明显的变化。易安词情思细腻，身处南北宋易代之时，阅尽人生沧桑之变，故而前期词中的花前月下终被悲楚取代，在众多咏物门类中尤以咏梅寄情词更为感人。这些梅花的形象成为女词人心灵的写照，寄托深远而别有情致。辛弃疾的咏物词则善于摹形绘影，将独特的情思感悟汇于眼前景物，遂有诸多咏物佳作，颇见风骨气格。南宋后期，以李纲、岳飞、刘辰翁等为代表的词人，将爱国的大旗高高举起，在咏物词中融入叙事，产生诸多寄托遥深的咏物名作，从某种程度上彰显了咏物词强大的艺术生命力，对后代咏物词立意寄托具有拓展之功。

金元文化根植于宋，作为少数民族建立起来的政权，他们以彪悍、勇武以及进取、创新给金元咏物词带来变化。宋、金之际的蔡松年、吴激等人，他们深受儒家文化的影响，虽失节于金，但词间不乏念国怀家的倾向，尤其是咏物词中的家国之思、黍离之感表现得更加充分。

元代统治者实行文化高压政策，文人处境尴尬，咏物词也陷入了创作的低谷，但在散曲中仍然可以看到咏物言志的主题。如白朴、马致远等散曲名家的散令小曲中，往往将自然之景、现实之事融入主体的情思，通过咏物折射出那个时代文人的内心情感。

明代是词的衰落期，咏物寄情词也呈现出冷寂、萧条的状态。屈大均、吴伟业、王夫之等人以现实为依托，有力地促进了词风的转变，在明词中衰之势上将咏物同词人性情密切联系起来，并在其中融入深邃的历史感，对咏物词的回升起着举足轻重的作用。

清代咏物寄情词延续了前代词人咏物的创作技巧，并结合时代特色形成了以词存史的新貌。清代是词的中兴时期，咏物词也呈现出一派生机勃勃的景象，显现出鲜明的时代印记。陈维崧、朱彝尊、王士禛等人以时代风云入词，将清代人情物态一一呈之于词。他们在积极继承咏物抒情的基础上，并在其间渗透着香草美人的政治理想，发扬了诗骚的怨刺理念。清代咏物寄情词较之前代，在情感表达上更为浓烈，尤以家国兴亡之慨为主，其次是对于友情、恋情的书写，对于自然景物的描摹，亦有感伤的底色。

咏物寄情词自《敦煌曲子词》中初见端倪，后先后经晚唐五代和宋、金、元、明、清代词人的不断开拓，在内容上呈现出日益丰富的特征，极大地增强了词的表现力，从而使词逐渐摘掉"艳情"的帽子，使咏物词逐渐走向更为广阔的社会人生，承载着记录心史情愁的现实意义。

临江仙

敦煌曲子词

岸阔临江底见沙，东风吹柳向西斜。春光催绽后园花。莺啼燕语撩乱，争忍不思家？

每恨经年离别苦，等闲抛弃生涯。如今时世已参差。不如归去，归去也，沉醉卧烟霞。

《敦煌曲子词》是指保存于敦煌卷子上的唐五代词作，数量甚大，除五首为文人所作外，其余大都出自民间。它是早期民间词的基本形态，也是词体文学的源头。整体而言，《敦煌曲子词》对具体景物作整体观照的为数不多，情感寄托亦较单一，大都以物"起兴"，主要书写男女恋情。

江沙、风、柳、莺啼、燕语等诸多景语的细致刻画，掩盖不了离别经年之苦，清丽的春景难以抚平思乡的心绪，感情真挚淳朴却富有艺术感染力。此外，总览《敦煌曲子词》不难发现，在这些民间词中，以物立章的咏物作品已经出现，客观物象描摹细致，并融入相关的生活场景，有一定的情感寄托潜于其间，可视为咏物寄情词的初蕾。

长相思

（唐）白居易

汴水流，泗水流，流到瓜州古渡头。吴山点点愁。

思悠悠，恨悠悠，恨到归时方始休。月明人倚楼。

沈祥龙《论词随笔》有曰："诗有赋、比、兴，词则比、兴多于赋。或借景以引其情，兴也；或借物以寓其意，比也。盖心中幽约怨悱，不能直言，必低徊要眇以出之，而后可感动人。"这首词以二水起兴，没有工笔细描瓜州之景，独取"吴山点点愁"入词，却将怀人念远之情写尽。作为咏物寄情之作的翘楚，它以月下脉脉的流水映衬，象征绵绵的离情别绪，将深沉的思念和由此而产生的怨情引出。外景中明明的月光、悠悠的流水、点点的远山，与思妇内心世界中凄苦的愁怨，极为和谐地融为一体，白氏以水之绵长状情之绵邈，许多咏物词均以水寓愁，虚实结合，别有情韵。

调笑令

（唐）韦应物

胡马，胡马，远放燕支山下。跑沙跑雪独嘶，东望西望路迷。迷路，迷路，边草无穷日暮。

这首词的词牌名《调笑令》，又名为《宫中调笑》《转应曲》，一般以咏物开始。这首词便是从"胡马"咏起，重复叠加，形成咏叹的意味。"燕支山"，在今甘肃北部，绵延祁连、龙首二山之间，是水草丰美的牧场，亦是古时边防要地。词人并没到燕支山，他只是想象成群的胡马一直在燕支山下奔跑，吃着春天刚生长出来的草。词一开始，便已奠定下豪迈的主题。虽然短短几个字，却给读者无穷的想象，湛蓝的天空，白云自由地飘动，肥壮的马骁勇地奔跑着，残雪未尽，四野茫茫，确实是一幅壮美的富有生机的图画。加之"远放"二字，更增加了这幅图画的空间感和自由感。

"跑沙跑雪独嘶，东望西望路迷"，这一句点明了季节，应是冬末春初的景象。这里"跑"念作 páo（刨），如刘商《胡笳十八拍》"马饥跑雪衔草根"。以马儿的情态表现草原之深广没有尽头，就连识途的马也失去了方向。词人不按常理写出，既富有情趣，又达到了想要的效果。

"迷路，迷路，边草无穷日暮"，词人将紧贴上句末尾的"路迷"改成"迷路"，倒转又重叠，这样一来情趣顿生，颇有曲折回环之妙。这几句不仅感叹马迷路，更是通过马来反映自然的深广、苍莽、空旷。尤其是最后一句，日暮黄昏之时，金色的余晖铺满了整个草原，有沙有雪有草，而又是那么无边无际，广阔无垠。至此，日暮、马群、沙雪、边草等景观融为一体，形成视觉的冲击，还有独嘶的马鸣回荡在这草原之上，为我们展现出壮丽的草原之景。

一般认为，这首词是较早的咏物词，回环的语言、婉转的音调、豪迈的意象，虽然短短二十来字，却展现出一派壮丽之景，气象阔大，语言质朴，使人感受到词人的激情。

菩萨蛮

（唐）韦　庄

红楼别夜堪惆怅，香灯半卷流苏帐。残月出门时，美人和泪辞。

琵琶金翠羽，弦上黄莺语。劝我早归家，绿窗人似花。

历史上虽以温韦并称，但在咏物寄情词中二者亦有表现形式上的不同。温词富贵浓艳，而韦词则端庄秀丽，在内容上更注重个人情感的抒发，在表现手法上多采用白描方式，刘熙载《艺概》云："韦端己（韦庄）、冯正中（冯延巳）诸家词，留连光景，惆怅自怜，盖亦易飘扬于风雨者。"

这首词流露出浓郁的离情别意，郁结在胸难以释怀。"红楼""香灯""流苏"等繁华意象之后，是"残月"下的"美人"之泪，更有琵琶声声惹人心碎，似乎在呼唤远游人尽快归来。

此首起言别夜之情景，次言天明之分别。换头承上，写美人琵琶之妙。末两句，记美人别时言语。前事历历，思之惨痛，而欲归之心，亦欲迫切。韦词清秀绝伦，与温词之浓艳者不同，然各极其妙。欲归而不得归，伤情至深，仅用白描写尽词人万般情愁。如陈廷焯《白雨斋词话》所言"韦端己词，似直而纡，似达而郁，最为词中胜境"。

鹊踏枝

（南唐）冯延巳

谁道闲情抛弃久？每到春来，惆怅还依旧。日日花前常病酒，不辞镜里朱颜瘦。

河畔青芜堤上柳，为问新愁，何事年年有？独立小桥风满袖，平林新月人归后。

在南唐词坛上，冯延巳具有举足轻重的地位，与晚唐的温、韦鼎足而立。南唐后期，随党争加剧，冯延巳将理想的失落、仕途的浮沉引发的苦闷惆怅之情挥洒词间，借词中男女的幽情抒发出来，从而使他的咏物寄情词在内容上走向深邃凝重，创造了一种"深美闳约"的艺术境界，形成"和泪试严妆"的新风格，对北宋早期词坛产生了直接影响。冯延巳咏物词在物象的选择上，更多倾向于"落梅""流莺""蜡烛""香径""愁柳"等自然意象，将闺阁之愁融入自然景物。

冯延巳倾洒笔墨于富贵闲适的生活场景，抒发其伤春悲秋的情怀。虽写闲愁，但包蕴却是极其深广的，其中所表达的情感不再是单纯的相思离别和伤春悲秋，而是有着冯延巳本人深切的人生感慨，有着更为复杂的忧生忧世的内涵。上片以“谁道”“闲情”抛出伤春万般思绪，花前病酒、镜中衰颜、青芜愁柳，字字哀怨，声声含愁，归之以“独立小桥风满袖，平林新月人归后”的景语作结，构思巧妙，韵味隽永。

冯延巳的咏物词中景与情已经达到高度融合，零碎的意象经过情感的过滤更见风神。他能够略去具体事物的外壳，重在描摹内在的心境，在表现手法上将抒情的时空背景抽象化，甚至淡化抒情主人公，直接书写愁情本身，表现出一种反省人生的态度。

冯延巳写艳情而不失醇雅，使描写闺房红妆的花间词增加了思想内蕴，在绮丽奢美之外表现出一种幽冷哀婉的伤感。冯延巳是词风转变的过渡人物，对北宋晏殊、欧阳修等人影响尤大。刘熙载在《艺概》中指出：“冯延巳词，晏同叔得其俊，欧阳永叔得其深。”

虞美人

(南唐)李　煜

春花秋月何时了，往事知多少？小楼昨夜又东风，故国不堪回首月明中。

雕栏玉砌应犹在，只是朱颜改。问君能有几多愁，恰似一江春水向东流。

咏物寄情词发展到李煜，悲慨之情愈深。龙榆生《南唐二主词叙论》认为李煜词“一扫浮艳，以自述身世之感与悲悯之怀；词体之尊，乃上跻于《风》《骚》之列”。

在李煜咏物寄情词作品中，前期作品错金镂彩，充满绮罗香泽之态，多是代言体形式，范围狭窄，表现的生活比较有限，现实意义不大。后期词走向内心的隐微，融情于景，风格沉郁。“春花”“秋月”“东风”“雕栏”“玉砌”等景物，既是实写，又是虚写，它们作为往昔繁华生活的载体，如此真切地存在过，但无奈现实已物是人非。这些浓丽的景语字字饱含深情。

晚唐五代咏物词以温、韦、冯、李为代表，逐渐从宫廷走向广阔的社会人生，表现力增强，忧患意识和哲理意蕴互相交融生发，呈现出凄美深邃的审美范式，李煜的咏物词清新秀丽，将亡国的心声托于物象，对宋初咏物寄情词的发展有启示意义。

望江南

(北宋)欧阳修

江南蝶，斜日一双双。身似何郎全傅粉，心如韩寿爱偷香，天赋与轻狂。

微雨后，薄翅腻烟光。才伴游蜂来小院，又随飞絮过东墙，长是为花忙。

咏物词至宋代，境界始大，在内容上呈现出多元化的特点，渐渐进入全盛时期。此时的咏物词除注重对客观物象进行静态关照外，也常于描摹刻画之际吟咏性情。

此词为咏蝶佳作，它咏物而不滞留于物。上片状双蝶之貌，巧妙用何晏傅粉和韩寿偷香之典，人情物貌之美融合无间。下片对娇蝶动态观照，微雨过后，蝴蝶“才伴游蜂来小院，又随飞絮过东墙”，极尽轻狂之态，既是对蝴蝶采花活动的实写，又是社会情态的折射，可谓咏物工巧而不失情真。

词末写飞絮过墙，游蜂采花，以景结情，意味深长。

水龙吟 次韵章质夫杨花词

(北宋)苏　轼

似花还似非花，也无人惜从教坠。抛家傍路，思量却是，无情有思。萦损柔肠，困酣娇眼，欲开还闭。梦随风万里，寻郎去处，又还被、莺呼起。

不恨此花飞尽，恨西园、落红难缀。晓来雨过，遗踪何在，一池萍碎。春色三分，二分尘土，一分流水。细看来，不是杨花，点点是离人泪。

宋代咏物词进入了繁荣阶段，尤其从苏轼开始，取材更为广泛。《水龙吟》是一首和人之作，却将杨花与思妇形象巧妙结合起来，开一代咏物风气。杨花的似花又非花之形，“无情有思”之神又与思妇娇懒而忧伤的表现互相融合，具有了人格化的缠绵，同时又能托意高远，语意双关，物我合一。起之以“似花还似非花”，直指咏物寄情词神理妙韵，苏轼以清雅之墨对杨花略形取意，最后以“点点是离人泪”作结，画龙点睛，揭示主题，做到了虚实相生，格奇而语隽。

声声慢 嘲红木樨。余儿时尝入京师禁中凝碧池，因书当时所见

（南宋）辛弃疾

开元盛日，天上栽花，月殿桂影重重。十里芬芳，一枝金粟玲珑。管弦凝碧池上，记当时、风月愁侬。翠华远，但江南草木，烟锁深宫。

只为天姿冷澹，被西风酝酿，彻骨香浓。枉学丹蕉，叶展偷染妖红。道人取次装束，是自家，香底家风。又怕是，为凄凉、长在醉中。

这首词描绘了儿时见到的禁中红木樨，抒发了家国之痛和自嘲之情。“京师”即北宋都城开封，“凝碧池”在唐代曾为牧泽，宋真宗时改为池。《美芹十论·奏进劄子》中陈述“臣之家世，受廛济南，……大父臣赞，以族众拙于脱身，被汙虏官，留京师，历宿亳，涉沂海，非其志也”。辛启泰的《辛稼轩年谱》记载辛赞曾经知开封府，这段儿时的经历使稼轩终生难忘。

词的上片泛咏故宫草木。开篇化用杜甫《忆昔》“忆昔开元全盛日，小邑犹藏万家室”的诗句，宫中花木葱茏，桂影摇曳，词人以小见大，再现北宋盛世繁华。“十里芬芳，一枝金粟玲珑”，词人在花海中将视线停驻在一枝独秀的红木樨上，勾起了家国之痛。天宝末年，安禄山攻陷长安，王维身陷贼手，潜赋诗云：“秋槐零落深宫里，凝碧池头奏管弦。”此时凝碧池头的管弦带来的不是欢愉，而是愁绪，凝碧池成为稼轩心中的伤痕。红木樨曾用繁花和芬芳点缀了北宋极盛时的歌舞升平，而故宫荒草勾起了二帝被掳的君国之忧，历史沧桑之感油然而生。“翠华远，但江南草木，烟锁深宫”，装饰着翠羽的帝王车辇已距此遥远，点出南宋朝廷偏安一隅，不思恢复的现实。

词的下片赋写红木樨。“天姿冷澹”赞其品格恬静，“彻骨香浓”状其香气绵长，“枉学丹蕉，叶展偷染妖红”“道人取次装束”则赋其淡红多叶的风韵。“又怕是，为凄凉、长在醉中”承“烟锁深宫”的萧瑟，追忆繁华，忧心混乱的政局。稼轩“嘲红木樨”是在自嘲英雄无用武之地，抒写众人皆醉我独醒的痛苦。稼轩将千古兴亡、百年悲欢都在咏红木樨中呈现出来，对桂花的吟咏中蕴藏的是深沉的家国之痛。

念奴娇 双陆和陈仁和韵

（南宋）辛弃疾

少年握槊，气凭陵、酒圣诗豪余事。缩手旁观初未识，两两三三而已。变化须臾，鸥飞石镜，鹊抵星桥外。捣残秋练，玉砧犹想纤指。

堪笑千古争心，等闲一胜，拼了光阴费。老子忘机浑漫与，鸿鹄飞来天际。武媚宫中，韦娘局上，休把兴亡记。布衣百万，看君一笑沉醉。

双陆是古代的一种博具，洪迈的《双陆序》中说明两侧左右各有六梁，故名双陆。这种在宋代极为普及的游戏今已失传。

词的上片描绘了双陆游戏的场面。双陆又名“握槊”，“少年握槊，气凭陵，酒圣诗豪余事”表明稼轩在喝酒吟诗之余下双陆。“握槊”一语双关，使人联想到曹操上马横槊，下马谈论的形象，暗合稼轩当年的聚众抗金的壮举。“缩手”二句写观弈，用韩愈《祭柳子厚文》“巧匠旁观，缩手袖间”的句意，言明袖手观战，开局的争斗并不激烈，为下文蓄势。“变化”三句进入了振奋人心的表演，石镜概指棋盘，鸥、鹊喻指棋子，棋局在顷刻之间发生了变化，一方占据优势。“捣残秋练”用比喻手法表明将对方打得落花流水。“玉砧”一句类似吴文英的词“黄蜂频扑秋千索，有当时、纤手香凝”(《风入松》)的用意，黄蜂尚且如此，人的想法由此可知。玉砧至今还回想着他的手指，可见词人对惊心动魄的棋局的回味。

词的下片对博弈做出评论。“堪笑”可见稼轩的雄才大略和进取之心只能在游戏中找到用武之地，虚度了光阴。“老子忘机”典出《列子・黄帝》，稼轩在游戏中忘却机心，忘却鸿鹄，满是苦闷。他不甘在棋局中消磨了理想和志意，不愿将才华浪费在游戏之中。“武媚宫中，韦娘局上”，二句都是关于国家兴亡的教训，二位女子作为乱国的罪人形象出现，引出兴亡之感。“布衣百万”“一笑沉醉”则用刘毅典故照应“少年握槊，气凭陵”的豪情，其中有着稼轩的英姿。“休把兴亡记”一句使情感再次顿挫，一心恢复社稷的豪杰面对的是“长日惟消棋局”(辛弃疾《念奴娇》)、“醉来时响空弦”(辛弃疾《木兰花慢》)的现实，沉郁中道破的是复国无望，英雄无用武之地的失意和悲哀。

喜迁莺 赵晋臣敷文赋芙蓉词见寿，用韵为谢

(南宋)辛弃疾

暑风凉月。爱亭亭无数，绿衣持节。掩冉如羞，参差似妒，拥出芙渠花发。步衬潘娘堪恨，貌比六郎谁洁？添白鹭，晚晴时，公子佳人并列。

休说。搴木末。当日灵均，恨与君王别。心阻媒劳，交疏怨极，恩不甚兮轻绝。千古离骚文字，芳至今犹未歇。都休问，但千杯快饮，露荷翻叶。

词的上片明咏荷花，暗抒己愁。荷花在“暑风”“凉月”与荷叶“持节”“如羞”“似妒”的重重渲染中，众星捧月般出场。亭亭持节的荷叶衬托出荷花的不凡气势，一“羞”一“妒”将荷花的出众表现得气完神足。“步衬潘娘堪恨，貌比六郎谁洁”，用两个反问句赞美荷花的高洁，倾诉她受到的不公待遇。《南史·齐东昏侯纪》记载：东昏侯萧宝卷凿金莲花贴于地上，令宠妃潘氏行其上，美其名曰“步下生莲”。前人多用此典故赞美女子身姿轻灵，稼轩却反其意用之，荷花出污泥而不染，却被昏庸的君王作为取悦妃子的垫脚之物，花若有知，应该对这种凌辱感到痛苦和怨恨，古典翻出新意。“六郎”典故出自《新唐书·杨再思传》，杨再思谄媚武则天男宠，称莲花似六郎。稼轩代荷花不平，指出将高洁的荷花比作以色邀宠的男子，这是一种亵渎！稼轩脱胎换骨，借花写人，荷花触动了他的情肠，将朝廷的错待和内心的悲愤寄于物象上。“添白鹭，晚晴时，公子佳人并列”，如果俊美的白鹭是公子，那么美丽的荷花便是佳人，用白鹭衬托荷花的高洁，通过荷花寄托郁愤和悲情。

词的下片抒发了忠而被黜的忧愤。“搴木末。当日灵均，恨与君王别。心阻媒劳，交疏怨极，恩不甚兮轻绝”，化用屈原《九歌·湘君》中“采薜荔兮水中，搴芙蓉兮木末。心不同兮媒劳，恩不甚兮轻绝”的诗句。薜荔缘木而生，芙蓉生于水中，涉水求薜荔，缘木采芙蓉，都是徒劳无功的举动，形象地说明了屈原赤胆忠心不被信任的痛苦，这种痛苦稼轩也感同身受。他的政治主张和忠心不被统治者接纳，无法交流。在这里稼轩的心魂和屈原合而为一，借屈原的遭遇诉说朝廷的无情和个人的悲愤。屈原虽然离开，《离骚》的文字和独立不迁的品格依然千古流芳，这是对屈原的赞美，同时也表达了自己对不与偏安求荣者同流合污的高洁节操的坚守。词人笔下的荷花是善解人意的，荷露随风倾洒仿佛是荷花在与词人对饮，彼此慰藉，想象生动。

归朝欢　题晋臣积翠岩

（南宋）辛弃疾

我笑共工缘底怒，触断峨峨天一柱。补天又笑女娲忙，却将此石投闲处。野烟荒草路。先生拄杖来看汝。倚苍苔，摩挲试问，千古几风雨？

长被儿童敲火苦。时有牛羊磨角去。霍然千丈翠岩屏，锵然一滴甘泉乳。结亭三四五。会相暖热携歌舞。细思量，古来寒士，不遇有时遇。

陈廷焯《白雨斋词话》指出：“辛稼轩词中之龙也，气魄极雄大，意境却极沉郁。”这首词托物言志，歌咏山石，慰人穷愁，坚人志节。稼轩将积翠岩想象为共工怒触不周山留下的残柱、女娲补天弃置的石头。词中没有描头画角地形容，通过神话将积翠岩的险峻巍峨呈现在读者眼前，宣泄一腔奇气，赋予岩石神奇浪漫的色彩。在满川烟草的小路上，词人拄杖独行探访积翠岩，将它视为同病相怜的知己。稼轩同样忍受着这样的寂寞和穷愁，“摩挲试问”充满了朋友间的关爱和慰藉，斑驳的苍苔印证着千古寂寞。有才补天却遭受冷遇的弃石仿佛是投闲置散的豪杰稼轩，他借石的不遇寄托自身才华无法施展的苦闷。词的下片继续描写岩石的悲惨境遇。牧童取火、牛羊磨角、岩屏石乳都在说石的不遇，而游人结亭歌舞则是“有时遇”，但强调的是不遇。石头的最好出路是补天，稼轩通过弃石不遇抒发英雄不遇的愤慨，展示其坚贞自守的品格。

粉蝶儿 和晋臣赋落花

（南宋）辛弃疾

昨日春如，十三女儿学绣，一枝枝、不教花瘦。甚无情，便下得，雨僝风僽，向园林、铺作地衣红绉。

而今春似，轻薄荡子难久。记前时、送春归后。把春波，都酿作，一江春酎。约清愁、杨柳岸边相候。

“落花”在诗词传统中常常用以表现对逝去的春光、年华的留恋，代表着感伤和失落的意绪。稼轩咏落花却别出心裁，一入手就将春光比作妙龄少女初学绣花，枝枝鲜艳饱满，显得生动而欢快。下文急转直下，无情风雨的折磨使这春光逝去，枝头繁花都已萎落地上，看上去如同有了纹绉的地毯，却依然有着惊心动魄的美丽。这两个比喻将惜春惜花的心意表达得真挚而新奇。下片将春逝比作翻脸无情的轻薄荡子，与上片天真多情的少女形成了鲜明的对比。词人更多情地幻想将一江春水化作醇酒，约上“清愁”在杨柳岸边畅饮送春。整首词感伤却不低沉，失落却不怨悱，将春光、落花写得空灵隽永，珍爱之情溢于言表。

暗香 疏影 辛亥之冬，予载雪诣石湖。止既月，授简索句，且征新声。作此两曲，石湖把玩不已，使工伎肄习之，音节谐婉，乃名之曰《暗香》《疏影》

（南宋）姜　夔

旧时月色，算几番照我，梅边吹笛。唤起玉人，不管清寒与攀摘。何逊而今渐老，都忘却、春风词笔。但怪得、竹外疏花，香冷入瑶席。

江国，正寂寂。叹寄与路遥，夜雪初积。翠尊易泣，红萼无言耿相忆。长记曾携手处，千树压、西湖寒碧。又片片、吹尽也，几时见得？

——暗香

苔枝缀玉，有翠禽小小，枝上同宿。客里相逢，篱角黄昏，无言自倚修竹。昭君不惯胡沙远，但暗忆、江南江北。想佩环、月夜归来，化作此花幽独。

犹记深宫旧事，那人正睡里，飞近蛾绿。莫似春风，不管盈盈，早与安排金屋。还教一片随波去，又却怨、玉龙哀曲。等恁时、重觅幽香，已入小窗横幅。

——疏影

这两首词被称为咏梅绝调，后世许多评论家将其中的寄托附会为鼓励石湖仕途进取，或者伤怀二帝蒙尘，暗指南北议和之事。这种捕风捉影的臆测和断章取义并没有真正还原白石咏梅词中寄托的情感。

《暗香》一词以月色兴起，词人陷入了对美好往事的追忆，月夜、笛声、梅花、玉人共同酝酿出清雅甜蜜的氛围，散发着梅花和玉人的幽香。何逊早年以《咏早梅》诗知名，后来再往探梅却才思枯竭。白石以何逊自比，自谦老迈，思力不及当年，如今又见香冷梅花难以付之吟咏，隐隐透出时光易逝、盛情难再的感伤。词的下片从追忆和伤今中转入对“玉人”的思念。“玉人”音信杳然，自己憔悴于江湖之上，想折梅续情却路也难通，信也难到，只能借绿酒红梅传达怅恨。从“长记”句开始又转入了回忆：当年西湖边携手同游，红梅碧波相映成趣，这样风雅深挚感情都随着花瓣零落而饮恨，难以旧梦重温，益发衬出今日的凄清，以一种袅袅淡淡的惆怅收束。这首词探梅寄情，抒写飘零渐老的身世之忧怀和玉人不在、旧情难续的感伤。白石笔下之梅是一种触发情思的媒介，词中句句不离梅花，却处处关乎人事，渲染出淡淡的哀愁。

《疏影》一词中，“苔枝缀玉，有翠禽小小，枝上同宿”，在长满丝丝青苔的皴皱的梅花枝干上有小巧的翠鸟与它为伴。“翠禽”暗用《龙城录》里隋开皇年间，赵师雄罗浮山中遇梅花仙子和绿衣童子的典故，将梅花比作仙子。“客里相逢，篱角黄昏，无言自倚修竹”化用杜甫《佳人》“绝代有佳人，幽居在空谷……天寒翠袖薄，日暮倚修竹”的诗意，把梅花比作幽居空谷的绝代佳人，为全词定下了幽独冷寂的基调。“昭君不惯胡沙远，但暗忆、江南江北。想佩环、月夜归来，化作此花幽独”，用杜甫咏昭君“环佩空归月夜魂”诗句，叙写昭君眷恋故国的精魂化作梅花回到家园。下片“犹记深宫旧事，那人正睡里，飞近蛾绿”句，用寿阳公主梅花妆容的典故赋写梅花的飘落。“莫似春风，不管盈盈，早与安排金屋”，则用汉武帝金屋藏娇的典故表示对梅花的怜惜和珍视。“玉龙”是笛子的名称，如果梅花零落成泥，随波逐流陷于渠沟，那《梅花落》的曲中将更添哀怨之音，也只能在丹青墨迹中寻找梅花幽独的身影了。词中上片以梅花仙子、空谷佳人和昭君三位美丽的女性比拟梅花，树立了梅花高洁幽独的形象，下片通过与落梅有关的典故述说对梅花的赏爱和怜惜，遗貌取神，将情物融为一体。这首词同稼轩《贺新郎·赋琵琶》《贺新郎·赋水仙》相类，篇中连续用典却浑化无迹，典思交融，发一己之幽情。词人一往情深，无论是《暗香》的惆怅收束，还是《疏影》的怜惜忧虑，均见白石难以超拔的痴情。

水龙吟　落叶

（南宋）王沂孙

晓霜初著青林，望中故国凄凉早。萧萧渐积，纷纷犹坠，门荒径悄。渭水风生，洞庭波起，几番秋杪。想重厓半没，千峰尽出，山中路，无人到。

前度题红杳杳，溯宫沟、暗流空绕。啼螀未歇，飞鸿欲过，此时怀抱。乱影翻窗，碎声敲砌，愁人多少！望吾庐甚处？只应今夜，满庭谁扫？

全词句式简短，运用“萧萧”“纷纷”“杳杳”等叠词增强了词人的忧伤凄楚之感，同时巧妙借用自然界时序更替的萧瑟景象，隐曲表达出故国摇落的哀伤之情。总体来说，沉郁悲怆的亡国之恨、凄楚哀怨的身世之悲构成了王沂孙咏物词的情感基调。这些咏物词体物入微，将山河之变的酸楚融入词间，增加了咏物词的思想内涵，对后代咏物寄情词表达深邃情感产生了重要的影响。

鹧鸪天　赏荷

（金）蔡松年

秀樾横塘十里香，水花晚色静年芳。胭脂雪瘦熏沉水，翡翠盘高走夜光。

山黛远，月波长。暮云秋影蘸潇湘。醉魂应逐凌波梦，分付西风此夜凉。

《鹧鸪天》是一首通过咏横塘秋荷寄托情思的咏物之作。月下荷塘,“胭脂雪瘦熏沉水,翡翠盘高走夜光”,清虚骚雅,暗香袭人。天光云影、山容水态之间形成一种幽静温馨的氛围。

在宋代词坛中,咏荷也成为一大主题,譬如苏轼《荷花媚》(霞苞霓荷碧)咏荷花色彩绚烂出神入化;辛弃疾《卜算子》(红粉靓梳妆)独辟蹊径,赏荷花多愁善感的情韵;刘克庄《风流子》(松桂各参天)以莲之仙姿玉品喻词人淡远幽雅的志趣。凡此种种,构成宋代丰富多彩的咏荷词,蔡松年的月夜荷塘图清新淡雅,韵味隽永,别具一格。

摸鱼儿 雁丘词 乙丑岁赴试并州,道逢捕雁者云,今旦获一雁,杀之矣。其脱网者悲鸣不能去,竟自投于地而死。予因买得之,葬之汾水之上,累石为识,号曰雁丘。时同行者多为赋诗,予亦有雁丘辞,旧作无宫商,今改定之

(金)元好问

恨人间、情是何物,直教生死相许。天南地北双飞客,老翅几回寒暑。欢乐趣。离别苦。是中更有痴儿女。君应有语。渺万里层云,千山暮景,只影为谁去。

横汾路。寂寞当年箫鼓。荒烟依旧平楚。招魂楚些何嗟及,山鬼自啼风雨。天也妒。未信与、莺儿燕子俱黄土。千秋万古。为留待骚人,狂歌痛饮,来访雁丘处。

以元好问为首的金代文人的审美趋向,也是对中原传统文化的接受与演化。除咏花词外,元好问这首咏雁词,因其情语之切,遂成千古绝唱。此篇因物而赋,“欢乐趣。离别苦。是中更有痴儿女”,由悲雁而及悲人,借此歌颂坚贞不渝的爱情。“层云”“暮景”“箫鼓”“荒烟”“莺燕”等景语,词疏语淡,描物状情,曲尽其理,表现出元代咏物词借景咏怀的创作倾向,在宋代咏物寄情词情景交融的基础上更加深入与浑融。主体心灵投射到外在的景物上,客观物象也就着上了“我”之色彩,成了“有我之境”,即谓之有境界者也。

水调歌头 初至金陵,诸公会饮秦淮,酒边感兴,索瞻园、葱石、积余和

(清)王鹏运

微风转城曲,凉意乍先秋。不知今夕烟月,何事为人留。欲

访齐梁陈迹，但见珠歌翠舞，灯火夜光浮。孤啸倚舷立，釃酒酹沙鸥。

兴亡事，醒醉里，恨悠悠。微茫空外，云气直北是神州。为问青溪舴艋，来往撇波双桨，载得几多愁。漫洒新亭泪，吟思渺沧州。

清代后期，咏物寄情词呈现出更加多元化的创作倾向，但尤以借景言志，抒发对国势衰微的深沉悲愤为要。王鹏运生活于晚清之际，面对国势衰败，山河破碎的局面，他的咏物词表现出忧国伤时的郁愤，此词上片追忆往昔，将历史兴亡之情融汇在今夕茫茫烟月之中，珠歌翠舞业已泯灭无痕，唯有家国愁恨令人醉恼，泪眼观景，景亦含愁，忧国伤时之情涌上心头，愁肠寸断。政治上的失意，往往使词人走向对心灵的隐微的表现，他的咏物词亦常常表现对友人的依依惜别之情。

第五节 伤时念乱词

概说

在中国文学史的长河中，描写故国之思、抒发乱世慨叹的作品数不胜数，从屈原的《哀郢》、杜甫的《春望》到姜夔的《扬州慢》、屈大均的《秣陵感怀》，伤乱情怀在中国文学中被一再演绎，构成了中国文学和文人特殊的情结，积淀着民族的家国文化内涵。

这些黍离之音承载着不同时代特有的文化和审美意蕴，真实记录了朝代的更替和国家兴亡，忧国忧民的文化主题使伤时念乱词穿越历史时空的阻隔，体现出了文学的时代性和民族性。

晚唐五代时期因政局的动荡不安，词人将国朝危亡和个人遭遇融于一身，感时伤乱，使得词作大放异彩，尤其是以南唐词为代表的伤时念乱词不但数量居多，质量亦属上乘。在这些伤时念乱词中，有郁抑惝恍的冯延巳词，有忧惧凄冷的李璟词，更有率真任情的李煜词，他们以家国之感为基调，将人生的感慨寄予词间，在春愁秋怨、离情别恨等传统题材中以其忧患意识和身世之感提升了词的表现力，记载了特定时代的文人心灵印迹。

在词体颇为兴盛的宋代，时值战乱频仍之际，词人以词抒情言志，书写危亡之忧，兴衰之慨，真切地反映出士大夫阶层的精神面貌，涌现出诸如李纲、岳飞、陆游、张孝祥、刘辰翁、周密、文天祥等一大批爱国词人，他们的词还原了那个悲情时代真切的历史面目。南北宋时代的巨变使词人从宴饮游冶、温柔富贵的春梦中惊醒，他们的词也因之一变，成为深沉悲凉、凄苦婉转的倾诉，多黍离之悲。此外，朱敦儒的《相见欢》(金陵城上西楼)、吕本中的《南歌子》(驿路侵斜月)、张元干的《石州慢》(雨急云飞)、岳飞的《满江红》(怒发冲冠)、李纲的《永遇乐》(秋色方浓)等反映了宋代词人的伤乱之感，抒发了词人亡国丧家的深哀巨痛，如泣如诉，感人至深。

1233 年，蒙古军围汴京，金哀宗出逃，京城西面元帅崔立兵变降敌。1234 年正月，随着逃出汴京的金哀宗在蔡州自缢，蔡州城陷，金运遂绝。金元之际，战乱频仍，人民朝不保夕，忧患意识异常浓重，知识分子的心灵亦打上了时代的烙印，表现丧亲之痛、家园毁灭和漂泊无依之感的伤时念乱词便成为一时的主流。而在诸多词人中，尤以元好问、白朴、段氏兄弟最为突出。

明朝末年，动荡的社会现实使明末清初的遗民词取得了辉煌成就，他们多以词为史，或感念乱离，或追怀故国，或赠别悼亡，使词的抒情性得到了最大限度的发挥。明末的陈子龙借词来表现悲愤、彷徨、苦闷的心绪，将亡国之际的志士心理表露无遗。

伤时念乱词及至清代，呈现出崭新的发展势头，诸如明末清初的遗民词人王夫之、屈大均、王士禛、曹贞吉，清代末年的王鹏运、郑文焯、况周颐、朱祖谋等，他们身处动乱时代，感怀伤事，写下诸多情感浓郁的爱国词，亦对于词体的发展做出了卓越贡献。在词人敏锐的感发能力与政治危局的碰撞中，伤时念乱的主题反映出深邃的历史内涵和政治意蕴。

菩萨蛮

（唐）韦　庄

人人尽说江南好，游人只合江南老。春水碧于天，画船听雨眠。

垆边人似月，皓腕凝霜雪。未老莫还乡，还乡须断肠。

韦庄为花间词人中的杰出代表，其词多写男欢女爱、离愁别恨，词风清丽；在政治上曾先后侍唐、蜀，经历了黄巢战乱、易代之苦，韦庄心念故国，其伤乱词极有特色。他“伤心一片画不成”，发而为词，即有沉郁之调。

韦庄生活的年代，时值中原动乱之际，因此描写漂泊流离的离愁别恨以及对人生命运的嗟叹，也就成为晚唐五代诗家词客吟咏的主调。韦庄有着强烈的家国情怀，他在这种离愁别绪之中，糅合自己特殊的身世之感、怀乡之情，用文字演绎着动乱时代的喜乐悲愁，成为花间词中别调。

这首《菩萨蛮》即写于其漂泊江南之时。陈廷焯《白雨斋词话》称此词为“留蜀后思君之辞。时中原鼎沸，欲归不能，端己人品未为高，然其情亦可哀矣”。上片极写江南风物之妙，首句“人人尽说江南好”，一个“尽”字便将词人作为客居游子的心境刻画殆尽，他有着超乎常人的经历，故有不同于俗人的“游人只合江南老”的异样感受，“游人”指漂泊江南的人，即词人自谓。词人身在江南，体味着“春水碧于天”的美丽景致，但心头却涌上“画船听雨眠”的孤愁，乐景与哀愁相互交融，悲者愈悲，哀叹愈发深矣！

下片承接上文，续写思归而不可得的悲凉心境。“垆边人似月，皓腕凝霜雪”借月之娇美写江南人之容颜，这里的人儿虽热情好客，但词人因避乱入蜀，饱尝离乱之苦，时值中原鼎沸，欲归不能，故有“未老莫还乡，还乡须断肠”之叹，这两句巧妙地刻画出特定历史环境下词人思乡怀人的心态，可谓语尽而意未尽之笔也。

词人羁留于蜀，却心恋故国，美景佳人难入其心，他不改思乡之志，断肠之词与之俱生矣！陈廷焯《白雨斋词话》对于韦庄的此般创作颇为赞叹：“韦端己词，似直而纡，似达而郁，最为词中胜境。”韦庄善于摹画内心情致，纯用白描手法，将细腻跌宕的情感以直观的景物表现出来，有情、景互融之效。此篇是韦庄江南羁旅情怀词之佳作。

荷叶杯

（唐）韦　庄

记得那年花下，深夜。初识谢娘时。水堂西面画帘垂，携手暗相期。

惆怅晚莺残月，相别。从此隔音尘。如今俱是异乡人，相见更无因。

词人因生活漂泊不定，对于故乡人情倍加怀恋，尤其是对于留有青春浪漫记忆的故国，他因思之而不得归，心头常常掠过哀伤，花前月下自然美好，词人唯靠甜美的回忆抚慰孤独无依的心灵。

这首词上片以“记得”统摄全篇，扣人心弦，有历史的纵深感和时间的沧桑感。词人那时正值青春年华，对爱情有着诸多憧憬，故将当年那份美好融入皎洁夜色之中，给人以朦胧之感，写得情深意切。“初识”以下数句，直写相见之欢。谢娘那姣好的身姿、银铃般的笑声似乎穿越时空又回荡在耳畔，心灵的畅想至此作结，词锋陡转，回到凄冷的现实之中。

下片以“惆怅”领起，词人眼望的晚莺残月，触景生情，心间的忧伤惆怅更加浓烈，“从此隔音尘。如今俱是异乡人，相见更无因”更是痛彻心扉之言，词人对于谢娘有着一腔深情，但他不得不告别恋人，远离故国。如今，双方都飘零在异乡，相见无望，这样的漫漫长久远别怎有个头呢？恐怕你我的相见也只是痴人说梦罢了！

这首离情词处处写爱恋，但又时时见伤乱之意，将韦庄晚年流寓江南的悲苦写得情致曼妙，哀婉沉痛。

清平乐

（唐）韦　庄

春愁南陌，故国音书隔。细雨霏霏梨花白，燕拂画帘金额。

尽日相望王孙，尘满衣上泪痕。谁向桥边吹笛，驻马西望销魂。

韦庄写故国之思，喜用春愁做引，这首词即借此写忧国思乡之情，以“春愁”统摄全词，独具匠心。词人写愁之浓郁，不说“南陌春愁”，而言“春愁南陌”，伤心惆怅之情漫卷全词。此般浓愁缘何而生？原来是“故国音书隔”使然。春雨绵绵的季节，梨花正盛，呢喃的燕子在雕栏画帘之间轻轻掠过，但这良辰美景之恋敌不过故国之思来得猛烈。词人由此乐景念及早年的快乐时光，感时伤事，想来自己 45 岁于长安应举，因遇黄巢起义，先后辗转洛阳、苏浙鄂湘赣皖等地，过着流寓生活，其间心酸不言而喻，于是物是人非之感遂生，怎不令人伤感？

下片写相思之意。“尽日相望王孙”采用《楚辞·招隐士》“王孙游兮不归，春草生兮萋萋”之典故，以春草的繁茂比喻相思情深，表达词人的故国情怀，诚挚而贴切。“尽日”极言思乡之浓，词人无时无刻不在想念家乡，无奈战火阻隔，如今身在异乡，忧愁无法倾泻，不知我布满灰尘和泪痕的面庞可曾出现在你的梦中？词人伤心无限。结尾“谁向桥边吹笛，驻马西望销魂”二句，词人思之既深，遂入幻境，似乎听到了哀怨凄婉的笛声从桥边传来，驻足聆听而心神俱焚，悲怆之音不绝如缕。

周济《介存斋论词杂著》称赏其词曰：“清艳绝伦，初日芙蓉春日柳，使人想见风度。”韦庄将沉郁的情感付之以疏朗秀美的词风，更加空灵缥缈，余味无穷。

喜迁莺

（南唐）李　煜

晓月坠，宿云微，无语枕频欹。梦回芳草思依依，天远雁声稀。

啼莺散，余花乱，寂寞画堂深院。片红休扫尽从伊，留待舞人归。

生于深宫之中，长于妇人之手的李煜，作为南唐一代国君，虽不通为政之道，却对艺术有着独特的体验，他精书法，善绘画，通音律，诗词皆妙，尤以词的成就为高，有“千古词帝”之称。李煜是南唐一代词宗，其后期词成为苦闷的象征，充满了岁月流逝的感伤情怀。身处易代之时，身为亡国之君的他有着超乎常人的独特感受。李煜具有多愁善感的气质秉性，同时又经历了黍离之悲，故其词在清新飘逸的外表下隐藏着孤独无依之情。王国维《人间词话》赞之曰：“词至李后主而眼界始大，感慨遂深，遂变伶工之词而为士大夫之词。”由此可见，李煜词对词坛的影响之大。

李煜敏感多愁的艺术气质，在其前期词中已有显现。晓月西沉，暮云渐上，一片祥和之色，于是倍加思念远方的人儿，不知不觉魂归梦中，情思悠悠，伊人的芳香弥漫着他的整个心田，在梦乡之中，只见雁影在苍宇之间渐飞渐远，却没带来任何音信，怎不令人伤感？黄莺在花间树中轻歌曼舞，扑下落红数片，在这寂静的深院当中，陪伴词人的只有寂寞，眼看秋色已尽，想必伊人也快归来。这首词在“晓月”“宿云”“芳草”“雁”“莺”“花”“片红”等密丽意象中，融入词人的“闺阁”之思，将寂寞深情演绎得伤感而优美。

相见欢

（南唐）李　煜

林花谢了春红，太匆匆。无奈朝来寒雨晚来风。
胭脂泪，留人醉，几时重？自是人生长恨水长东。

经历了亡国之痛，李煜词喜用“愁恨”“销魂”“故国”“往事”“高楼”“梦”“孤舟”“肠断”等感伤意象书写怀旧伤今之情，形成沉郁之风。此词作于亡国之后，是其软禁生涯的泣血之作，真切反映了亡国之君内心的苦痛酸楚。

词的开头便以男女春日离情写心中失国之痛，起句“林花谢了春红”以季节变换写人世浮沉，匆匆流逝的岁月，一去不再复返，留下无限凄凉。“无奈”句续写日暮风雨，烘托当时处境的清冷。眼泪和着胭脂的香味惹人心醉，只是自己已经无法回到那甜蜜的过去，不禁悲从中来。词人在此默默流泪，似乎在悼念那些永不可追的过去，只是又有几人能够懂？看那暮春残红，想那寒雨晚风，思那伊人垂泪，无不令人黯然伤神。

相见欢

（南唐）李　煜

无言独上西楼，月如钩。寂寞梧桐深院锁清秋。
剪不断，理还乱，是离愁。别是一般滋味在心头。

李煜专写一己之愁。起句“无言独上西楼”摄尽凄婉之神。苍茫大地之间，如今又有谁人可以听他诉说。如今只有弯月相伴，登上那寂寞西楼，往事涌上心头。且看那萧索深院，梧桐的愁思被深深锁于其中。词人的孤寂不以直言出之，而借梧桐和清秋说之，有着更为深重的人生感慨和文学意义，引人深思。

过片直抒胸臆，将对故国的眷恋之情娓娓道来，诉尽人间离情之悲。李煜的离愁，不是一般的男女离别之愁，而是丧失故国的深愁长恨，此般大恨，他只以“剪不断，理还乱，是离愁”平常之语出之，巧妙地将无形之愁用随处可见之剪刀具象化，有摇曳生姿之美。结句“别是一般滋味在心头”，虽不似李白《秋浦歌》“白发三千丈，缘愁似个长”的比喻，也不似李清照《武陵春》“只恐双溪舴艋舟，载不动许多愁”的量化，亦不若秦观《千秋岁》“春去也，飞红万点愁如海”之弥漫，但在含蓄蕴藉中，却有无限情致。

这首离愁之词，从渲染孤寂凄凉的自然景色起笔，逐渐转入词人内心，层层揭示亡国之君悲哀，如泣如诉，凄婉动人。

浪淘沙令

（南唐）李　煜

帘外雨潺潺，春意阑珊。罗衾不耐五更寒。梦里不知身是客，一晌贪欢。

独自莫凭栏，无限江山，别时容易见时难。流水落花春去也，天上人间。

这首词写于李煜被软禁于汴京之时，表达了他对南唐风物的追念，折射出词人经历人世浩劫后的凄凉心境。

“帘外雨潺潺”，起句便以隔景出之，词人欲置身事外，但无奈好梦易醒，寒意正深，心中凄苦更添一层。春光虽好，但难耐岁月销残，如今只剩“春意阑珊”，叫人怎不感慨万千？“梦里”两句，回过来追忆梦中情事，睡梦里好像忘记自己身为俘虏，似乎还在故国华美的宫殿里，贪恋着片刻的欢娱，可是梦醒以后，却悲怆不已。总体来说，上片用倒叙，先写梦醒再写梦中。词人写梦醒之际，清寒弥漫整个身心，薄薄的罗衾挡不住晨寒的侵袭，梦中的奢华繁丽与梦醒后的穷途末路形成强烈反差，使词人愈发心寒。下片抚今追昔，无限伤感。“独自莫凭栏”，只一“莫”字，便将心中情怯与忧惧表现得淋漓尽致，但词人情不由衷，他太想念家乡的人与月了，所以还是登上了高楼，遥望曾经的江山。词末“流水落花春去也，天上人间”的感喟，既是实写，又是虚笔，词人长叹花落随水、春去人逝，亦是对自己人生的一种诗意总结，他早年生活悠游自在，享尽人间喜乐，但这些如同落花，终被岁月吞噬，到头来只有孤月深院相伴，这天上人间之差别，令词人伤感无限。

这首词以景起笔，由景入情，将梦境与现实、欢乐与哀愁浑融叠加，表达了惨痛欲绝的国破家亡之感。

李煜遭受亡国之痛，身陷囹圄，作词以自遣，其词多用白描手法，将故国之思、伤乱之痛写得声泪俱下，深衷浅貌，短语长情，具有极强的感染力。

西　河　金陵怀古

（北宋）周邦彦

佳丽地，南朝盛事谁记？山围故国绕清江。髻鬟对起。怒涛寂寞打孤城，风樯遥度天际。

断崖树，犹倒倚，莫愁艇子曾系。空余旧迹郁苍苍，雾沉半垒。夜深月过女墙来，伤心东望淮水。

酒旗戏鼓甚处市？想依稀、王谢邻里。燕子不知何世，入寻常巷陌人家，相对如说兴亡，斜阳里。

周邦彦是宋代婉约词的大家，有“风流词客”之名。他虽以艳词闻名，但亦有不少绘景、怀古之作，表达了词人面对山河巨变之感慨，折射了那个时代的历史情韵。周邦彦的这首词因其写法别致，寄慨良深，成为宋代怀古词中的名作。

全词共分三叠。上叠主要赞美金陵雄壮的地势。六朝故都，百代兴亡。“山围故国”四句巧妙化用刘禹锡怀古诗句入词，颇富历史意蕴。潮水的拍击声反衬出环境的寂寞，天际的风帆给人以空旷落寞之感。如今青山依旧呵护着故都，清江如同美人的发髻一般装饰着这座寂寞空城。

中叠借景言情，情思绵邈。枯藤老树倒挂在悬崖边上，仿佛看到了昔日莫愁女的小船再次驶过，但如今夜已深，月光滑过低矮的城墙，似乎在向世人诉说着过去的繁华与今日的苍凉。浓雾渐渐弥漫了半壁营垒，在郁郁苍苍的旧迹中，词人东望淮水（秦淮河），伤感随波而流，不知将飘向何方，伤乱带来的寂寞，让人有无语凝咽之感。

下叠感古伤今，惆怅满怀。当年灯红酒绿的酒楼戏馆，那里曾是艺术的殿堂，可如今那些可爱的人儿，你们又在哪里表演呢？再看看那些冷清的里巷，谁能想到它们昔日的辉煌呢？王公贵族的府第已经被夕阳吞没，只有燕子，还时时飞回，但如今就连它们也已经适应了寻常百姓的生活，令人感慨不已。

周邦彦的这首怀古寄情之作，活用前人诗句述说历史，词境开阔思绪凝重，令人荡气回肠，抒发了词人对世事沧桑和物是人非的感慨，情景交融，思绪无尽。

永遇乐 京口北固亭怀古

（南宋）辛弃疾

千古江山，英雄无觅、孙仲谋处。舞榭歌台，风流总被，雨打风吹去。斜阳草树，寻常巷陌，人道寄奴曾住。想当年，金戈铁马，气吞万里如虎。

元嘉草草，封狼居胥，赢得仓皇北顾。四十三年，望中犹记，烽火扬州路。可堪回首，佛狸祠下，一片神鸦社鼓。凭谁问：廉颇老矣，尚能饭否？

辛弃疾出生时，中原已为金兵所占，他素有驱敌复国的英雄之志，21岁即参加抗金义军，不久归南宋，历任湖北、江西、湖南、福建、浙东安抚使等职。一生力主抗金。其词抒写力图收复中原实现国家统一的爱国热情，倾诉壮志难酬的悲愤，同时对当时执政者的求和偏安颇多谴责。

这首词写于宋宁宗开禧元年(1205)，当时韩侂胄执政，正积极筹划北伐，闲置已久的辛弃疾于前一年被起用为浙东安抚使，这年春初，又受命担任镇江知府，登高眺望，怀古忆昔，心潮澎湃，感慨万千，遂写下了这首感怀词。“千古江山”开篇即入正题，将人引入特定的历史情境，由眼前所见到的“斜阳草树”联想到两位著名历史人物——孙权和刘裕，“无觅”将英雄末路的感伤表现殆尽。当年的舞榭歌台虽然还在，但英雄人物却随着岁月的流逝早已不复存在。再看那承载着历史记忆的夕阳巷陌，据说那是当年寄奴(刘裕)曾经住过的地方。遥想当年，他领军北伐、收复失地是何等威猛啊！但历史的风雨终会烟消云散。下片紧承上片，讽刺当朝用事者韩侂胄又像元嘉北伐一样草率，欲挥师北伐的举动令人忧虑。转眼之间，我已两鬓斑白，虽有鸿鹄之志，又能如何呢？“佛狸祠下”的社鼓声声，依稀在耳畔回荡，受到异族统治的百姓渐渐忘记亡国之痛，还有谁在关心抗敌之志无以施展即将垂老的将领呢？

总体来说，词的上片敬仰孙权、刘裕的雄才大略，暗含壮志难酬之叹。下片引用南朝宋文帝刘义隆冒险北伐，招致大败的历史事实，劝告韩侂胄要吸取历史教训，不要草率从事，接着用四十三年的抗金形势的变化，表示收复中原的决心不变。结尾三句，借廉颇自比，表示出词人报效国家的强烈愿望和对宋室不能尽用人才的慨叹。

全词豪壮悲凉，义重情深，放射着爱国主义的思想光辉。

念奴娇 登建康赏心亭，呈史留守致道

(南宋)辛弃疾

我来吊古，上危楼，赢得闲愁千斛。虎踞龙蟠何处是？只有兴亡满目。柳外斜阳，水边归鸟，陇上吹乔木。片帆西去，一声谁喷霜竹？

却忆安石风流，东山岁晚，泪落哀筝曲。儿辈功名都付与，长日惟消棋局。宝镜难寻，碧云将暮，谁劝杯中绿？江头风怒，朝来波浪翻屋。

这是一首吊古伤今的辞章，虽是吊古，实为伤今。上片以虚笔给读者一些形象暗示，下片用历史故事来抒发自己惆怅的感情。

“我来吊古，上危楼，赢得闲愁千斛”，以“闲”字点“愁”，意欲说明愁闷是孤独、空虚的，又以“千斛”言其分量之重。但暂不点明为何“赢得闲愁千斛”，使读

者揣测、捉摸不定。“虎踞龙蟠何处是？只有兴亡满目”，形势险要的建康有“龙蟠虎踞”之称，词人为了加重感情的负荷，故意以疑问的语气提出，然后回答“只有兴亡满目”，昔年在此建都的六朝留下的只是朝代兴废的痕迹，不禁有兴亡之叹。“柳外斜阳，水边归鸟，陇上吹乔木。片帆西去，一声谁喷霜竹”，柳荫下的斜阳，河两岸寻找归宿的飞鸟，风吹乔木的声音，西去的孤帆，触人愁肠的笛声……词人通过描写这一组飘忽的意象来表达其翻滚的思绪，从而加深吊古伤今的感情。“却忆安石风流，东山岁晚，泪落哀筝曲”，“安石”是指东晋名将谢安，他因奸佞构陷，失去了皇帝的信任。有一次东晋孝武帝召宴，桓伊弹筝唱歌，唱的是曹植的《怨诗》，其中唱道“为君既不易，为臣良独难，忠信事不显，乃有见疑患”，以替谢安表忠心，在场的谢安触景伤怀，禁不住落下泪来。“儿辈功名都付与，长日惟消棋局”，谢安的儿子跟侄子在淝水之战都有出色的表现，而谢安却忠信见疑，只有在棋局中打发日子，词人的境遇与当年谢安的处境颇有相似之处，胸怀大志，归宋六年却一直得不到重用。于是与听哀筝而落泪的谢安产生了共鸣。“宝镜难寻，碧云将暮，谁劝杯中绿”，词人被视为“归正人”，很受歧视，被怀疑有异心。他恨不能得到“宝镜”以明心曲。现在呢？宝镜寻不到，无法表明心迹，而年纪却大了，更无人来和他一起饮酒消愁。结句“江头风怒，朝来波浪翻屋”，是说从赏心亭远望，江头风大浪险，有使房屋倾倒之势。这里暗喻国势危急，是点睛之笔，突兀而又有余意，真切表达出词人在国势危亡之际的伤感惆怅之情。

一剪梅　舟过吴江

（南宋）蒋　捷

一片春愁待酒浇。江上舟摇，楼上帘招。秋娘渡与泰娘桥，风又飘飘，雨又萧萧。

何日归家洗客袍？银字笙调，心字香烧。流光容易把人抛，红了樱桃，绿了芭蕉。

蒋捷身为遗民词人，他的一些词作描摹漂泊之苦，有慷慨悲凉之调。身处战乱亡国之时，蒋捷有着敏感而脆弱的神经，他渴望复国而终成泡影，漂泊无依成为生活的主调，这首词即写词人漂泊思归之情。

上片以暮春之景发端，点明时序，有惜春伤感之意。词人江上乘舟，看到酒楼，思归之情油然而生，于是他想借酒浇愁，风雨飘萧之际，内心更加凄楚，不知何时才能回到心灵的港湾，这样的漂泊何时才能结束呢？一“摇”一“招”，这样的动态描摹，传达了词人心灵的寂寞，颇富生活气息。

下片以问句起笔，愈显其归家之迫切心情。“何日归家洗客袍？银字笙调，心字香烧”，接连叙述三件琐事：洗客袍、调笙和烧香，极写归家之乐，无限温馨。但这也只是词人的想象而已。词人紧紧抓住夏初樱桃成熟时颜色变红、芭蕉叶子由浅绿变为深绿这些特点，把看不见的时光流逝转化为可以捉摸的形象，极言时光易逝，人生易老，将亡国流离的游子哀愁融入自然万物之中，可谓伤感而不失凄美。

虞美人 听雨

（南宋）蒋　捷

少年听雨歌楼上，红烛昏罗帐。壮年听雨客舟中，江阔云低断雁叫西风。

而今听雨僧庐下，鬓已星星也。悲欢离合总无情，一任阶前点滴到天明。

蒋捷在诸多思乡恋国之作中，独辟蹊径，以听雨展现不同人生阶段的情志和感受，富有意蕴。

这是词人的晚年之作，以听雨为线索，寥寥数笔，即已勾勒出少年、壮年以及晚年的生活情貌，诉尽人生的悲酸苦辛，饱含江山易代的凄楚。蒋捷南宋末年进士及第，尚未授予官职国家就已灭亡，他过着颠沛流离的生活，这首词即是词人一生的真实写照，读罢使人顿生凄然之情。

蒋捷人生的第一幅画面：少年时代是欢娱而短暂的，于歌楼之上尽享红烛罗帐之乐，不识愁之滋味为何，生活快乐而安逸。

第二幅江上秋雨图随之展现：孤独飘荡的一叶扁舟，载着词人四处漂泊，别亲离友，举目所望不见旧朝景象，往昔繁盛烟消云散，凄楚哀痛敲打心房，“江阔云低断雁叫西风”，以苍茫之景衬托身心疲惫之感，悲壮苍凉，羁旅之愁不言自明。

第三幅萧索凄凉之图亦成：白发苍苍的词人，于僧庐之下倾听着雨声，江山易主，欢乐不再，雨打风吹让词人备感身心憔悴，他不再为外界所动，走向一种漠然。“悲欢离合总无情，一任阶前点滴到天明”，词人参透人生，不再为悲欢离合挂怀，让思想自由驰骋。“一任”有潇洒超脱之态，又暗含无可奈何之悲，在冷漠与决绝中透出不可言传的痛苦，可谓字字千钧。

这首词层次清晰，脉络分明，既是人生场景的浓缩，又是风云时代的折射，于感怀慨叹中尽显伤乱之苦，并融豪放词的清奇流畅和婉约词的含蓄蕴藉，是不可多得的佳作。

木兰花慢

（金）元好问

拥都门冠盖，瑶圃秀，转春晖。怅华屋生存，丘山零落，事往人非。追随。旧家谁在，但千年、辽鹤去还归。系马凤凰楼柱，倚弓玉女窗扉。

江头花落乱莺飞。南望重依依。渺天际归舟，云间汀树，水绕山围。相期。更当何处，算古来、相接眼中稀。寄与兰成新赋，也应为我沾衣。

元好问生于金朝末年，在金元易代之际，他一方面感念于旧日故国的浮华，欲驰骋才力；另一方面当国者因循苟且，使他壮志难酬，不能救国于危亡之际，于是词人的心灵备受煎熬，在其诸多词中都表现出这种伤乱惆怅之情。

这首词作于金哀宗天兴二年（1233）春，当时蒙古兵刚刚攻破汴京，元好问身为金朝官员而被俘，心境凄凉不已，作词以自遣。“拥都”三句，写故都繁华之貌，只是春晖短暂，昔日的美好景象稍瞬即逝，怎不令人感慨万千？这首词在艺术手法上亦有突破，他并不直说国亡，而是用比兴之法、腾挪跳宕之笔，不即不离，时隐时显，以寄托其悼念亡国之沉哀深痛，可谓妙笔生花。“怅华屋”三句借用曹植的诗句，表达更加深沉的意念，借以慨叹人生无常，以人之死来比喻国之亡，可谓沉郁至极矣。“但千年、辽鹤去还归”则用陶潜《搜神后记》中的神话故事，意谓金亡后，如有遗民重来汴京，将会有辽鹤归来之感，借此喻示金亡之后的人世沧桑之变，包含无限悲凉的历史情韵。“系马”二句借用庾信诗句入词，扩大了词境，将元蒙入侵汴京后的情状蕴含在事典之中，哀婉凄怆，令人不忍卒读。

下片借春言情，笔墨空灵又不失摇曳之态。“花落”“莺飞”“归舟”“汀树”等密集的意象，形象地写出春日之思。暮春时节，落红渐多，词人遥望故国，只见天边漂荡的归舟，远处隐约的汀树，化用谢朓“无际识归舟，云中辨江树”诗句，山水迢迢，不闻乡人音讯，跌宕起伏的情感随着空灵的笔墨铺展开来。刘熙载《艺概》卷四云“空中荡漾，最是词家妙诀。上意本可接入下意，却偏不入，而于其间传神写照，乃愈使下意栩栩欲动”。“相期”以下数句直写亡国之悲，词人报国无门，复国无望，徒有满腔幽怨，战乱带来的哀伤在词人心头挥之不去。

木兰花慢

（金）元好问

赋招魂九辩，一尊酒，与谁同。对零落栖迟，兴亡离合，此意何穷。匆匆。百年世事，意功名、多在黑头公。乔木萧萧故国，孤鸿淡淡长空。

门前花柳又春风。醉眼眩青红。问造物何心，村箫社鼓，奔走儿童。天东。故人好在，莫生平、豪气减元龙。梦到琅邪台上，依然湖海沉雄。

元好问中年之后，经历了官场的浮沉、社会的动荡、朝代的更替，他的爱国思旧情怀既深，常发伤时之情，成为词间别调。这首词作于1241年，距金亡已经7年，词人感慨故国明月不再，故人相继辞世，而由此带来的伤感也就愈发深重。

"赋招魂九辩"，用《楚辞》中的招魂、九辩之名借以抒发其心念故国的感慨以及对亡友诸如严实、赵天锡、阎载之等人的沉痛哀悼。佳酿虽有，但良友已无从找寻，苍茫天地之间笼罩着凄霜冷雨，冰凉了词人的心情。"对零落栖迟，兴亡离合，此意何穷"，千古兴亡之叹，是对屈原"惟草木之零落兮，恐美人之迟暮"的呼应之笔。元好问面对飘零无依的生活，心中凄苦无从释放，遂书感时伤事之词。"百年世事，意功名、多在黑头公"，写时光飞逝，昔日友人如今已成游魂，不禁悲从心生。"黑头公"意为少壮而居高位者，这里指友人。词人援引诸葛恢的历史典故入词，增添文学趣味的同时也将对友人的思念传达得更加神妙。"乔木萧萧故国，孤鸿淡淡长空"中的故国乔木、长空孤鸿如今安在哉？词人站在苍茫宇宙之中，抚今追昔，不知心间寂寥洒向何处，泪流心间无人知，此般情怀不经飘零之苦怎能知晓？

下片词人由眼前的春风花柳写起，言及造化弄人，豪气渐消之状，结拍以"梦到琅邪台上，依然湖海沉雄"成陡转之势，意境苍茫而不失昂然之态。

满江红

遯庵主人植菊阶下。秋雨既盛，草莱芜没，殆不可见。江空岁晚，霜余草腐，而吾菊始发数花，生意凄然，似诉余以不遇，感而赋之。因李生湛然归，寄菊轩弟

（金）段克己

雨后荒园，群卉尽、律残无射。疏篱下、此花能保，英英鲜质。盈把足娱陶令意，夕餐谁似三闾洁。到而今、狼藉委苍苔，无人惜。

堂上客，须空白。都无语，怀畴昔。恨因循过了，重阳佳节。飒飒凉风吹汝急，汝身孤特应难立。谩临风、三嗅绕芳丛，歌还泣。

段克己、段成己兄弟生活于金元之际，是金遗民词人中的重要词家，他们在

金亡后恪守文人气节，隐居龙门。这首寄给其弟段成己的咏菊词，饱含战乱频仍、山河破碎、民不聊生的伤乱之感。

此词写于金亡后，词人誓不仕元，坚守归隐之志，于是寄情于晚菊秋水，这首词就是这一时期的代表作。本词主要写词人生不逢时和岁月无情之叹，对于金亡离乱有着异样的感受。“雨后荒园，群卉尽、律残无射”数句，以苍凉的笔墨摹画了一幅真实的秋雨过后的荒园图景，同时也间接交代了菊花的生存环境。荒园中的残雨，犹如词人心中之泪。极言“群卉尽、律残无射”之状，既点明了写作的具体时令，九月的荒园秋风萧瑟，秋雨无情，百花为之凋零，荒园杂草丛生，又巧妙交代了遯庵的心理状态，从而为全词定下了凄然的感情基调。

“疏离下”三句，词锋一转，把在百花飘谢的秋日中“纷然独荣”的菊花英姿推至眼前。“疏离”和“荒园”相对应，引起“采菊东篱”的联想。“此花能保”，除了流露出花不逢时尚能自保的欣慰外，更隐含着对岁月无情的忧虑。至此，词人释然的情思蔓延词间。此番过渡与前文“雨后荒园”的环境气氛形成了鲜明对照。段克己正是借花写人，表达在险恶的政治环境中洁身自好的个性追求。接下来“盈把”二句，自然荡开一笔，词人抛开现实的困扰，由菊花生发开来，自然想到一生爱菊的陶渊明和屈原。上片最后三句忽又一收，由怀古自勉回到凄冷的现实之中——“到而今、狼藉委苍苔，无人惜”，借惜花以自惜，哀叹生不逢时，情感也转入愤然之态。综观上片，词人段克己处处吟咏菊花，无处不寄寓着词人的身世之感、生命之叹，凄婉之情尽现词间。

下片由花写到人，“堂上客，须空白。都无语，怀畴昔”，词人首先哀叹岁月匆匆，转眼之间，往昔少年书生今朝已成白发衰翁，不禁悲从中来。岁月如烟，功名未就，自然引起对已逝岁月的追怀。以下诸句便以无限怅惘的心情追怀畴昔，质朴的语言包孕着词人复杂的情思意绪。“飒飒凉风吹汝急”包含着词人对世事变迁的慨叹、时不我待的哀婉、怜花惜人的深情。“谩临风、三嗅绕芳丛，歌还泣”，写得缠绵幽深，情真意切。词人徘徊于花丛之中，顾花怀人，一种无可奈何的忧伤之情尽现词间。“歌还泣”表明词人悲不堪言，情动于中而发之于外，边哭边唱，感人至深。

况周颐《蕙风词话》非常欣赏“重阳佳节”以下数句，谓“节韵以下，情深一往，不辨是花是人”，据此可见，词人亡国伤怀之深。夏承焘、张璋《金元明清词选》评之曰：“这首词题咏晚菊，以寓其身世之感。上片是说秋菊傲霜而开，能保其鲜洁幽美之质。接着以陶潜、屈原的晚节来比菊花，也是自比。下片则自嗟年老，复悲身世，但仍以节概自持。‘飒飒凉风’二句，言菊性孤特，难以立身浊世。‘汝身’二字，兼寓劝勉其弟洁身自保，不要仕元。末尾以‘歌还泣’作结。词意悲怆，非单纯咏赏秋菊者。”

水调歌头　癸卯八月十七日，逆旅平阳，夜闻笛声，有感而作

（金）段克己

乱云低薄暮，微雨洗清秋。凉蟾乍飞破镜，倒影入南楼。水面金波滟滟，帘外玉绳低转，河汉截天流。桂子堕无迹，爽气袭征裘。

广寒宫，在何处，可神游。一声羌管谁弄，吹彻古梁州。月自于人无意，人被月明催老，今古共悠悠。壮志久寥落，不寐数更筹。

本词作于癸卯年，乃马真后二年（1243），金朝已灭亡 9 年了。此时段克己 48 岁，旅居平阳府（今山西临汾），夜闻笛声，有感而作。

此词上片先以对仗之句“乱云低薄暮，微雨洗清秋”入词，在交代时令的同时也暗含了词人心头缕缕的哀愁，清冷的文字显示的是段氏寂寞的情怀。“乱云”“微雨”“薄暮”无不展示词人心境之悲凉，此时天空飘来的微雨又增添了无尽的哀愁，“凉蟾破镜”“倒影入楼”将观察的视角突然转入凄凉的月宫，借助嫦娥的不幸遭际，词人在广袤的天宇间抛洒下无尽的孤寂和哀愁。在月光清辉的映照下，只见“金波滟滟”“玉绳低转”似乎截断了浩渺的天流，虽然这只是词人的一时遐想，却隐喻了词人怀才不遇、终不得志的个人遭遇。接着“桂子堕无迹，爽气袭征裘”句，笔锋陡转，以桂花遗迹的不复来表达郁郁不得志的现实情形，尤其是“爽气袭征裘”，从一个侧面将闲适的遐想图景打破，增添了数丝悲凉，给人留下无尽的想象空间，此可谓无言之美。

下片“广寒宫，在何处，可神游”采用急促的句式，表明心里追寻之急迫。“神游”一词也说明词人在现实中的寂寞、孤寂无依之感。“一声羌管谁弄，吹彻古梁州”，苍凉的羌管之音，吐纳的是深沉刚健的情思意趣。词人悲凉哀怨的心境经由哀伤的羌管传遍寂寞的梁州古城。月虽同，人自异，情丝空悠悠，跌宕的深情也被寥落的壮志冲击得烟消云散，唯剩下无尽的感慨与伤怀。纵观全词，通过清新幽静的月宫描绘，可见词人无以复加的寂寞情怀，折射出壮志未酬的愤慨之情，清词丽句间渗透着词人无尽的忧愁和牵挂。

临江仙

（金）段成己

走遍人间无一事，十年归梦悠悠。行藏休更倚危楼。乱山明月晓，沧海冷云秋。

诗酒功名殊不恶，个中未减风流。西风吹散两眉愁。一声长啸罢，烟雨暗汀洲。

在《临江仙》的起首，通过“十年”和“无一事”中的数字所形成的强烈对比，传递出词人难与人道的无奈和心酸，为全词渲染了一种悲凉凄怆的主调。叠音词“悠悠”的运用，又将这种愁思无限延长，弥漫全词。以“悠悠”来表达愁思的绵长似乎是段成己颇为钟爱的一种写作手法。仅存的八首《临江仙》中，“悠悠”就出现了五次之多，如“百年光景悠悠”“世间万事悠悠”“功名都付悠悠”等，其中无可奈何的味道颇可玩味。

在中国古代优秀的文学作品中，登高怀远是词人骚客常常歌咏的情景母题，或凭栏独望，或登临楼台，或倚窗远眺，以抒发身世之感、寂寥之悲和天地茫茫中个体生命的感受。词人心有郁结，登高益伤，何况又逢乱山月晓，沧海云秋。如前所云，危楼独倚已是愁绪满怀，紧随的飒飒秋意又使悲情叠加。

“自古逢秋悲寂寥”，秋天因其肃杀的气氛和万物凋零的季节特点，极易引发哀怨伤悲之情，草木与人同是有生命的事物，悲秋看似伤物，实是咏怀。

如果说词的上片是渲染营造一种悲凉无法排遣的抑郁，下片就是故作旷达之语了，虽然无法考辨此词的准确纪年，但是由首句“走遍人间无一事，十年归梦悠悠”和全词整体的感情基调大致可以判断此词应当作于金亡之后，亡国之痛和亡家之悲的合流才能导致词人如此郁结，找不到宣泄的出口和途径。诗酒功名虽然人人向往之，但是坚持操守、隐居龙门山的生活还是自得其乐，风流不减吧？愁绪消解的方式也是多种多样的，可以登高望远，振臂一呼；可以把酒言欢，金樽对月；可以青楼楚馆，依红偎翠……但是像词中这样别出心裁，让西风吹散愁眉的才思却并不多见，面对无法消解的郁结，也许寄情山水、回归自然不失为一种最朴素的方式，既是消极的抵抗，又是灵魂诗意的栖居。“一声长啸罢，烟雨暗汀洲”，既然西风遣不散浓愁，那索性发之以一声长啸，不禁想起岳飞的那阕彪炳史册的《满江红》，“仰天长啸，壮怀激烈”，事虽不类，情概相同吧。

全词上片是情境的渲染，下片是感情的勃发，跌宕起伏，错落有致，结句“烟雨暗汀洲”又回到景物的描摹，烟雨蒙蒙中，水中的小岛也跟着氤氲了下去，那种弥漫的愁思再度归来，留下了意蕴悠长的回响，余音袅袅，不绝于耳。

水调歌头 感南唐故宫，就隐括后主词

(元)白　朴

南郊旧坛在，北渡昔人空。残阳澹澹无语，零落故王宫。前日雕阑玉砌，今日遗台老树，尚想霸图雄。谁谓埋金地，都属卖柴翁？

慨悲歌，怀故国，又东风。不堪往事多少，回首梦魂同。借问春花秋月，几换朱颜绿鬓，荏苒岁华终。莫上小楼上，愁满月明中。

白朴善为小令，而在怀古词方面造诣颇深，饱含伤乱的历史意蕴。因身世遭际的不幸使其词现实色彩异常浓郁。白朴作为由金入元、经历时代变故的一位沧桑词人，经常在词作中流露出浓郁的哀伤和痛楚。过南唐故宫，思及李后主，所有关于故国、故地、故人的记忆又重新涌上心头。整首词笼罩在一种低沉抑郁的氛围中，令读者也不禁伤感起来。

词的上片重写景，在今昔的对比中加重苍凉的气氛。首句“南郊旧坛在，北渡昔人空”，南唐故宫破败零落的旧址依然在郊外矗立着，空空荡荡，毫无生气，而当时的君主和大臣们却已沦为阶下囚，尽数北渡，受尽屈辱。宫殿在，国覆亡，所有景物都在嘲弄着南唐的兴衰，刺痛人心。“残阳澹澹无语，零落故王宫”一句紧承上文，继续铺写凄凉。惨淡的日光照射在破旧衰败的旧宫上，每一砖每一瓦都透着无限的感伤和哀痛，与元好问“残阳何意照空城”之句有异曲同工之妙。紧接着，“前日雕阑玉砌，今日遗台老树，尚想霸图雄”应是化用李后主“雕栏玉砌应犹在，只是朱颜改”之句，直接将今昔对比呈现眼前。昔日亭台楼榭里的歌舞升平，今日残垣断壁中的沧桑老树，不禁让人唏嘘。想要重整旗鼓，想要收复河山，又谈何容易呢？只是美好的幻想罢了。“谁谓埋金地，都属卖柴翁”，此处的“埋金地”化用了宋仁宗年间平南大将军杨文广和其妹的典故，金银财宝、荣华富贵不过是过眼云烟，最终都将随风飘散。整个上片通过南郊旧坛、残阳、老树等衰败意象烘托出一种沉郁荒凉的气氛，并流露出淡淡的历史空漠感。景中含情，对于南唐的完结，对于金朝的覆灭，词人心中有说不出的感慨，道不尽的悲叹。

本词承袭了词作的传统写作手法，上片写景，下片抒情。上片在景物中散发着的淡淡的哀愁，转入下片时则连连化用李词，历史的厚重感伴着词人感情疾风骤雨般的爆发，震撼人心。下片首句“慨悲歌，怀故国，又东风”直接点出了“怀故国”的情感指向。“不堪往事多少，回首梦魂同”仍然是化用李后主“故国不堪回首月明中”之句，将国破家亡的惨痛抒发得淋漓尽致，使人感同身受。往事历历，却不堪回首，不是不愿意翻开记忆的篇章，只是不忍心一次次触碰历史的伤疤。最后词人以“莫上小楼上，愁满月明中”一句收尾，“莫上小楼上”与“休去倚危栏”的感情诉求一样，都希望暂时逃避愁思、忘记伤痛，然而这也只能成为一种奢求。象征团圆、圆满的月亮时时可以触及词人心中永远抹不掉的亡国之痛。

紫萸香慢　送雁

（清）屈大均

恨沙蓬、偏随人转，更怜雾柳难青。问征鸿南向，几时暖、返龙庭？正有无边烟雪，与惊飙千里，送度长城。向并门少待，白首牧羝人。正海上、手携李卿。

秋声，宿定还惊。愁里月、不分明。又哀笳四起，衣砧断续，终夜伤情。跨羊小儿争射，恁能到，白萍汀。尽长天、遍排人字，逆风飞去，毛羽随处飘零。书寄未成。

这是屈大均寄居西北时的词作，归雁引发词人背井离乡、客居异地的羁旅情愁，对于时局的动荡表示出强烈不满，同时也借此暗喻了作为遗民词人的悲凉心境。

上片以"恨"起笔，便将心间的万千感慨寄于其中。沙蓬随风而飘，居无定所，不遂人愿。接着承一"怜"字，词人不直接写心中难言之痛，而以"雾柳难青"言之，悲凉的心境唯以此表之。"问征鸿南向"以下数句，将内心的忧郁和盘托出，征鸿南飞，不知几时能够返回昔日居所，此般伤感不言而喻，更有那无边的烟雪与千里惊飙，即将越过长城之外，虽然寒冷，也令身居塞外的词人备感温暖。下片以"秋声"起笔，感伤由此蔓延，夜深人静的时刻，因思乡而数次醒来，抬头看着天上的月亮，也因愁变得异常模糊。远方传来悲哀的笳声，断断续续的捣衣之声，在这悲凉伤感的声音中词人彻夜伤情，更是思念家中的人儿，鸿雁啊，我的思乡之意你也不能带去，因为明朝的我亦不知将前往何方。

这首词处处写离情乡思，但却不留痕迹，情景交融，真切反映了动乱时代的游子心声。

鹧鸪天

（清）顾贞观

往事惊心碧玉箫。燕猜莺妒可怜娇。风波亭下鸳鸯牒，惶恐滩头乌鹊桥。

搴恨叶，摘情条。旧时眉眼旧时腰。可能还对西窗月，狼藉桐花带梦飘。

顾贞观与陈维崧、朱彝尊合称为"词家三绝"，在清初词坛颇负盛名，因屡被贬谪，亦自称"第一飘零词客"。他一生仕途坎坷，因生不逢时故有怀才不遇之叹，尤其是后半生过着凄苦的生活，所写词皆属牢骚、怨恨、惆怅之作，满含时代悲音，抒发心间抑郁难抒之块垒。

这首词看似写恋情失意之痛，实则隐喻词人面对政局的内心煎熬。上片以"往事"起笔即给人一种历史的苍茫感。接着是"玉箫""莺""燕""鸳鸯牒""乌鹊桥”等哀伤的意象群，顾贞观在感伤岳飞冤死风波亭之际，将身世之叹融入其中，对屡遭贬谪的仕宦人生备感压抑不平。

下片词人以柔笔写心中之悲。“搴恨叶，摘情条”，急促的语势，是内在积怨的外在表现。“眉眼”“腰”“窗月”“桐花”“梦”等缥缈意象传达出词人因生不逢时而产生的岁月之叹。

这首词言在此而意在彼，在艳情词的情韵拓展中抒发自己的伤乱之叹，历史典故的运用又增添了文化内涵，使词的艺术感染力大大增强。

第六节 羁旅怀人词

概说

无论是古代，还是现今，中国人都有一个浓重的、挥之不去的故乡情结。世界上没有哪一个民族和国家，如中国人这样热恋故土、思念亲人。其历史根源主要有三：一是农业生产中劳动者与劳动对象具有长期固定关系；二是中国从原始部落到文明国家的过渡中，以血缘为纽带的宗族关系基本完好地保留下来；三是中国人的观念与西方有些民族追求奇特、乐于探索不同，喜欢沉浸在熟悉的环境中，反复玩味过去，习惯以选择性的记忆把故乡理想化为温情脉脉的精神家园，把故土视为精神上的依赖和寄托，因此产生了浓烈的思恋故土、故乡、故人之情。中国人有着“男儿志在四方”的雄心壮志，认为奋发进取、建功立业是不能老守田园的，有识之士要走上旅途，求知、求仕、求发展，当然也有因战乱、遭贬而远离故乡的。思乡怀旧是他们的精神寄托，尤其是节日和遭遇不幸之时，更需要慰藉。实际上，宦游人中没有几个真正弃官回乡的，在闯世界和归故乡的碰撞中，他们往往把故乡之情付诸诗词，形成了文学史上一道绚丽多彩的景观。

羁旅思归之作，是中国古典诗词创作中的一个主要题材。这类作品的主旋律往往是悲哀、悲凉，甚至是悲愤的。很多文人都有过宦海沉浮、浪迹江湖的切身体会，他们为了生存和发展，不得不历尽宦游滋味，其追求、挫折、矛盾、苦闷、辛酸、失意等滋味在词中得以尽情表达。

羁旅行役如此艰辛愁苦，途中的景象尤能触发词人们的伤感之情。羁旅思归题材在《诗经》中就已经出现。到了魏晋时期，“羁旅”已成为诗歌的一个主题。羁旅思归内容在雕红刻翠的《花间集》中也曾出现。李珣的《南乡子》（烟漠漠）以略带伤感的笔调写了烟雨江景，然而踏上扁舟，向远眺望，思念家乡之情油然而生，羁旅思归的浓情重感，使词意真切动人，词境清疏苍凉。

至北宋，词的题材逐渐扩大，表现思归主题的创作也逐渐增多。晏殊《望汉月》（千缕万条堪结）是一首描写羁旅行役者的伤心离别之词，还没有分别就已经肝肠寸断，“怎奈尚、有人离别”，明白如话，却饱含着深情。欧阳修的《踏莎行》（候馆梅残）是羁旅行役的名篇。上片写游子离家，渐行渐远，然而思家的愁苦也像春水一样迢迢不断，下片则是游子想象家里人的情况，他们一定都柔肠寸断，并提醒家人，不要登高望远，只能徒增悲伤，“我”已在尽头之外的地方。这样以客代主的写法收到了很好的效果。欧阳修的《玉楼春》（沉沉庭院莺吟弄）也是写游子思家的苦痛，通过梦境的方式来满足自己的心愿，可见家乡在其心中的地位。欧阳修的《渔家傲》（十月轻寒生晚暮）则直接抒写游子怀乡的心绪。

柳永的羁旅词更是著名。柳永长期困居京华，还有一段为期不短的漫游生活，足迹遍及江苏、浙江、陕西等地。旅途辛苦，前途茫然，年华流逝，愁苦交加中他写了不少羁旅思归词。如《雪梅香》（景萧索）是首悲秋怀人的羁旅词，词人将自己和宋玉相比，给羁旅词蒙上了一层哀怨色彩。《曲玉管》（陇首云飞）是一首慢词，词人用三段的篇幅写江边日晚，千里清秋，却不忍眺望魂牵梦绕的家乡，而《采莲令》（月华收）是柳永的羁旅雅词，亦是将写景抒情相融的作品。词人在月收天曙之际，写自己与佳人分别时难分难舍的情状，愁肠寸断，苍凉中蕴含着缠绵。《八声甘州》（对潇潇暮雨洒江天）更是柳永羁旅行役词中的名篇。

贺铸也是创作羁旅词的能手。在他的 286 首词中，羁旅词竟然达到 130 余首，几乎占了其《东山词》的一半。贺铸在朝中与旧党不和，但又不融于新党，政治处境十分尴尬艰难。尽管他用世之心很强烈，但正直的他总是寻找不到出路，一直处在迷茫与困顿中，一生屈居下僚，只做到泗州、太平州通判，晚年退居吴下，卒于常州。贺铸的羁旅词取法《离骚》，他将凌波仙子或高唐神女比作自己的政治理想，如他的《下水船》（芳草青门路）中的“凭栏语，草草蘅皋赋。分首惊鸿不驻。灯火虹桥，难寻弄波微步”，《忍泪吟》（十年一觉扬州梦）中的“十年一觉扬州梦，雨散云沉”，《减字浣溪沙》（闲把琵琶旧谱寻）中的“欹枕有时成雨梦，隔帘无处说春心”，《南柯子》（斗酒才供泪）中的“萧散楚云巫雨，此生休”，《小梅花》（思前别）中的“梦中寻，卧巫云，觉来珠泪，滴向湘水深”，都是这一类的羁旅词。

北宋周邦彦也是一位谙尽羁旅况味的词家。他曾三度入汴京求学、就任，长期宦游大江南北，对羁旅滋味的体会颇深。《苏幕遮》（燎沉香）是周邦彦羁旅思乡之作的名篇。这首词一改羁旅孤苦悲怨的笔调，写得清丽明快，格外清新，可以看出词人对大自然的亲切与热爱。他的《兰陵王》（柳阴直）通过柳来抒发倦客对故国的思念，人生易老天难老，夕阳易逝，人生短暂，本该享受大好春光的词人，却正在饱受离别之苦。

南宋时期的羁旅思归词创作尤其繁荣，这与时代有着密不可分的关系。宋恭帝德祐二年（1276）二月，元军攻陷南宋都城临安。南宋的灭亡与朝代的更替，使得当时许多词人都从温柔富贵乡跌落入苦难的深渊，国亡家破，四处漂泊，羁旅之情、思故之情显得尤为悲苦。吴文英也有不少羁旅思归词。他 20 岁左右游德清，30 岁左右长期居住在苏杭一带。如他的《宴清都》（万里关河眼）便写羁旅行役之思，与恋情相思融合，铺叙委婉，言浅意深。《喜迁莺》（江亭年暮）写词人寄寓在福山寺院，在那里度过了岁尾除夕之夜，其孤寂的心情可想而知，“羁旅”心情又浮上心头。词人用其他人家的红烛画堂、通宵欢乐和自己的形单影只做对比，更显其孤寂。《青玉案》（东风客雁溪边道）写词人借“重游溪葵园”而着重抒发了羁旅之思，“旧寒犹在，归梦啼莺晓”，可见词人思归之情的迫切。

周紫芝的羁旅思归词《水调歌头》（濯锦桥边月）节奏缓慢，却颇有动人心魄的魅力。《潇湘夜雨》（楼上寒深）中写了那种“似我华颠雪领，浑无定、漂泊孤踪”的孤寂难耐，词人远在他乡，却“拟问山阴旧路，家何在、水远山重”，那种思家不能归的苦痛凄婉动人，同时也流露出词人的无奈与无助。

姜夔是一位飘零江湖的布衣清客，在羁旅行役题材中表现出一种清空之美。如他的《清波引》（冷云迷浦）写他当时客居湘中，依姐姐居住。词中回忆早年的胜游，赞美古沔的优美，感叹自己为生计南来，不得回江国的无奈，情景交融，境美情深。

宋末元初的陈允平也写过一些羁旅词，他处于宋末元初的乱世之际，词人自认为是江湖倦客，在这乱世飘零中，其羁旅的乡愁感尤为突出。临安、西陵、宛陵、吴江、鄂城、宣城、大都等地都有他的足迹，词人在词中表达了强烈的思乡之情和对仕宦生涯的厌倦。羁旅的悲苦，往往化为浓郁的乡思。元代宋褧《菩萨蛮》（西风落日丹阳道）则一改羁旅的愁苦之言，此词写景清新自然，而无一点蹙眉酸鼻之态，实为难得。

明代刘基《水龙吟》（鸡鸣风雨潇潇）系词人在元末动荡的局势中，通过古代人物写自己没有刘表这样的人物可以依靠，并以王粲作客他乡、登楼作赋自比。词人承登楼意，凭高远眺，未能还家，而弦僵指冷，只有目送飞鸿，聊寄乡思而已。

至晚明，闺秀词人也创作了不少表现羁旅情思的作品。如顾贞立《满江红》（梦草池塘）中写到的“想天涯羁旅，鬓丝零落。别梦匆匆偏易醒，远书草草浑难托。判长眠、憔悴过三秋，人如削”，中秋佳节之际，词人还在漂泊，心绪凄然而凌乱。词中充盈着女子特有的悲戚之感。词人孤独一人随处漂泊，对什么都没有兴趣，真是苦煞词人。徐媛《霜天晓角》（练波飞渺）写道：“对旅雁沙汀，盼杀白苹秋苑。”词人虽然已在归家途中，但是行程缓慢，离家尚远，思念家乡的心时时牵引着词人。词人不管秋菊绽放，大雁与浮草，只是一心提醒自己加快速度回家。明代闺秀词人的羁旅词不多，女性词人喜欢用长调来抒写缠绵悱恻、凄婉悲凉的羁旅情怀，情感细腻，真挚动人。

至清代，宋琬先声夺人，一曲《蝶恋花》（月去疏帘才几尺）写得缠绵悱恻。词人羁旅在外，疾病缠身，心情惶惑，觉得就连蟋蟀也在欺侮他，芭蕉也在和他作对似的，“蟋蟀灯前欺病客”只作伤心语。万树一生漂泊不定，在北京、河北、陕西、山西、山东、江南、闽、粤等地都有他的足迹。他长期在外，对羁旅生活早就厌恶至深，经常在词中抒发这种感情。夏孙桐《南楼令》(残叶下寒阶)写秋感、羁旅思归和厌战情绪。词人生在清末，历经咸丰、同治、光绪、宣统而入民国，易代之际，万方多难，难免会有羁旅厌倦的情思。

中国传统的“安土重迁”和“落叶归根”的心理使得胸怀济世之志的中国文人心中面临着理想与情感的两难选择，无论是宦游守边，还是流落漂泊，词人只好将一己的悲欢诉诸羁旅思归词中。

离情别绪在羁旅怀人的题材中较为常见。唐五代时期，温庭筠、牛希济等人均擅长抒写离愁别绪，哀婉动人，缠绵悱恻。到了两宋时期，词在这一时期得到了大力的发展，不仅在创作手法上取得了飞跃式的进步，而且在词境方面也得到了扩展，苏轼、辛弃疾等人将词的内容扩大，将过去不能用词表达出的感情用词的形式表达出来。在离情别绪的表达方面，柳永、晏殊、晏几道、秦观等人也将其发展到了极高的水平。后来明清时期的一些文人延续发展离情别绪词，在时代的特殊背景下，写出了别有一番韵味的作品。

羁旅之愁与怀人之苦是分离的两重情感表现。怀人和相思都是具有双面性的情感，一方面是痛苦的，怀念和思念的都是过去存在而现在已经失去的事物，所以是伤感的，然而另一方面却是甜蜜美好的，因为被怀念的事物和人通常是因为具有某种美好的特质才被人留恋。所以，相思怀人是复杂情感的集合，是矛盾内心的融合，词的作者一方面回顾着美好，一方面又感慨着失去，从而引发人们对事物和人生更深层次的思索和体悟。

离愁和相思是人类普遍领受而又难以摆脱的具有共性的情感，中国文人词则从不同角度对此类主题进行挖掘，形成了各具特色的表达方式。

鹊踏枝

敦煌曲子词

叵耐灵鹊多谩语，送喜何曾有凭据？几度飞来活捉取，锁上金笼休共语。

比拟好心来送喜，谁知锁我在金笼里。欲他征夫早归来，腾身却放我向青云里。

这首词充满了浓郁的生活情趣，以人与鸟对话的方式和拟人化的手法，表现了思妇对远征丈夫的思念。词的上片是描写思妇对喜鹊的埋怨，因征夫不归，思妇迁怒于喜鹊，将她抓进鸟笼，轻松愉快的语句里，含着离愁。从思妇活捉“多谩语”的喜鹊并锁入金笼的举动来看，这位女郎天性活泼，稚气未脱，让人平添几分喜爱。词的下片是喜鹊的申诉，好心却未得好报的喜鹊，抱着一肚子委屈喊冤，唯有征夫归来，才能解决喜鹊的困境和少妇的相思。词人抓住一个细节反映思妇之哀，让人笑过之后，对思妇和喜鹊心生怜爱。

这种通过人与鸟对话的形式，借笼中喜鹊之口来说出“欲他征夫早归来”之心愿，描写离愁相思的词，表现了战乱时期，亲人聚少离多，渴望团聚的心情，充分体现了民间文学轻快活泼、富有想象力的艺术特点。

菩萨蛮

（唐）李　白

平林漠漠烟如织，寒山一带伤心碧。暝色入高楼，有人楼上愁。
玉阶空伫立，宿鸟归飞急。何处是归程，长亭更短亭。

这是一首望远怀人之词，将情寓于景中。词人无限深邃的目光贯穿在整首词中，“平林漠漠烟如织”，近晚光线昏暗之时，暮烟浓密，包裹着平林，平林无际阻断了词人远望的视线，无助、凄凉、无奈之意尽显。“寒山一带伤心碧”，寒意岂止是在山上，其实是在词人心中，伤心笼罩着平林寒山。“暝色入高楼，有人楼上愁”，视线收回，暝色进入了高楼，伤心也一同回到了楼中。相思的人为眺望更远才上高楼，而到了楼上才发现，与他相伴的，仍是暝色中的平林、寒山。更高的楼，更远的眺望，只能更加重内心中的伤感与悲凉。“玉阶空伫立，宿鸟归飞急”，同病相怜的，还有那空空的玉阶，“空”亦从“愁”来。望不穿平林的人，冰冷地伫立在暝色之中。玉阶洁白，更显冷意。鸟儿急匆匆地往回赶。鸟归人不归，加重了词人的相思哀怨之情。“何处是归程，长亭更短亭”，词中“更”字加强了连续不断的相思，蔓延在路上，无数长亭短亭，归程遥远，归期无望，长亭、短亭，淹没在暝色笼罩下的平林寒山之中。此词有平仄两韵，上下片各换一次，便有了音韵上的美感。结尾的平韵更将整首词变得绵延婉转，延伸了景外之情。

梦江南

（唐）温庭筠

梳洗罢，独倚望江楼。过尽千帆皆不是，斜晖脉脉水悠悠。肠断白苹洲。

这首词描写了一个独自倚楼，望断江水，期盼丈夫归来，却屡屡失望的思妇形象。开篇前两句“梳洗罢，独倚望江楼”，是对人物的动态描写，同时刻画人物的心理活动。寓情于景，情景交融。一早起来，梳头洗脸打扮完毕的第一件事，就是独自一人登上望江楼，向江面凝望，企盼她期待的人儿归来。词人抓住了主人公特有的动作情态："梳洗罢"点明了人物的身份，定是一位盼夫归来的思妇，"独倚望江楼"表现了人物那种急切地盼望丈夫归来的心情。一个"倚"字写明了思妇倚楼而望、久久等待的神态，时间之长久表明了妇人心情的沉重。"过尽千帆皆不是，斜晖脉脉水悠悠"，通过写景道出人物的心情，不难看出，词人用笔之高妙，以景抒情，隽永含蓄。"皆不是"道出了主人公的失望。眼看着江面上千帆已经过尽，仍不见丈夫的身影，临近黄昏时分，江面上只有斜阳的余晖和悠悠的江水。意境悠远凄清，着力渲染了思妇的离愁。一个"尽"字不仅把空旷凄凉的意境描绘出来，而且把思妇独倚望江楼时间之长，却又失望无助的心情表现得淋漓尽致。"肠断白苹洲"作为结尾句，是思念的极致，望断江水，见分手之处，怎能不令人肝肠寸断？此词人物形象鲜明生动，心理描写细致真切，情思哀婉绵长，足以使读者为之动情。

梦江南

（唐）温庭筠

千万恨，恨极在天涯。山月不知心里事，水风空落眼前花。摇曳碧云斜。

这一首《梦江南》是温庭筠的名作。明丽清新，没有刻意雕琢词句，却蕴含了相思之凄婉，臻于妙境，刻画出来的人物形象传神生动，揭示了人物的内心世界，语言细腻，情景逼真。《梦江南》寓情于景，首句直出"恨"字，"千万"直接下句"极"字。开头两句就十分连贯，行人远在天涯，满腔怨恨便喷薄而出，表达了词人强烈的情感和矛盾的心理，既思念又怨恨。"山月"三句写景，写出了山月的无情，水、风、落花与碧云的无意，"心里事"与"千万恨"相呼应，突出思妇内心的悲戚和哀伤，怨恨且无助。"摇曳碧云斜"，陡然间将镜头拉至开阔之地，一种怅然若失之意升起。结句虽短促，但余思绵绵，意味深长。

这首词表现了相思之人对远方思念之人既怨恨又相思至极的感情，同时也寄寓了词人仕图坎坷、不受重用的悲凉心情。

菩萨蛮

（唐）温庭筠

小山重叠金明灭，鬓云欲度香腮雪。懒起画蛾眉，弄妆梳洗迟。

照花前后镜，花面交相映。新帖绣罗襦，双双金鹧鸪。

在花间词人中，温庭筠的词最富特色，开创了“词为艳科”的先河。清人刘熙载《艺概》誉之云：“温飞卿词精妙绝人，然类不出绮怨。”此词开头以画屏的小山重叠之景和金碧之色来点明居室的典雅华贵，暗示女主人的身份。进而工笔细描女子懒起梳妆的倦怠姿态，花艳人更娇：“鬓云”“香腮”“蛾眉”等密丽的意象，堆满了盛年独处的寂寥，物质的富有同精神的空虚、情感的失落形成巨大的反差，“双双金鹧鸪”亦有自怜之意。此词注意物象与心境之间的互相映衬，华丽明艳的语言与凄苦无依的内心形成对比。无论是物象的白描，还是情感的烘托都极富层次感，物象与情思水乳交融，尽表难言之哀怨。

更漏子

(唐)温庭筠

玉炉香，红蜡泪，偏照画堂秋思。眉翠薄，鬓云残，夜长衾枕寒。

梧桐树，三更雨，不道离情正苦。一叶叶，一声声，空阶滴到明。

《更漏子》共 46 字，分为上下两片，平仄换韵。此调节奏分明，音节柔婉，和谐优美。

“玉炉香，红蜡泪”，起首一个三字的对偶，使词的层次分明，极富美感。六个字，将情景中的光线、色彩、气味、形态都表现得淋漓尽致，虽然此句没有体现出声音来，但却在这无声的情境下营造了一个优美而伤感的夜晚。特别是这句中的“泪”字，极具动感，原本的烛烟萦绕，暖气融融，因为这一“泪”字的出现，转变了气氛，令读者内心产生强烈的对比，从而转入凄凉。

“偏照画堂秋思”，这一句继续描写物态的情景。“画堂”往往是指华美的住所。在烛光的偏照之下，给人一种虚幻的感觉。词人利用这虚幻的感觉点明了季节和人的情思。一个“偏”字，不仅仅描绘了烛光的状态，更是渲染了人和物之间的互动感，加深了凄婉哀怨的情调。“眉翠薄，鬓云残”，这一句开始描写人物。翠眉专指女子用黛螺染的眉毛。美人画眉毛的黛色渐渐褪去了，头发也凌乱了，以此表露美人无心梳妆打扮自己，暗示女子的孤苦难耐、辗转反侧与夜不能寐。“夜长衾枕寒”则突出了人物的感受。漫漫的长夜难以入眠，备感凄清，以此突出了主人公内心的苦寂和孤独。

下片以凄清悲凉的景象来突显主人公离别的伤感和无奈。“梧桐树，三更雨，不道离情正苦”，句句押韵，两个三字句平仄相同，从而形成了急促的音节，增强了词句的节奏感，令读者感到主人公强烈的情感波动。“梧桐树，三更雨”将人的思绪引向远方，延缓了时间的流逝。三更时分万籁俱寂，雨声淅沥，清晰可辨。这种景色看似简单平常，其实情寓景中，回味无穷。“不道”一词用得极为巧妙，既有意料之外之意，又有不理会之态。潇潇秋雨不理会闺中少妇深夜怀人的苦情，将雨滴打在秋天的梧桐叶子上，梧桐更兼细雨，紧扣上片的“秋思”之情，浓浓秋意使思妇心绪雪上加霜，带来无尽的凄凉悲戚。

“一叶叶，一声声，空阶滴到明”，末三句具体描写雨声，也是在写主人公内心的悲苦，亦如这雨声，连续不断。“一叶叶，一声声”，叠字使梧桐细雨生动逼真，如见如闻。“空阶”的“空”字突出了主人公的失落之感，营造出孤寂的氛围。“滴到明”，是说雨从半夜下起，一直滴落到天明，描写秋雨的连绵不断，暗示屋中人彻夜无眠。本词下片写得极为精彩，寥寥数语便营造出了夜雨滴空阶的凄清气氛，表现了亲人离别的无限愁苦，遂成为千古传诵的名句。

女冠子

（唐）韦　庄

四月十七，正是去年今日。别君时。忍泪佯低面，含羞半敛眉。

不知魂已断，空有梦相随。除却天边月，没人知。

这是韦庄两首《女冠子》词的第一首。词的开篇两句“四月十七，正是去年今日”，一个时空的跨越，接着点明“别君时”，原来是一对情侣分别的日子。词中人物思念之情溢于言表，她清晰地记得分别的日期，那最后一次见面的场景浮现在眼前。一句“四月十七”看似漫不经意，却是从内心深处爆发出来的，这是一个让人难以忘记的特别的时刻，所以才记得如此清晰。“忍泪佯低面，含羞半敛眉”，写一个女子临别时的表情。她忍住泪水低下了头，为了不让对方看见，含着一丝羞涩半敛眉，表现出了女子为了减轻恋人的牵挂，强忍泪水佯装羞涩的厚爱浓情。

接下来词人直抒情怀：“不知魂已断，空有梦相随。”想起临别时你的模样令人魂断心碎，不知哪年哪月才能再次相见，“日有所思，夜有所梦”，显然，只有在梦中才能时时与你相随。“除却天边月，没人知”，对你的怀念，对自己孤苦处境的悲哀，除了天边的月亮无人知晓，可能你也不知道。这是一个羞涩的女子，表面上去掩饰自己的泪水，而当自己独处的时候，思念悲伤之情却涌现出来，到了半夜梦醒时分更加强烈。我想你，却只有月亮知道。这是词人内心的孤独，一种刻骨铭心的寂寞与忧伤。

从词的内容来看，这首词是有“我”的，以词人身置其中的角度来解读相思，有一种深沉的情怀在其中，好似有种时空错落的身世感慨，引起读者对悲欢离合的共鸣。

生查子

（五代）牛希济

春山烟欲收，天淡星稀小。残月脸边明，别泪临清晓。

语已多，情未了，回首犹重道："记得绿罗裙，处处怜芳草。"

这是一首表达羁旅愁绪的经典词作。此词写人间的离别，上片写别景，下片抒别情，层次分明，音节和婉优美。

"春山烟欲收，天淡星稀小"，首句便点明其分别的时间是在破晓时分。此刻的景色宜人，远处连绵起伏的春山上，大片白茫茫的雾气渐渐消退，东方渐渐明朗起来，露出一线白色，而寥落的几颗星辰也慢慢黯淡下去。天即将破晓，而一个美好的春日也即将开始。这本是一幅优美的画卷，却令读者读起来有一丝隐隐的伤感，这是由于词人用了"欲收""淡""稀小"等带有感情色彩的动态词语，来表达天色由暗到明的过程，也预示着恋人抬头仰望天色而渐渐失落的心情。紧接着，词人开始刻画人物形态。"残月脸边明，别泪临清晓"，清晨的天空中还挂着西斜的残月，映照出女主人公的脸庞上那不断滑落的泪珠和一道道晶莹的泪痕，十分凄楚动人。这样的一个脸部特写，用天边西斜的残月映衬女子姣好的脸庞，不知不觉地将女主人公融入这破晓时分的景色之中。而"别泪"二字则意在点破题旨，与上一句景色清新的破晓之景相结合，可以令读者猜测出他们从深夜室内话别哭泣，一直等到破晓时分不得不分别而又难舍难分的情形。故俞陛云先生在《唐五代两宋词选释》中认为："上首言清晓欲别，次第写来，与《片玉词》之'泪花落枕红棉冷'词格相似。"

下片由景入情。"语已多，情未了"，纵然有千言万语，又能怎样？还是无法表达恋人在分别之际的不舍和愁绪。曾经花前月下的日子永远留在了过去，女主人公今后要面对的将是独守空房、夜夜相思。两人执手歧路，细细叮咛，道别的话无论如何也说不尽。"情未了"，是说两个恋人的深情用多少语言也难以表达。这简简单单的六个字，白描的语言，形象地概括了恋人话别时依依不舍的情景，极为简约凝练。时间飞逝，而分手的时刻终将来临。正当女主人公准备狠下心来与自己心爱的人话别时，她突然又嘱咐爱人，"记得绿罗裙，处处怜芳草"。读至此句，仿佛女主人公泪眼蒙眬地与爱人告别的场景就在眼前。而这一句，是作者借助芳草与女主人公的罗裙同为绿色的关联，极为传神地表现了女主人公临别时的纠结心理和眷恋情绪。女主人公抬头望向远方，那是她心爱的人儿即将出行的方向，映入眼帘的是满目萋萋的芳草遮满古道，绵延地铺向远方，这美好的景色不禁令女主人公想到爱人马上就要离开自己而跋涉天涯。尽管两人情深，可她现在竟然担心起爱人会不会在遥远的异乡慢慢将她遗忘了。她猛然发现这无边无际的芳草正与自己身上的绿罗裙颜色相近，她忍不住叮咛爱人，无论在哪里看见了如她罗裙一般颜色的芳草时，要心怀怜惜之情，因为怜惜这青青的芳草，就是在怜惜自己。女主人公劝诫爱人要睹景思人，而这无疑将女主人公细腻、委婉、敏感的心思刻画得生动传神。她不好意思直接对爱人表白自己的思念，更不想警告他不准在外对其他女子动心，而是委婉地把自己的绿罗裙比喻为绵延不尽的芳草，祈愿两情久长。将自然的平常景物与主人公内心微妙的感情生动地结合起来，寄兴幽远，形象鲜明。

诉衷情

（五代）顾　夐

永夜抛人何处去？绝来音。香阁掩，眉敛，月将沉。争忍不相寻？怨孤衾。换我心，为你心，始知相忆深。

这首词描写的是一个女子被负心郎抛弃后的内心独白，怨中有爱，表现了她对负心郎的怨恨和内心的悲怆。整首词的主旋律就是一个字“怨”。“永夜”二字，表现了主人公在这个深夜，或者说无数个深夜对负心郎从思念、怨恨到绝望的心理变化。“永夜抛人何处去”这是对负心郎的质问。然而她自己却可以清楚地告诉自己：“绝来音。”这一“绝”字，写出负心郎的薄情寡义。接下来通过描写女子的动作、表情和环境来表现其整夜辗转难耐、不知如何是好的情绪。闺门紧锁、眉头紧蹙、长夜漫漫，这三个方面的表现，都是对负心郎的怨恨，若不是你抛弃了我，我又怎么会有这些痛苦？而从下一句起，却有转折，“争忍不相寻”，纵使如此怨恨，我又怎么忍心不去苦苦追寻。这一句独白，表明她怨中有爱，心中对负心郎还有旧情。如此矛盾，表现出女主人公复杂的内心世界。然而她又不得不面对令人心碎的现实：“怨孤衾。”“换我心，为你心，始知相忆深”，女主人公多么希望把自己的一颗心放在对方的心里，然后得到对方的心，以解她这相思之情。主人公发此痴想，足以显示她陷在这种思念和怨恨里不能自拔。

这首词深刻地展现了女主人公的内心世界，尤其是把女主人公怨中有爱的复杂心理展现得淋漓尽致。

谒金门

（南唐）冯延巳

风乍起，吹皱一池春水。闲引鸳鸯香径里，手挼红杏蕊。
斗鸭阑干独倚，碧玉搔头斜坠。终日望君君不至，举头闻鹊喜。

南唐时期的冯延巳是一位宰相词人。他的词在继承花间派词风的基础上又有所创新和突破，常常在怀人相思、感慨苦闷的同时，渗透着一种对生命和时间的体悟，含有一种忧患意识。

这是一首怀人相思之词，写一个思妇复杂的心理感受，情景交融，因物起兴。词开头一句"风乍起，吹皱一池春水"写主人公周围的环境。春天的池塘边，忽然间吹来一阵春风，池里的水漾起丝丝波痕。词人暗寓女主人公的心情好像一池春水，被什么东西引起了波动。但是什么引起了她的情绪波动词人并没有说明，而是以景寓情，给读者留下想象的空间。"闲引鸳鸯香径里，手挼红杏蕊"，这两句是倒装关系，此为格律和表现手法的需要，但倒装用到这里恰到好处。当她无聊地挼着红杏的蕊，逗引鸳鸯，看到他们成双成对地游在水中时，更感到自己的孤独，她羡慕鸳鸯，是因为夫君不在身边，自己不能像鸳鸯那样与配偶相伴相守。

"斗鸭阑干独倚，碧玉搔头斜坠"，写主人公独自倚在那曾经圈养斗鸭的栏杆上低头俯视，从对这个姿势的描写可以看出女主人公的心情低落。"斜坠"给人以一种快要掉下来的感觉，形象地刻画出了她百无聊赖的生活状态。接着写出了她不快乐的原因是"终日望君君不至"。词至此处，词人笔锋一转，写出这个妇女突然变得高兴的心情，原来"举头闻鹊喜"。喜鹊叫被人当作喜事的预兆，通过她听见喜鹊叫，便高兴地抬头望树这一动作，更深地刻画出她对爱人思念之切。

长相思

（南唐）李　煜

一重山，两重山，山远天高烟水寒，相思枫叶丹。

菊花开，菊花残，塞雁高飞人未还，一帘风月闲。

南唐后主李煜是一位极富才华的词人。他的词作柔婉却不俗艳，常常能深刻而生动地表达出对人生悲欢离合的理解，具有极高的艺术成就，被称为"千古词帝"。他的这首《长相思》是抒发其怀人相思之情的作品。

李煜面对内忧外患，心中承受了太多的悲情，这是一种带有国仇家恨的离愁。词的上片从山写起，那一重又一重的山，层峦叠嶂，心中的相思也如这一重又一重的山，连绵不断。山远天高，一眼望不到头，如同相思不绝。寒的不仅仅是雾气蒙蒙的水面，亦是主人公思人的心情。"相思枫叶丹"更是一句绝妙的比喻，相思像秋天的枫叶一样殷红，将自己的心境写得惟妙惟肖。词的下片从花写起，通过描写菊花的花开花谢，暗示词人思念的远隔千山万水的人已经不知经历了多少个花谢花开的周期至今未归。接着词人通过描写塞外的大雁来表达自己的相思之苦，"塞雁高飞人未还"，几度经年，边塞的大雁都可以高飞还故乡，而自己的亲人却还没有回来。“一帘风月闲”，亲人不归，珠帘闲置，独守空房的思妇只有望着外面的风月消磨长夜，相思愁苦，尽在词中。这首词，以景状情，词人用远山、烟水、枫叶、菊花、塞雁，营造出一种清冷、幽怨、深沉的相思氛围。

长相思

（北宋）林　逋

吴山青，越山青。两岸青山相送迎，谁知离别情？
君泪盈，妾泪盈。罗带同心结未成，江头潮已平。

林逋是北宋时期著名隐士。他喜欢赏梅养鹤，人称“梅妻鹤子”。他的词风清丽隽永，自然脱俗。

《长相思》是一首离情别绪词。此词以一名女子的角度，来写离别时的愁绪。“吴山青，越山青”，钱塘江北的吴山郁郁青青，钱塘江南的越山也十分清秀。起句以民歌的手法，叠用两个“青”字，将江南色彩鲜明的景色描绘出来。“两岸青山相送迎，谁知离别情”，两岸连绵不断的青山好像在迎来送往乘船的人，可是它们哪里明白这离别时的痛苦愁情？女主人公向青山发出抱怨，通过青山的无情来表达自己的有情，将离情别绪的表达由清丽转向深沉，为下文做铺垫。“君泪盈，妾泪盈”，由此开始描写人物的情态。女主人公与爱人送别时，双双眼里都含着热泪，表明两人彼此不舍之情。“罗带同心结未成，江头潮已平”，两人的同心结还没有做好，定情之期还没有确定，就要离别了，江水已经涨潮，开船时刻逼近，必须要离开了。此句词人借用江水的涨潮来催促两人的分别，也是衬托两人依依不舍的心境，抱怨江潮涨得太快了，还有好多的话儿没有说完。

此词较为显著的特点是反复咏叹，语言浅近易懂，情真意切，具有浓郁的民歌风味。词人借用江南的青山绿水，抒写女主人公的似水柔情以及对爱人的依依不舍，营造出余味悠长的意境。

蝶恋花

（北宋）柳　永

伫倚危楼风细细，望极春愁，黯黯生天际。草色烟光残照里，无言谁会凭阑意。

拟把疏狂图一醉，对酒当歌，强乐还无味。衣带渐宽终不悔，为伊消得人憔悴。

柳永，原名三变，字景庄，后改名永，字耆卿。祖籍河东（今山西永济），徙居崇安(今福建)。柳永的这首《蝶恋花》将相思之情写得凄清哀婉,悱恻缠绵。“伫倚危楼风细细,望极春愁,黯黯生天际”,词人久久地站立在高楼上望向远方,天空中的习习微风轻轻地拂过面颊,带来了一丝寒意。不尽的春愁,黯黯地出现在遥远无际的天边。起句点明春愁的主题,为全篇确立了伤感愁闷的感情基调。这漫漫无边的春愁生于遥远的天际,可见一定是天际的景致或回忆触动了词人内心的伤感愁绪,为下文埋下了伏笔。“草色烟光残照里,无言谁会凭阑意”,夕阳下碧绿的青草上弥漫着烟雾,迷茫惆怅中又有谁能理解词人内心的愁绪呢?而自己又不明说缘何而愁,这种无言的愁苦更令人心酸。

下片进一步描写内心主观感受,抒发怀人相思之情。“拟把疏狂图一醉,对酒当歌,强乐还无味”,词人想到了借酒消愁,希望醉酒后能忘掉忧愁,举杯高歌,可是他的愁苦始终萦绕在心头,这些放荡不羁的行为也不能将其消解,强颜欢笑,内心更苦。词人在此描写自己与春愁的百般缠绵,也是词人在表达自己相思之情的坚贞不渝。他越是被自己的情感痛苦折磨,越能说明他的这份感情之深。“衣带渐宽终不悔,为伊消得人憔悴”,词人为情所累,衣带渐宽,日益消瘦而无怨无悔,更显情痴意笃和这份感情之珍贵。以体态变化表达情感执着,寻常词语,遂成千古名句,可见柳永锤炼功夫之深。

八声甘州

(北宋)柳　永

对潇潇暮雨洒江天,一番洗清秋。渐霜风凄紧,关河冷落,残照当楼。是处红衰翠减,苒苒物华休。惟有长江水,无语东流。

不忍登高临远,望故乡渺邈,归思难收。叹年来踪迹,何事苦淹留?想佳人妆楼颙望,误几回、天际识归舟。争知我、倚阑干处,正恁凝愁!

这首词是柳永羁旅行役的名篇。陈廷焯《白雨斋词话》指出:“耆卿词,善于铺叙,羁旅行役,尤属擅长。”

词一开始以仄声“对”字发端,潇潇暮雨洒江天,背景开阔,也平添一种朦胧哀伤的气氛,更有一种黄昏时特有的黯然与惆怅。“一番洗清秋”,这几个字看起来极浅近,然而却饱含着深意。清秋是一个抽象名词,怎么能用来洗呢?其实这句是一个紧缩结构,应是说,经过这番潇潇暮雨的洗涤,便成了冷清的秋天。“一番”意为暮雨的时间并不长,为下面景色的描写做了铺垫。接着又用一个“渐”字来统摄,“渐霜风凄紧,关河冷落,残照当楼”,苏轼评此句云“此语于诗句不减唐人高处”(赵令畤《侯鲭录》),气象恢宏、高远。“霜风凄紧”写秋天的萧瑟、寒风凄紧逼人，“关河冷落”充满了历史的沧桑感，写关河、边塞的凋零，而“残照当楼”却又是另一番风情。夕阳余晖当头，一缕金色照着这冷落的关河，绮丽而又悲壮。接着词人的视线移到近处，“是处红衰翠减，苒苒物华休”，在这落日斜晖中，满眼都是花草凋零的衰败景象，词人由花草又想到大自然的一切事物，都在不知不觉中慢慢消散。“惟有长江水，无语东流”，一个跨越时空的长镜头，揭示出生生不息的自然规律，变与不变的宇宙人生命题使得作品词境宏阔，意义深邃。

下片“不忍登高”句中“登高”与上片呼应，收尽上片的秋景，词人分明已登高，却偏说不忍登高看见那样的景象。“归思”开启下片的羁旅之思。

故乡是那么邈远，可望而不可即，甚至连望也望不见，更是悲痛中的极致。那种思念像奔流的长江水一样，止也止不住。这真是词人愁肠百转之后说出来的伤心之语。“叹年来踪迹，何事苦淹留”，词人自责，自己羁旅一生追求仕途，然而仕途一无所成，内心痛苦不堪。“想佳人妆楼颙望，误几回、天际识归舟”，词人不由想到那些佳人是怎样的想念着自己，在楼头一次次地凝望，盼望自己归来，而都不知道错认了多少归舟，失望而归。“争知我、倚阑干处，正恁凝愁”，词人内心痛苦地呼喊道：妆楼上的爱人啊，你们怎知道我在这倚栏杆处，正有着无穷无尽的愁绪与悲伤！词人的愁是实，而词人想象佳人想他是虚，一虚一实，相互辉映，产生了缠绵悱恻的效果。

这首词产生百回千转、掩抑有致的效果，亦和音韵有很大关系，词以仄起，用“对”“渐”“望”“叹”等仄音作为提顿之语，恰如其分地表现出情感一气贯注而又真实自然的状态，让读者为之动容。

夜半乐

(北宋)柳　永

冻云黯淡天气，扁舟一叶，乘兴离江渚。渡万壑千岩，越溪深处。怒涛渐息，樵风乍起，更闻商旅相呼，片帆高举。泛画鹢、翩翩过南浦。

望中酒旆闪闪，一簇烟村，数行霜树。残日下、渔人鸣榔归去。败荷零落，衰杨掩映，岸边两两三三，浣纱游女。避行客、含羞笑相语。

到此因念，绣阁轻抛，浪萍难驻。叹后约、丁宁竟何据！惨离怀，空恨岁晚归期阻。凝泪眼、杳杳神京路。断鸿声远长天暮。

这首词为词人宦游浙江余杭一带时所作，在其羁旅词中别具一格。

第一片写景，在下雪前云层凝冻、天气黯淡之时，词人驾着一叶小舟，兴致颇高地离开了江中的小沙洲。“渡万壑千岩”概括了词人走了很长一段路程。“万壑千岩”出自《世说新语》，顾长康赞会稽山川之美：“千岩竞秀，万壑争流。草木蒙笼其上，若云兴霞蔚。”越溪，在浙江会稽若耶山下。溪流湍急，所以才会有“怒涛”句，而这波澜之后顺风突起，船行似箭，词人便听闻商旅相呼，风声、涛声、人声响彻江面，不亦乐乎。“泛画鹢、翩翩过南浦”，“画鹢”是指船头绘有鹢鸟图案的船，“翩翩”即轻快之意。从这里可以看出词人兴致颇高。

第二片写词人在舟中所见。“望中”三句是说，词人由江中渐渐到了岸边，看见了村落。远远望去，酒旗到处飘动，时隐时现，村庄不大，所以词人说“一簇”，而暮霭笼罩在村子的上空，给人朦胧的感觉，所以词人说烟村。围绕着村子的是几行“霜树”，这里形容天气已经转凉，和冻云相互照应，这些树有些寒气。接下来词人的目光由远及近，斜阳下，只听见合拍的渔歌声，这些渔人用木棍敲击着船舷，唱着欢快的渔歌，高高兴兴往家走去。接下来词人收回视线，写岸边的残荷与衰败的杨柳，词人此时写的虽然是哀景，但更是为了衬托人的生机。看那些两两三三的浣纱游女，欢声笑语，无忧无虑，当看到异性的船只驶进后，便含羞相向，争着躲避行客、窃窃私语着。词人用“避行客、含羞笑相语”八个字便把几个天真无邪的少女生动活泼地勾勒出来。第二片中词人的感情已经在对景的叙述中有了略微的变化，羁旅中的词人看着渔人归去，自己却形单影只，无处可归，岸边的哀景触动了词人的心扉。而浣纱女欢快的游玩情景，也让词人想到了自己的爱人。

第三片，词人开始追溯往事并抒情。“到此因念”三句，写自己对不起爱人，将绣阁轻抛，明知道自己漂泊不定，却还要将她抛下离京。“叹后约”二句，词人的心情由自责转向了悲痛，感慨当时相约后会有期，她的千叮咛万嘱托却无法实现，而千里之外的词人只能“惨离怀，空恨岁晚归期阻。凝泪眼、杳杳神京路”，满眼含泪，望着爱人所在的帝京，而路程却是遥远得无法想象。最后在“断鸿声远长天暮”中结束了词篇，哀鸿的声音正是词人悲伤心情的外化，而长天暮色更是与冻云黯淡的天气相呼应，从写天气寒冷而引申为内心的凄凉。

这首词将静态的景物写得富有活力，而且前面的景一直在为后面的情垫下伏笔。所以哀景结情，不绝如缕，明白如话，却又诗意连绵。陈匪石《宋词举》评曰：“若合全篇观之，前两段纡徐为妍，为末段蓄势；末段卓荦为杰，一句松不得，一字闲不得，为前两段归结。”

倾　怀

（北宋）柳　永

鹜落霜洲，雁横烟渚，分明画出秋色。暮雨乍歇，小楫夜泊，宿苇村山驿。何人月下临风处，起一声羌笛。离愁万绪，闲岸草、切切蛩吟似织。

为忆芳容别后，水遥山远，何计凭鳞翼。想绣阁深沉，争知憔悴损，天涯行客。楚峡云归，高阳人散，寂寞狂踪迹。望京国。空目断、远峰凝碧。

这首词是柳永的自度曲，为羁旅途中夜宿山驿所作，词迂回曲折，别有一番风情。上片写秋色秋景。“鹜落霜洲，雁横烟渚，分明画出秋色”，开头两句是对仗句，头三句特别富于动态美，词人不说霜洲有鹜或烟渚横雁，而是用倒装的句式写出，又用一个“画”字贯穿，确实别有一番风味。这三句是说，野鸭从水中上岸，停留于结霜的小洲之上，大雁横飞过烟霭笼罩的洲渚，画出了秋天的景色。这是词人在舟中所见。“暮雨乍歇，小楫夜泊，宿苇村山驿”，晚秋的雨刚刚停下，寒夜来临，词人便将小楫靠岸，在岸边长满芦苇丛的山村馆驿之中夜宿。前几句词人虽然一直在写景，但隐隐透露着词人的情，这些景中带有一些寒意，词人一路而来，目睹带有寒意的秋色，孤身寄宿在村驿旁，其孤独、悲伤的心情可想而知。然而“何人月下临风处，起一声羌笛”，这一声羌笛一下将词人本隐藏于心中跃跃欲动的千丝万缕的乡思与愁绪全都惹将出来。羌笛之声呜咽哀怨，词人在暮色黄昏的景色中是何等愁苦，逼出“离愁万绪，闲岸草、切切蛩吟似织”。岸草中蟋蟀急切的悲鸣与如泣如诉、呜呜咽咽的羌笛声不断传入词人的耳中，就像一首悲鸣变奏曲，织成了词人的愁网，秋色本已令人伤感，秋声更加让人不堪，而现在，词人已经难以抑制心中的万缕愁绪，于是引出下片的回忆。

下片主要表现词人的回忆及情感。“为忆芳容别后，水遥山远，何计凭鳞翼”，“鳞翼”，喻书信，古代有鱼腹、雁足传信的传说。词人与心爱的人离别之后，山高水远，无法通过书信传递彼此的消息。“想绣阁深沉，争知憔悴损，天涯行客”，词人就对方设想，伊人深居闺房，怎能体会出行客漂流天涯而“为伊消得人憔悴”的愁苦。词人饱尝天涯羁旅之苦，岁月的风霜已将他折磨得憔悴不堪。如果“绣阁”能知道他的苦楚，“鳞翼”能传消息的话，他至少能得到些许安慰与关怀，可是连这点小小的要求词人都不能得到满足，其内心深处的悲哀可想而知。“楚峡云归，高阳人散，寂寞狂踪迹”，“楚峡”句用典是说自己曾经结交的歌儿舞女都消失了，“高阳”句与上句是对句，亦有曲终人散之意。词人的一路是多么寂寞，一个“狂”字即可说明词人曾经的狂放与风流如今早已时过境迁，风消云散，只剩下一个人在天地间漂泊游荡。“望京国。空目断、远峰凝碧”，词人想远望京城，然而只有山峰凝碧，一个“断”字，将词人远望家乡而不得的惆怅心情描摹出来。这样的结尾更显低回惝恍而令人不能自已。陈匪石《宋词举》云：“此在柳词为委婉曲折者,所以屯田(柳永)为慢词之开山人也。"

雨霖铃

(北宋)柳　永

寒蝉凄切。对长亭晚,骤雨初歇。都门帐饮无绪,留恋处、兰舟催发。执手相看泪眼,竟无语凝噎。念去去、千里烟波,暮霭沉沉楚天阔。

多情自古伤离别,更那堪、冷落清秋节。今宵酒醒何处,杨柳岸、晓风残月。此去经年,应是良辰、好景虚设。便纵有、千种风情,更与何人说?

柳永少时流连于汴京,喜欢在秦楼楚馆中恣情游宴,为人放荡不羁,终身潦倒。他善为诗文,作品在当时广泛流传,人称"有井水处皆有柳词"。其词对后世词家及金元戏曲、明清小说都具有重大的影响。在离情别绪词中,应首推他的这首《雨霖铃》。

每一位成熟的作者都有自己与众不同的艺术风格,人们对柳永风格的总结多为"婉约"。而在柳永的词作中,这首《雨霖铃》是流传最广的佳作之一。不仅在艺术风格上鲜明地体现了柳永词的代表性,在思想内容方面也具有显著的特点。它表达了词人在悲苦无奈的离别中对爱人的真挚感情。此词的上片主要写临别时的感受,下片主要写别后的情景。全词起伏跌宕,声情双绘,将离情别绪表达得淋漓尽致。

"寒蝉凄切。对长亭晚,骤雨初歇",词人首先提到了"寒蝉",这是一种在秋季鸣叫的昆虫,以此点明写作时间。秋季在词中往往带有一种悲凉的气氛,词人描写蝉声,用了"凄切"这个词,这就让气氛显得更加凄清惆怅。开篇简单的四个字,就将通篇作品带入到了无限悲凉的情境之中。河岸边的树上有蝉鸣叫,这在平常人听来是无所谓的,但对于惜别的人听起来就别有一番滋味,备感凄凉悲切。"长亭"常指人们送行的处所,痴痴地对着临别的长亭,天空忽然下起了急雨,没多久又停止了,使得秋意更浓。前三句仅 12 个字,便描绘出分别的季节、时辰、地点和天气的变化,这些丰满的场景使读者如身临其境,心感其情。"都门帐饮无绪,留恋处、兰舟催发",从这句开始进入具体描写分别时的场面。江淹在《别赋》中有"帐饮东都,送客金谷",而柳永所写的,是他的恋人在长亭送别处为他摆下酒筵,他面对美酒佳肴,想起即将分离,惆怅万千。"留恋处、兰舟催发",此处是写实,看似没有渲染气氛的词,却以极为精练之笔刻画了环境和词人复杂的心理:一边是深深的留恋之情,一边是兰舟催发,这样的冲突在这离别之际显得极其尖锐。离别之紧迫，连依依话别的时间都没有了，使感情的表达更加深沉。“执手相看泪眼，竟无语凝噎”，寥寥11字，将两个泪眼蒙眬的人依依不舍地牵着手，心有千言万语却不知怎样说出口的哀婉情景尽现眼前。此处无声胜有声，这样深厚的感情怎能不令人动容。“念去去、千里烟波，暮霭沉沉楚天阔”，不管多么不舍，终究还是要离别的。水路千里迢迢，两个“去”字的连用让人觉得路途十分遥远和艰辛，也是词人以此来表达临别恋人为对方的担心。水路一片迷茫，江河之上，由于刚刚下完一场骤雨，水汽蒸腾，好似有一片烟波笼罩其上，可想旅途之艰辛。江河之上，笼罩着云雾，诗词中常用“烟波”来称呼江河。而沉沉的雾霭，反衬出了辽阔的天地，此句极有顿挫之感，更准确地传达了词人心头的压抑之情。

词的下片从人生感慨写起。词人先作泛论，“多情自古伤离别，更那堪、冷落清秋节”，这样的离情别绪并不是从“我”开始的，自古以来都是伤感的，更何况此刻又是这冷落凄凉的秋季，离别之悲要比平时更为强烈。“更那堪”三个虚字使人愁肠寸断心肺俱裂。柳永亲身体验了分别的痛苦，所以他才能说出这样的话来。“今宵酒醒何处，杨柳岸、晓风残月”，词人无力面对这样悲苦的离情别绪，他选择醉酒来麻醉自己的情感，以此来度过这难熬的夜晚。可是，醉酒容易，第二天早晨醒来，面对自己的将是异地陌生的景色，这又难免令他更加触景伤情，痛苦无奈。词人酒醒梦回，望见习习的晓风吹拂着岸边的一排排杨柳，一弯残月就挂在杨柳枝头。这写景的句子像一幅精美的工笔画，为读者呈现出清丽而伤感的画面。此句成为柳永光耀词史的名句。清人刘熙载《艺概》中说：“词有点，有染。柳耆卿《雨霖铃》云：‘多情自古伤离别，更那堪、冷落清秋节。今宵酒醒何处，杨柳岸、晓风残月。’上二句点出离别冷落，‘今宵’二句乃就上二句意染之。点染之间，不得有他语相隔，隔则警句亦成死灰矣。”“此去经年，应是良辰、好景虚设。便纵有、千种风情，更与何人说”，以前相聚在一起的日子，每逢良辰好景，彼此都很开心快乐，可是此刻一别，今后再有良辰好景也是形同虚设了，只不过是徒增惆怅而已。最后一句词人用此问归纳全词，虽起到收尾的作用，却令读者感到其哀愁之情已经收不住了。“更与何人说”，对应上片的“执手相看泪眼，竟无语凝噎”，又是一种无声胜有声的境界，将他与爱人临别之际的真情实感表达得缠绵悱恻，凄婉动人。

采莲令

(北宋)柳　永

月华收，云淡霜天曙。西征客、此时情苦。翠娥执手，送临歧、轧轧开朱户。千娇面、盈盈伫立，无言有泪，断肠争忍回顾。

一叶兰舟，便恁急桨凌波去。贪行色、岂知离绪。万般方寸，但饮恨、脉脉同谁语？更回首、重城不见，寒江天外，隐隐两三烟树。

柳永的这首《采莲令》也是书写离情别绪的名篇，成为流传千古的绝唱。柳永作为北宋时期第一位专心作词的词人，他对词的发展做出了很大贡献，在拓宽词的题材领域的同时，还自行填制了大量慢词，特别是对词的铺叙和白描手法的发展，使词从宫廷化、贵族化向平民化迈进了一大步。

他的这首《采莲令》，将其羁旅之愁和离别之恨融为一体，结构逐层铺叙，语言细密流畅，情感曲折婉转。很多描写离情别绪的词作，都是从一些比较凄凉的景色开始入题的，这样会立即将读者带入一种悲哀的氛围中，为下面寄托离情起到很好的铺垫作用，这首词也不例外，从描写景色入手。“月华收，云淡霜天曙”，仅仅八个字写景，言简意富。“月华收”，词人在形容月光渐渐消散的时候，用了一个“收“字，显得十分生动逼真。月亮的光芒渐渐消散了，夜晚已经过去了，也就表示离别之际到来了。而这个“收”字，不仅仅是在说月光，也是指词人过去与爱人相守的甜蜜时光渐渐消散了，表达词人在分别之际的难舍之情。此刻，“云淡霜天曙”，“霜天”点明了季节是在秋天。秋季是萧瑟的季节，更适合用来渲染离愁，加深痛苦的感觉。云淡天高，秋天的曙光也渐渐露出，分别的时刻已经来临了，不管两人多么不舍，还是要面对分离的现实。此词首句点明了离别的时间、季节、周围的背景和词人无奈的心境。“西征客、此时情苦”，词人直写自己内心的情感，在此定下了词的感情基调。“西征客”是说自己的目的地在西方，而一个“客”字，令人感到无限感伤。旅途匆匆，自己注定只是一个过客，没有永久的归属地，也不知道自己该停留在哪里，只是踏上征途，就难以摆脱永远漂泊的宿命。作为一个过客，词人在旅途中经历过太多太多的离别，而每一次离别都会让他痛彻心扉，让他觉得自己没有停下来的终点，只是匆匆穿行于每一个人生驿站。离别次数太多了，而再次经历这种离别时刻，那种痛苦的心情便更加沉重。“翠娥执手，送临歧、轧轧开朱户”，写恋人依依不舍相送的场面。“翠娥”是指词人的恋人，她“执手，送临歧”，牵着词人的手不肯分开，坚持要把他送到路口，她慢慢开启朱红色大门，大门开启时发出的阵阵响声像是在替她叹息。可见“翠娥”心中的悲伤词人是十分明了的，不然怎能感受得到那朱门的吱呀声就是她内心发出的叹息呢？词人以此来表达两人的两情相悦、心有灵犀。两人具有这样深深的彼此怜惜之情，却要面临分别的现实，令他们相爱却无法相守，这是何等令人感慨啊。“千娇面、盈盈伫立，无言有泪，断肠争忍回顾”，写分别之际“翠娥”的具体情态。词人先是描写她的美貌：“千娇面、盈盈伫立”，我们由此可以想象出，她一定有着绝美的容颜、曼妙的身姿。她亭亭玉立地伫立在路口，在分离的最后一刻，双眼含泪，却一句话也说不出来。“无言有泪”，词人又一次运用无声胜有声的心理情景描写，来体现感情之深，与其在《雨霖铃》中的“执手相看泪眼，竟无语凝噎”有异曲同工之妙。爱人的“无言有泪”都滴落在词人心里，他不忍面对这双泪眼，只能强忍悲伤，头也不回地向前走。“断肠争忍回顾”，一个人连爱人的最后一面都不忍见了，可见感情之深、离别之痛。

词的下片侧重表现羁旅离别之愁，是分离后词人一个人在旅途中的心灵感受。“一叶兰舟，便恁急桨凌波去”，船速飞快，这令词人的心情更加难过。分离之人，不忍很快远离对方，可是疾速行驶的船不断拉大与对方的距离。责怪船的速度，更反映出内心不舍的心情。其实船未必开得多急多快，而是词人在难以离舍的心情下觉得桨急船快。“贪行色、岂知离绪”，船家要急着赶路，却不知道词人心中那离别的愁绪。离别时分选在了清晨，想必是为了早早上路，以便早日到达目的地。可词人的心情却并不如此，他只是希望自己能再多看爱人一会儿，能多与她相处一会儿，他的心情也因为船的“急桨凌波”而愈发沉重了。“万般方寸，但饮恨、脉脉同谁语”，自己已经离去了，看不见爱人的身影了，纵使有千种心事，又能和谁说呢？这些衷情只能深深埋在心底。“更回首、重城不见，寒江天外，隐隐两三烟树”，万般苦痛中，词人忍不住回首再看一眼这熟悉的场景，可没想到，重叠的城郭已经没有一点踪影，只望见三两株带着寒气的烟树，与浩茫的江天相接连。这样的情景给人以虚幻的感觉，虚幻中又透着凄凉，就像词人的人生、感情一样，寻不到踪迹，只见一片茫然。此词的结句以写实的风景描写，生动形象地表现出词人此时悲愁至极而又迷茫无奈的心境。

柳永的这首《采莲令》，文字生动，感情缜密，铺排精巧，意曲而情深，把离别之情与羁旅之愁融为一体，表现得淋漓尽致，得到了很多词论者的好评。

苏幕遮

（北宋）范仲淹

碧云天，黄叶地，秋色连波，波上寒烟翠。山映斜阳天接水，芳草无情，更在斜阳外。

黯乡魂，追旅思，夜夜除非，好梦留人睡。明月楼高休独倚。酒入愁肠，化作相思泪。

范仲淹是宋代的名臣，同时也是文学家、词人。《苏幕遮》曲调为西域传入的唐教坊曲，宋代词家用此调另度新曲，又名《云雾敛》《鬓云松令》。双调，62字，上下片各四仄韵。

开头两句以天地对照来描绘辽阔苍茫、境界阔大的秋景。天上碧云茫茫，地下秋叶遍布，六个字描绘出略带清愁却又苍莽的秋景。元代王实甫《西厢记·长亭送别》一折所云“碧云天，黄花地，西风紧，北雁南飞”，即由此词点染而成。“秋色连波，波上寒烟翠”，此句极尽绵邈之意，苍茫的秋色与水上波浪相连，而在这波浪上轻轻笼罩着苍翠的寒烟。与前两句“碧”“黄”形成色彩的对比，描绘出一幅色彩斑斓的画面，“寒烟”“黄叶”等景物又总是给人以微微的伤感和寒意，为下文的抒情做好铺垫。“山映斜阳天接水”，斜阳在天空，应该是斜阳的余晖洒在山上，可是词人偏要说“山映斜阳”，更能显示出山、水、天在斜阳映照下融为一体、互相辉映的画面。“芳草无情”，景物描写的感情色彩趋向明显，词人说芳草无情，其实更是说自己有情、重情。“更在斜阳外”则将羁旅秋思进一步扩展开来，由近而远，留下无限想象。

过片直接抒情，“黯乡魂，追旅思，夜夜除非，好梦留人睡”，“黯”形容心情忧郁，“黯乡魂”是用江淹《别赋》“黯然销魂”语。词人居身在外，羁旅之思始终纠缠着他，让他神思黯然，伤心不已。一个“追”字，可见词人是多么想摆脱这羁旅的痛苦，回到家乡。除非夜夜是回家的好梦，才能使人入睡，否则只能是思乡到天明，词人不说自己不能入睡，而用相反的意思道出，更能增加其思念的强烈。“明月楼高休独倚。酒入愁肠，化作相思泪”，词人夜间无眠，想在高楼上凝望月亮，不想月亮更增加了他的孤独、寂寞之思，词人只能发出“休独倚”的叹息，于是词人想借酒来浇除心中的乡愁和痛苦，没想到又失败了，进入愁肠，还是化作了相思的眼泪。

词句层层递进，反复诉说词人无论如何都摆脱不了的思乡之情，读完让人哀叹不已，缅怀不已。这首词感情真挚，柔中带骨，哀婉却不失沉雄之气。

御街行　秋日怀旧

（北宋）范仲淹

纷纷坠叶飘香砌。夜寂静、寒声碎。真珠帘卷玉楼空，天淡银河垂地。年年今夜，月华如练，长是人千里。

愁肠已断无由醉。酒未到、先成泪。残灯明灭枕头敧。谙尽孤眠滋味。都来此事，眉间心上，无计相回避。

范仲淹词通常都以意境阔大、气势磅礴取胜，然而他的这首描写离情别绪的《御街行》却是以柔婉绮丽流传千古。此词的上片以写景为主，用凄冷的景色衬托主人公的感情。“纷纷坠叶飘香砌。夜寂静、寒声碎”，词人先从落叶写起，枯黄残败的落叶轻盈地落在地上，这么细微的声响被词人敏锐地捕捉到了，以表现夜晚的宁静，词人能够心细如尘，足以说明词人内心的孤寂。用一个“寒”字来写落叶的声音，给这些落叶赋予了生命。声音本来是没有生命的，而词人称其为“寒声”，不仅仅是要渲染出秋季的寒冷，更是在传达着落寞的心境。而后面的一个“碎”字，表达了词人内心的凄苦悲哀。此词首句通过对秋声秋色的描绘，渲染出秋夜寒寂的景象，将词人内心的苦闷孤寂委婉地表达出来，为全词奠定了悲凉的基调。“真珠帘卷玉楼空，天淡银河垂地”，他起身将珠帘卷起，抬头仰望夜色，只见天色清淡如洗，星河垂地。这句描写的感情十分细腻，色泽绮丽，有些花间词人的风格，而又不完全是花间词风，其中透露着一种清劲刚烈之气。“年年今夜，月华如练，长是人千里”，这寂静的天空中的一轮明月触发了词人内心世界的幽邈情思。每年今夜，月光都皎洁如练，可惜爱人却远在千里之外，不能相守，不能共赏良辰美景。这种细腻的情感，词人却以骨力遒劲、声情顿挫的笔触表达出来，给人以一种新奇的感觉。

词的下片主要抒写词人长夜不寐的孤寂、无法排遣的忧愁别恨。“愁肠已断无由醉。酒未到、先成泪”，词人不耐苦寂之情，借酒消愁。可是“愁肠已断”，酒也无法让自己得到解脱，还没有饮下酒，就已经化成了感伤的泪水。很多人会用“断肠”来形容切身之痛，来表达自己幽伤之感，而词人此刻用“愁肠已断”来说自己的心痛，更进一层，可见其愁思之深重、情意之凄切。“残灯明灭枕头欹。谙尽孤眠滋味”，词人接下来继续写自己苦闷的心情。屋外的明月映衬着屋内的孤灯，两相对比，自成一种凄凉的氛围。词人斜靠着枕头，无语凝噎，静静地望着这一切，不禁黯然神伤。“谙尽”一词对应了上片的“年年”，体现这份愁苦并非一日形成，而是由来已久。这句独白十分富有感情，令人读之动容。“都来此事，眉间心上，无计相回避”，怀旧的情感根本无从回避，不是在心头萦绕，就是在眉头攒聚。此句反复强调愁的转化，也是说愁情无处不在。后来李清照的《一剪梅》将此词的结句展开，变为“此情无计可消除，才下眉头，却上心头”，得到很多文学家的赞誉。

纵观全词，情中有景，景中透情，平常词语，乍看柔情似水，细细读来却感觉笔锋遒劲，暗含风骨。

一丛花令

(北宋)张　先

伤高怀远几时穷？无物似情浓。离愁正引千丝乱，更东陌、飞絮濛濛。嘶骑渐遥，征尘不断，何处认郎踪！

双鸳池沼水溶溶，南北小桡通。梯横画阁黄昏后，又还是、斜月帘栊。沉恨细思，不如桃杏，犹解嫁东风。

张先是北宋时期的著名词人，他善作慢词，与柳永齐名。他的词作常常反映士大夫的诗酒生活和男女情爱，词风含蓄委婉，情韵浓挚，意象丰富，语言凝练。

此词以一位女子的口吻来表达相思之情。“伤高怀远几时穷”，开头用了一个疑问句，引起全篇。这样伤高怀远的苦痛到何时才能结束啊？从起句我们不难看出，女主人公一定是经历了长久的离别，内心郁积了很多的苦闷，她一定是体验过多次的登高怀远，才能发出这样的感慨。“无物似情浓”，登高怀远的愁苦之所以无穷无尽，大概就是因为这世界上没有什么事情比真挚的爱情更为浓烈的缘故吧。“离愁正引千丝乱，更东陌、飞絮濛濛”，此句刻画的是伤离别的女主人公面对随风飘扬的飞絮的内心感受。她看见万千条随风飘扬的柳丝，觉得自己的心绪更加凌乱了，她甚至责怪是这飘扬的柳絮引起了自己的愁绪。柳絮本是客观事物，是没有感情的，可是女主人公却在责怪它们，可见她内心的愁苦有多深。“嘶骑渐遥，征尘不断，何处认郎踪”，女主人公遥想当年，自己的爱人骑着嘶鸣着的马儿逐渐远去，急促的马蹄将沙尘踏起，爱人的身影渐渐消失在迷茫的沙尘中。此刻她再次登高远望，可是，哪里还看得见自己爱人的身影呢？

下片继续描写登高之所见。“双鸳池沼水溶溶，南北小桡通”，鸳鸯成双成对地在池中嬉戏玩耍，小船往来于池塘南北两岸。女主人公看见鸳鸯双宿双栖，不由得联想起自己孤身一人承受着思念的痛苦，触景生情，回忆自己曾经与爱人也有过这般甜蜜的美好生活。“梯横画阁黄昏后，又还是、斜月帘栊”，已经是黄昏时分了，她的目光由远处的天际回到了眼前自己居住的楼阁。只见梯子横斜着，整个楼阁都已被黄昏的暮色所渲染，一轮明月挂在天空，斜照着窗户和帘子。此句虽然只是室内物态的描写，但是通过这些物态我们可以感受到女主人公的孤寂。这室内，曾经是女主人公与爱人度过甜蜜时光的地方，可现在物是人非，室内的陈设没有变化，只是自己的爱人不知身在何方了。“沉恨细思，不如桃杏，犹解嫁东风”，女主人公想来想去，觉得自己的命运还不如那盛开的桃花杏花，虽然会经历风雨，但是东风将它们带走，可以厮守在一起，自己却只能留在这楼阁之中，终日思念身在远方的爱人。结尾通过形象而新奇的比喻，传达了女主人公对爱情的执着和向往，对青春的珍惜和留恋，对寂寞苦闷的无奈和感伤，成为流传千古的经典名句。

千秋岁

（北宋）张　先

数声鶗鴂，又报芳菲歇。惜春更把残红折。雨轻风色暴，梅子青时节。永丰柳，无人尽日花飞雪。

莫把幺弦拨，怨极弦能说。天不老，情难绝。心似双丝网，中有千千结。夜过也，东窗未白凝残月。

张先的这首《千秋岁》上片通过对景物的描写来暗示自己因爱情受阻而情绪苦闷。“数声鹈鴂，又报芳菲歇”，鹈鴂一声声地啼叫着，又到了百花凋零的季节了，起句便营造出了悲凉的氛围。鹈鴂出自《离骚》中的“恐鹈鴂之先鸣兮，使夫百草为之不芳”。此句中用了一个“又”字，可以看出他有愁苦积怨已经不是短时间了，又到了一年春季逝去的季节，可见时间之久。“惜春更把残红折”，虽然词人的内心对美好的春光充满了怜惜和爱意，可惜那些盛开的繁花还是凋零了，春天还是逝去了。词人在此用美好的春光比喻自己的感情，虽然十分美好，自己也十分珍惜，可是依然无法阻挡它逝去的步伐。“雨轻风色暴，梅子青时节”，树上的梅子已经变成了青色，却被无情的狂风暴雨打落了。此句表面上是写青梅被风雨打落，美好春光逝去，实际上是暗示自己之不幸遭遇。“永丰柳，无人尽日花飞雪”，在一场狂风暴雨后，春天就逝去了，柳絮如同飞扬的雪花在天空中飘飘荡荡。

下片开始转折。“莫把幺弦拨，怨极弦能说”，词人将笔触落到了琴弦上。不要再去拨弄那悲伤的琴弦了，如果内心的愁苦积怨很深，那琴弦就会发出悲苦的声音。“天不老，情难绝”，天是永远不会老去的，就像词人的感情一样，永远不会断绝。此句化用李贺“天若有情天亦老”的诗句，但与李贺的用意有别。李贺所表达的是感情让人容易变得苍老，如果上天也懂得感情，上天也会变得苍老的。而词人是用天的永恒来比喻自身感情的永恒，表达自己对爱情的坚贞和执着。“心似双丝网，中有千千结”，人的内心就好像是用丝线编织的复杂的网，其中有成百上千的心结。这句话十分生动形象地传达出词人内心的纠结状态，也表达出词人不可能从感情中超脱出来之意。“夜过也，东窗未白凝残月”，情思还没了结，这一夜已经过去了，词人抬头望向东窗，天空还没有泛白，而天际处还挂着一轮冰冷的残月。用此种意象来结束此词，韵味悠远而情思深切。

蝶恋花

（北宋）晏　殊

槛菊愁烟兰泣露，罗幕轻寒，燕子双飞去。明月不谙离恨苦，斜光到晓穿朱户。

昨夜西风凋碧树，独上高楼，望尽天涯路。欲寄彩笺兼尺素，山长水阔知何处！

此词主要表达的是词人暮秋怀人之情。上片与很多离情别绪词一样，从景物起笔，通过对景物的一些描写渲染出一种悲凉的氛围。“槛菊愁烟兰泣露，罗幕轻寒，燕子双飞去”，首句就为读者描绘出一幅凄艳幽深的景象，虽然没有写人，但读者可以由此感受到其人物的心境一定是悲凉、迷离而孤寂的。词人从秋晓时分庭院里的景色入手，一片菊花上笼罩着一层淡淡的薄雾，仿佛是菊花脉脉含愁地伫立在那里，而那娇艳的兰花上正含着露珠，仿佛是在偷偷地哭泣。菊花和兰花通常用来形容人高洁的品格与清高的个性，而词人用“愁烟”“泣露”来形容菊花、兰花，为其赋予人物色彩，将女主人公哀愁的感情寄托在菊花和兰花之上。“罗幕轻寒，燕子双飞去”将情景的描写从室外转入室内。“轻寒”是指天气稍稍有些凉了，微微的寒气萦绕在周围，这也是在暗示词人的一种微凉心境。“燕子双飞去”点明了此时正是初秋时节，燕子飞往南方过冬了，这与前面的“轻寒”相对应，都是在渲染这种微微的寒气带给人的凄凉感受。燕子的“双飞”令词人想起自己的“独上”。她望着天边的燕子双双飞向南方，而自己却是孑然一身，在这里苦苦思念，不免更加悲伤和怅惘。“明月不谙离恨苦，斜光到晓穿朱户”，这一句在情感方面开始变得强烈了。天上的那一轮明月只是挂在空中，它却不能理解人间的愁苦。它依然将光线斜照在屋内，不管这样会不会引起人更多的愁绪。明月是自然景物，不理解人间愁苦很正常，人们不应该抱怨它，可词人却偏偏要抱怨它，这样近于无理取闹的抱怨，更使读者感受到其中的愁苦之情。人在极度难过时，会丧失一些理智，像词人这样不合常理的抱怨就算是其中的一种吧。我们仿佛亲眼看到女主人公在离恨的煎熬中对着明月发出重重叹息、夜不能寐的生动情景。

自古以来，明月就成为很多人用来寄托思念和表达离情别绪的伤感载体。张九龄在《望月怀远》中写道“海上生明月，天涯共此时”，苏轼在《水调歌头》中的怅问“不应有恨，何事长向别时圆”，张泌《寄人》便径直赞叹明月多情——“多情只有春庭月，犹为离人照落花”，而词人选择嗔怪“明月不谙离恨苦”，埋怨明月的优美沉静，亦是因自己置身离愁别恨的煎熬之中。

下片在时间上由昨夜过渡到了今晨，开始写女主人公登楼望远的场景。“昨夜西风凋碧树，独上高楼，望尽天涯路”，女主人公清早登楼远望，发现原本青翠碧绿的树木因为一夜的西风就全部凋零了，表现出了西风之猛烈无情，一夜之间就能让树木凋零。而词人选用了一个“凋”字，鲜明生动地表现出这样迅速突然的景色变化带给女主人公内心世界的震撼。这样萧瑟惨淡的情景，怎能不令人伤感？“独上高楼”，这里的“独”字与上片的“双飞”相互对应，“望尽天涯路”则是在说女主人公眺望时间之久与内心愁苦之深。也正是因为昨夜的一场西风，使得树木都凋零了，所以才有广阔萧瑟的场景呈现在女主人公的眼前，客观上有条件令她“望尽天涯路”。此句洗净铅华，虽为白描，却生动形象，表达出一种充满悲伤的感情，所以成为流传千古的经典名句。“欲寄彩笺兼尺素，山长水阔知何处”，女主人公登高望远却不见爱人，只好将自己的情感写在信中寄出去，以向爱人表达心迹。可突然笔锋一转，这茫茫的天地之间，不知道自己的爱人身在何方，这信件又怎能寄出？词人用这样的感慨夹杂着疑问的句子来收尾，令人感到情恨渺渺，意味深长。晏殊在其他作品中也有类似的结尾句，比如他在《踏莎行》中写道“当时轻别意中人，山长水远知何处”，在《无题》中写道“鱼书欲寄何由达，山远水长处处同”，与此异曲同工。

踏莎行

（北宋）欧阳修

候馆梅残，溪桥柳细，草薰风暖摇征辔。离愁渐远渐无穷，迢迢不断如春水。

寸寸柔肠，盈盈粉泪，楼高莫近危阑倚。平芜尽处是春山，行人更在春山外。

欧阳修4岁丧父，家境中落，渐至贫无所依，而其母郑氏以芦秆画地教他识字。欧阳修24岁中进士以后，他历任谏官、翰林学士、枢密副使、参知政事等要职，并经常和一些名流从游。

这首词是欧阳修羁旅行役的名篇，构思别致，描写深细，打破了传统词作上片写景、下片抒情的格局，而是上片写词人离家渐行渐远的离愁，下片从对方视角来抒思念之情，而乡思是其中的主线，贯穿全词。景情交融，由景到情，又由情转景，感情层次逐步递进，直入读者心底。

“候馆梅残，溪桥柳细，草薰风暖摇征辔”，“候馆”是旅舍的意思，当时梅花轻落，只剩下几片残瓣，小溪小桥，细细的柳条在春光中摇荡，“草薰”是指青草被日光蒸晒所散发出的香气；“辔”是马缰绳的意思。风暖日轻，词人在风暖香草中，骑在马背上，摇动着缰绳缓缓地向前走着。虽然词人写的是乐景，但是隐隐约约可以见哀情，一“残”字，一“细”字，显出词人内心的离愁。

“离愁渐远渐无穷，迢迢不断如春水”，词人渐行渐远，而自己的离愁却越来越浓，渐至无穷。词人用了一个比喻，词人离家，自己的离愁随着路途一样在延长，也如春水迢迢不断。

“寸寸柔肠，盈盈粉泪，楼高莫近危阑倚”，写词人想象家中思妇的情状，柔肠寸断，比喻极度悲伤，眼泪与脸上的脂粉一起流下。词人还体贴入微地告诉家人，不要登上高楼远望，因为自己越走越远，这样徒劳的远望只能增加思念的伤神与悲痛。

“平芜尽处是春山，行人更在春山外”，此句是说平坦的草地尽头是春山，而“我”更在春山之外的地方。

这首词用以客代主的方法抒写了对方对自己的思念，其实更是自己对家乡和家人的思念与一往情深。词人交叉使用比拟手法，眼中的景与心中的情缠绵交融，更具情味。这首小令言浅意深，虽有花间遗风，但是摒弃了花间词雕红刻翠的陋习，充满新的韵味与真情，正如清代刘熙载在《艺概》中称欧阳修能得冯延巳词之“深”。

玉楼春

（北宋）欧阳修

别后不知君远近，触目凄凉多少闷。渐行渐远渐无书，水阔鱼沉何处问。

夜深风竹敲秋韵，万叶千声皆是恨。故欹单枕梦中寻，梦又不成灯又烬。

欧阳修的作品一般都以深入浅出、精简流畅见长。离情别绪词也一如其风，委婉动人，又不失刚烈，无愧大家风范。

这首词主要是写离别后的孤凄苦闷和对远人深切的怀念之情。此词是欧阳修的早期作品，它受到了一些五代花间词风的影响，以女性第一人称的形式表达了闺中思妇面对离别时发出的深沉凄婉之情。全词以景寓情，情景交融，语言委婉曲折，文风深沉精细。“别后不知君远近，触目凄凉多少闷”，首句即表现出强烈的感情色彩。词人先是点明愁苦的缘由，即因为不知道爱人身在何方，所以触景伤情，感到十分苦闷和凄凉。“多少”一词看似模糊，读起来却令人感到复杂繁多，用这个词形容自己的苦闷之情，十分形象。“渐行渐远渐无书，水阔鱼沉何处问”，此句抒发远别的情状与愁绪。看着爱人越走越远，渐渐消失了，想询问他的下落都不知如何做，真是欲哭无泪啊。“渐行渐远渐无书”，重复运用三个“渐”字，将思妇的想象意念一层一层递进，在空间上从近处逐渐推向远处。可是去哪里询问他的下落呢？水面那么广阔，鱼儿在深处嬉戏，自己却无从得知爱人的消息。“何处问”三字，清晰地将她幽怨的心态刻画出来，使读者仿佛看到了她欲求无路、欲诉无门的那种痛彻心扉、无法排解的愁苦。

此词的下片通过对一些景物的逼真描写，深入细腻地刻画了女主人公的愁苦心理，抒发其夜不能寐的悲哀之情。“夜深风竹敲秋韵，万叶千声皆是恨”，昨天夜深时分，竹林被风吹得哗哗作响，这本是自然界的寻常景象，但在女主人公眼里都化成了一声声哀怨的叹息和悲恨。在与爱人离别后，女主人公独自守着空房，夜晚也无法入睡，听着远处传来的阵阵竹响，觉得这哪里是风声，这一声声都是她内心无限伤感之情的呐喊。“故欹单枕梦中寻，梦又不成灯又烬”，女主人公为了摆脱现实的苦况，便轻轻斜倚着枕头，想要尽快入梦，在梦中看见现实中寻觅不到的爱人。一个女子，只能通过梦境来见到自己思念的人，只能用这样自欺欺人的方式来麻痹自己，本已令人心碎，然而这点小小的心愿也无法实现，不但梦未成，连那最后一盏陪伴她的灯也油尽火熄。她陷入了黑暗之中，也陷入了感情的深度迷惘之中。灯燃尽了，自己与爱人相见的期盼也如这枯灯一般，飘缈无望。结句将整个氛围带入了暗淡、幽怨、迷茫之中，令读者感受到深沉的艺术魅力。

生查子

（北宋）欧阳修

去年元夜时，花市灯如昼。月上柳梢头，人约黄昏后。
今年元夜时，月与灯依旧。不见去年人，泪满春衫袖。

欧阳修这首《生查子》语言明白如话，回环错综，极富韵味。

此词上、下片结构基本相同，内容上有相似之处，但是在所要传达的情感方面有着极大的不同。此词上片主要写曾经的美好时光。“去年元夜时，花市灯如昼”，起句便将读者带到了去年的时候，那时正值元夜，街上的花市十分热闹，花灯将街道照得好像白天一样明亮。“月上柳梢头，人约黄昏后”，自己与恋人相约，在月上柳梢的黄昏后会面。此句是说在元宵佳节的时候，自己与恋人不在意能否欣赏到满街的花灯，而是彼此寻觅对方，与心爱的人相见。他们避开拥挤的人群，在黄昏月上之时相见，互相倾诉爱慕与衷肠。这是多么甜美的爱情画面。

词的下片，词人笔锋一转，写到了现在的孤寂。“今年元夜时，月与灯依旧”，今天又是元宵佳节了，月亮依旧高挂在柳梢枝头，街上的花灯仍然将街道照得亮如白昼。在时间上，从上片的去年直接转到下片的今年，月亮和灯光依旧。这与去年颇为相似的环境很容易令人去联想，那么相爱的两个人今年怎么样呢？“不见去年人，泪满春衫袖”，可惜词人却见不到自己一往情深的恋人了，相思的泪水将春天的衣衫都打湿了。词人将“去年”与“今年”元宵夜的情景相互对比，刻画了一段缠绵悱恻、难以忘怀的爱情，传达出内心深处的失落感和孤独感。

卜算子 送鲍浩然之浙东

（北宋）王　观

水是眼波横，山是眉峰聚。欲问行人去那边，眉眼盈盈处。
才始送春归，又送君归去。若到江南赶上春，千万和春住。

北宋词人王观，其词内容相对单薄，境界比较狭小，但构思新颖，语意清丽，这首《卜算子》是其离情别绪词中的代表之作。

此词描写送别时的情景和主人公的心态。与其他作品大为不同的是，笔调生动活泼，语言轻巧风趣，比喻巧妙别致，没有直言哀愁，也没有描写伤感景物，可是读完全篇后，一种淡淡的伤感之情挥之不去。

上片着重写两人在离别之际的状态。"水是眼波横，山是眉峰聚"，起首两句，语言十分风趣，将自然界中的水和山化为人流动的眼波和紧蹙的眉毛。在主人公眼中，在这离别之际的江水那么的清澈明亮，让他不禁想起他所思念的人的流动的眼波，牵动着他的思绪，而一路上那连绵不断的山峰，仿佛是他思念的人那紧蹙的眉毛，依依不舍地望着他远去的背影在伤神。当友人离去的时候，一路上的山山水水都化成了思念的人的样子和情态，足见两人的感情之深厚。"欲问行人去那边，眉眼盈盈处"，词人接下来开始点明行人的目的地是"眉眼盈盈处"。"眉眼盈盈"既是指美好的山水清秀明丽，又是指词人所思念的人眼中的盈盈波光。想要得知行人此行的目的地是何处，是那美好的山光水色，而他一心牵挂着的就是眉眼盈盈的人儿啊。此句送别场景写得生动传神，而又极为含蓄委婉。

下片词人直抒胸臆，抒发其离愁别绪和对友人的深情祝愿。"才始送春归，又送君归去"，直接点明了此为送别的场景。词人连续用了两个"送"字与两个"归"字，重叠递进，将其悲伤却又无从选择的愁苦描写得极为深切。先是送走了美好的春天，现在又要送别友人，这一缕缕不得不割舍的情丝让人感到词人在面对离别时的无奈和无力。"若到江南赶上春，千万和春住"，词人在结尾处表达自己对友人的祝愿和嘱咐：你到了江南之后，如果那里正是春天，一定要和美好的春光相伴。这是词人在送别时强压着内心的苦楚、沉痛，对友人给予的美好祝福，以此来替代伤感的话别，不仅使别情得到升华，也使词的兴味倍增。

南乡子　送述古

（北宋）苏　轼

回首乱山横，不见居人只见城。谁似临平山上塔，亭亭，迎客西来送客行。

归路晚风清，一枕初寒梦不成。今夜残灯斜照处，荧荧，秋雨晴时泪不晴。

苏轼是北宋时期最有代表性的文学家之一。他是"豪旷词风"的代表人物，写出了许多跌宕起伏、悲壮大气的词作。他的离情别绪词，也是一改他人的柔媚哀怨，写得情真意切，大气磅礴，《南乡子》就是这方面的代表作品。

北宋熙宁七年(1074)年,苏轼的同僚与好友陈襄移守南都,苏轼追送其至临平,写下了这首送别词。此词中,词人将山塔、秋雨拟人化,以此表达其在临别之际的内心感受,虽无缠绵哀怨,却将读者带入离别的伤感情境之中,表现出词人不凡的文字功力。“回首乱山横,不见居人只见城”,起首两句写词人在两人分手后回望离别之地的情景,抒写了其对无限美好往事的怀念和对友人依依不舍的情感。“乱山横”,只能远远地望见城郭模糊的轮廓,却已经看不见城内来来往往的人影了。词人从眼前的实景落笔,给读者一种荒芜凄凉的感觉。“谁似临平山上塔,亭亭,迎客西来送客行”,接下来写到临平山上的塔,谁能像那临平山上亭亭玉立的塔一样,无动于衷地迎客西来复送客远去?此句仍然是实景描写,以客观的山塔的无情无义,衬托词人主观的感情之深沉厚重。

下片开始描写词人在归途中思念友人的情态。“归路晚风清,一枕初寒梦不成”,词人在归途中,一路都吹着凄凉的晚风,令人感到微微的寒冷。夜晚的枕头也有些冰凉了,词人躺在上面辗转反侧而无法入睡。此处描写营造出了一种凄清孤寂的氛围,渲染了词人此时悲凉的心境。“今夜残灯斜照处,荧荧,秋雨晴时泪不晴”,如豆的灯光发出微弱的荧荧光芒,窗外的秋雨已经停了下来,可是词人却无法抑制自己的眼泪静静地流淌。这里选用了两个“晴”字把雨和泪联系起来,比喻贴切而新颖,令读者更加直接和真切地感受到词人的思念之苦,令人为他们的分离深感惋惜。

卜算子

(北宋)李之仪

我住长江头,君住长江尾。日日思君不见君,共饮长江水。
此水几时休,此恨何时已。只愿君心似我心,定不负相思意。

北宋的李之仪擅长填词,他主张作词应像晏殊、欧阳修那样重视意境的营造和情感的表达。他的词韵味悠远,情深意切,空灵清婉,感人肺腑。《卜算子》是其怀人相思词中的代表作品。

此词语言明白如话,层次清晰,将女主人公的思念之情表达得淋漓尽致。此词以长江起句,“我住长江头,君住长江尾”,我居住在长江的上游,你居住在长江的下游。由此可以看出,女主人公和爱人分别住在长江的头和尾,可知两人相隔之遥远,也从侧面烘托出女主人公对爱人的思念之情是多么深刻。“日日思君不见君,共饮长江水”,我每天都在思念着你,但是无法见到你,好在我们虽然无法见面,但是我们共同饮着长江里的水。长江的江头江尾相隔万里,女主人公思念爱人难以相见,只能从共饮的江水中找到慰藉,使读者不由得对女主人公更加怜惜。

此词下片仍围绕长江之水，进一步抒发女主人公的相思情感。“此水几时休，此恨何时已”，这绵绵不断的长江之水啊，何时才能休止？我这绵绵不断的相思之情啊，何时才能结束？“只愿君心似我心，定不负相思意”，我只希望你的心和我的心一样，永久相连，我就一定不会辜负这相思的情意。江水难竭，此恨难休，但只要爱人与自己一样挂念着彼此，女主人公的心里就会得到安慰。由此可见她对爱人思念的强烈和对爱情的执着。

临江仙

（北宋）晏几道

梦后楼台高锁，酒醒帘幕低垂。去年春恨却来时。落花人独立，微雨燕双飞。

记得小苹初见，两重心字罗衣。琵琶弦上说相思。当时明月在，曾照彩云归。

晏几道是北宋时期的著名词人。他的词风浓致深婉，措辞精妙，绮丽却不俗艳，韵远而情深，善于抒发内心深处的情感。他的作品中很多都是描写怀人相思之情的。

此词是晏几道怀念歌女小苹的作品。晏几道曾在《小山词·自跋》里说，沈廉叔、陈君龙家有几个歌妓，他每次填完一首词便交给她们演唱，自己与朋友一边饮酒一边欣赏她们的演唱。晏几道的大量词作就是通过歌女的吟唱才得以在世间流传，他与歌女有着不解之缘。“梦后楼台高锁，酒醒帘幕低垂”，起句就给读者带来一种梦幻的感觉。词人用梦醒后和酒醒后两种场景来表现他对歌女小苹的思念以及小苹离开给他带来的感伤，情真意切，缠绵委婉。词人由甜蜜的梦境中醒来，发现高楼紧锁，人去楼空，他牵挂的歌女小苹现在已经不在这座高楼之上轻歌曼舞了。词人在醉酒之后醒来，仍不见小苹的身影，只看见门帘低低地垂在那里，词人本是想借酒消愁，可惜酒醒之后依然为小苹的离开而感伤。“去年春恨却来时。落花人独立，微雨燕双飞”，词人想起去年与小苹分别时的场景，当时内心的离别愁恨此刻再次萦绕心间。此时已是满天的落花在飞舞，而词人独自一个人伫立在风中怀念她，天空下起了微微的细雨，燕子双双在天空中飞翔。去年春天离别时的场景又浮现在眼前，令词人感到无比的伤感。此句词人借用翁宏《春残》里的诗句：“又是春残也，如何出翠帏？落花人独立，微雨燕双飞。”

“记得小苹初见，两重心字罗衣。琵琶弦上说相思”，词人还清晰地记得与小苹初次相见时的场景，她穿着两重心字香薰过的罗衣，一边弹奏琵琶一边吟唱自己内心的相思之情。“当时明月在，曾照彩云归”，当初相见时的明月如今依然悬挂在夜空中，它曾经照耀着彩云般美丽的小苹归来。此句化用李白《宫中行乐词》中的“只愁歌舞散，化作彩云飞”。此词结构清晰完整，情景交融，传达出词人怀人相思的深婉情感。

思远人

（北宋）晏几道

红叶黄花秋意晚，千里念行客。飞云过尽，归鸿无信，何处寄书得？

泪弹不尽临窗滴。就砚旋研墨。渐写到别来，此情深处，红笺为无色。

晏几道从“寄书”二字发挥，运用夸张的手法写女主人公以泪研墨，以至于后来笺上的红色褪尽。“红叶黄花秋意晚，千里念行客”，起句说女主人公悲秋怀远，既点明了时令，又渲染了主题。当林叶都变成了红色，当黄色的菊花开遍了山野，就知道晚秋时节已经到来了。秋天的凄凉景色，不禁让女主人公思念起远在千里之外的游子来。“飞云过尽，归鸿无信，何处寄书得”，天空的白云不断地飘向远方，女主人公长时间仰望天空直到已经看不见云彩了，远处飞翔着归来的大雁，不禁再次让她想起了身在异乡的亲人，可是大雁却没有捎来心上人的书信，不知道他的消息，那自己的思念之情又要寄向何处呢？女主人公又一次陷入了失落的情绪中。此词写女主人公的情绪变化，一波三折，先写她晚秋时节的惆怅，再写仰望飞云的企盼，看到了大雁归来，心里生出一丝兴奋，可是没有得到任何心上人的消息，她又跌入失望的低谷中。

词下片开始对女主人公的动作形态进行具体的描写，进一步传达她的怀人相思之情。“泪弹不尽临窗滴。就砚旋研墨”，她此刻愈发地思念自己的爱人，站在窗前望着一切，然而物是人非，不禁流下了眼泪。眼泪流淌不止，滴落在砚台中，女主人公索性就用这泪水来研墨，书写哀愁。此句构思新颖，以泪研墨，别出心裁，却又合情合理，可见女主人公哀思之深。“渐写到别来，此情深处，红笺为无色”，女主人公回忆着与爱人在一起点点滴滴的甜蜜时光，一直写到了离别之后，眼泪越来越多，又滴落到了红色的信笺上，竟然将信笺的红色渐渐浸褪了。词人以此句作结，婉转入微，情真意切。

少年游

（北宋）晏几道

离多最是，东西流水，终解两相逢。浅情终似，行云无定，犹到梦魂中。

可怜人意，薄于云水，佳会更难重。细想从来，断肠多处，不与者番同。

晏几道词，工于言情，措辞婉妙，浓致深微。他写的离情别绪词更是别有一番风味。此词语言简练柔美，离别怨情充盈字里行间。

上片首句便列出一个物象，探寻其特质。“离多最是，东西流水，终解两相逢”，词人以往往面临着离别的东西流水喻诀别，然而它们离别虽多，却最终能在一处汇合相聚，说明流水的特质不足以比喻诀别。“浅情终似，行云无定，犹到梦魂中”，词人又选择白云喻诀别，然而天空中缥缈的白云，虽然没有固定的处所，随风而逝，可是却可以飘进人的梦里，亦也不足以比喻诀别。由此可见诀别之痛无物可比，令人读起来有柔肠百转之感。

下片写人的感情。“可怜人意，薄于云水，佳会更难重”，行云流水本是无情之物，可是在苦苦盼望着重逢的人心中，人情之薄要远远甚于云水。上片所描写的无情云水，在这里又变成了有情之物，更加突出了人有情却难相聚之苦。接下来词人直抒情怀：“细想从来，断肠多处，不与者番同。”仔细回想过去伤心的时刻，虽然往往也痛得有断肠之感，可与现在相比，那都不算什么了。尾句语意沉痛，不加掩饰地宣泄和表达了自己的伤痛失望之感，读起来荡气回肠，曲折有致。此词语言虽简短明了，表达的感情却深沉厚重。词人正是运用这种独到的艺术手法，令全篇一唱三叹，一波三折，营造出往复回旋的词境。

鹧鸪天

（北宋）晏几道

醉拍春衫惜旧香。天将离恨恼疏狂，年年陌上生秋草，日日楼中到夕阳。

云渺渺，水茫茫。征人归路许多长。相思本是无凭语，莫向花笺费泪行。

晏几道的这首《鹧鸪天》通过对往事的追忆抒发内心的离恨之情。上片词人以室内的角度来抒写内心的离情别绪。“醉拍春衫惜旧香”，词人内心愁苦，便借酒消愁，酒醉之际，他拍打着春天时穿过的衣衫，上面还残留着爱人曾经与自己欢乐地生活时带有的香气，这熟悉的气息勾起了词人内心的伤感，使词人不禁怀念起曾经的快乐时光。由一个“醉”字，可以看出词人内心的愁绪不是一时之痛，而是日积月累才形成的，词人纵情饮酒来麻醉自己的痛苦。“天将离恨恼疏狂”，词人认为自己本是性情豪放洒脱之人，可是今天却也被离情别绪困扰。此句强调，这份离愁是无法化解的。“年年陌上生秋草，日日楼中到夕阳”，年复一年，每次词人都能看到那一望无际的秋草生长在陌上；日复一日，每天词人都能在楼阁中看到下沉的夕阳。词人用这种日复一日、年复一年的景致，来表达自己时时刻刻的思念之情。也正是这长久的眺望，不见爱人的归来，加重了离别之苦。

下片词人将目光转向室外广阔的空间。“云渺渺，水茫茫”，远处天空的白云那么虚无缥缈，茫茫无际的水面那样广阔。触景伤情，在一望无际的空间中，更是无法寻觅到爱人的身影。“征人归路许多长”，远处征人的归乡路途是那么的漫长。“相思本是无凭语，莫向花笺费泪行”，相思之情本来就是内心沉默的折磨，是无以言表的，那又何必将相思之情写在信笺上，徒然流泪伤感呢？此句决绝之辞，足显相思之执与哀愁之重。

满庭芳

（北宋）秦　观

山抹微云，天连衰草，画角声断谯门。暂停征棹，聊共引离尊。多少蓬莱旧事，空回首、烟霭纷纷。斜阳外，寒鸦万点，流水绕孤村。

销魂。当此际，香囊暗解，罗带轻分。谩赢得、青楼薄幸名存。此去何时见也，襟袖上、空惹啼痕。伤情处，高城望断，灯火已黄昏。

秦观是北宋后期著名的婉约词人，其词一向以柔美哀怨著称，他的很多名作中不少是写离情别绪的。

这首《满庭芳》是秦观最杰出的词作之一，笔法高超，意味深长，境界超脱，而且至情至性，仿佛令读者亲历那种伤离别的断肠之痛。起首句“山抹微云”，使秦观获“山抹微云君”之美称。“山抹微云，天连衰草，画角声断谯门”，为我们呈现出一幅凄凉的画卷。绵延不绝的山脉遮掩了一些漂浮的白云，令白云看起来若隐若现，在这一片雾霭茫茫中，衰草连天，傍晚时分，城楼处传来悠扬的吹角声，向人们报时。这一个“抹”字出语新奇，别有意趣。“抹”字的本意，是指用另一个颜色去掩盖原来的颜色。相传唐德宗贞元时阅考卷，如果考官发现有词理不通的，便“浓笔抹之至尾”。此处词人选用了这个“抹”字，极为高明，表现出山端微云若有若无的样子，勾勒出了一片雾霭茫茫的境界，同时也是在说他已经穷目远眺，极望天涯，表达自己深切的思念之情。词人在此刻写画角，不仅是为了点明具体的分别时间在傍晚，也是说这报时的号角像是在催促人快快远行，这样本来不带有任何感情色彩的号角声，在此刻也加重了词人内心的不舍和苦楚。接下来，词人开始写赋别、饯送的情景。“暂停征棹，聊共引离尊”，停下前进的船棹，互相告别。“多少蓬莱旧事，空回首、烟霭纷纷”，写送别时回忆的内容。往事不堪回首，已全部化为尘烟。“烟霭纷纷”四个字，虚实双关，前后相映。“纷纷”的烟霭，对应了前面的“微云”，以前的种种悲欢在此时的回忆里已经没有什么意义了，如同远处纷纷的雾霭，茫茫一片。“斜阳外，寒鸦万点，流水绕孤村”，词人极目远望，远处的斜阳映照着千万只寒鸦，淙淙的流水静静地绕过寂寥的村落。此刻转而来写眼前的景色，而没有继续写话别时的内容，说明词人已经不忍再沉溺在送别的伤感中，已经不敢再面对送别的氛围了，只好抬头远望辽阔的风景，寄托自己的情思。这种不忍，这种无言之痛，要比极力渲染痛苦的语言更有感染力，将痛苦不舍的感情刻画得更为淋漓尽致。离别时分的景象，在词人笔下极富美感，这样的凄美情景也在后来的离情别绪词中成为经典。

下片开始描写分别之际，两人情到深处的依依不舍。“销魂。当此际，香囊暗解，罗带轻分”，面对不得已的离别，两人也只能黯然销魂。“谩赢得、青楼薄幸名存”，这里选用了“杜郎俊赏”的典故。杜牧官满十年后便弃官了，从此一身清净，写下名句“十年一觉扬州梦，赢得青楼薄幸名”，充满了怨愤和戏谑之感。“此去何时见也，襟袖上、空惹啼痕”，今日一别，不知何时才能再次相见，离别时感伤的眼泪在襟袖上留下了痕迹。“高城望断，灯火已黄昏”，登高远望，已经是黄昏时分了，万家都点起了灯火，而牵挂之人的身影早已消逝在远方。在尾句用“望断”这两个字收笔，点破题旨，将词人的执着和不舍刻画出来，也是对这场离别悲景的收尾，余味无尽。

江城子

（北宋）秦　观

西城杨柳弄春柔。动离忧，泪难收。犹记多情曾为系归舟。碧野朱桥当日事，人不见，水空流。

韶华不为少年留。恨悠悠，几时休？飞絮落花时候一登楼。便做春江都是泪，流不尽，许多愁。

此词是秦观在暮春时节所作。上片通过对一些景致的描写引发词人对往事的美好回忆，抒发其暮春伤别之情；下片进一步感叹时光易逝，而往昔的美好时光再也不能重现，表达词人别后的无奈和伤感之情。

“西城杨柳弄春柔。动离忧，泪难收”，首句开始写景。西城那边的一排排杨柳被春风轻轻地吹拂着，好似有着千万种柔情，一想起即将要与爱人别离，眼泪就止不住地流淌下来。词人选用“杨柳”作为离别的背景，其实别有深意。杨柳通常会使人联想到青春的美好和易逝。词人将人物的感情赋予景物——舞弄着春柔的杨柳，而这种饱含深情的景色让即将离别的人们更加难以抑制自己的泪水。“犹记多情曾为系归舟”，点明了首句所提到的杨柳，不是随意的一片杨柳，而是靠近水岸长亭的杨柳，词人依稀记得当年曾经在此系舟的情景。“碧野朱桥当日事，人不见，水空流”，词人想起曾经在这里发生的离别情事，那时的恋人就踏着红色的桥面，远望碧绿的草原，在这里话别，可如今，只孤身一人在这里回忆，却不见恋人的踪迹了，只有那一成不变的淙淙流水徒自流淌着。一个“空”字，就将词人怀念时的惆怅感伤表露出来。

“韶华不为少年留。恨悠悠，几时休”，美好的时光不会因为少年的多愁善感和风华正茂而停下脚步，这悠悠不断的恨意，到何时才能终了？这里的“恨悠悠，几时休”与前面的“泪难收”“水空流”相呼应。“飞絮落花时候一登楼”，在登楼远望之际，恰巧又是杨花似雪的暮春时节，眼前一片凄美的景象。“便做春江都是泪，流不尽，许多愁”，那一泻千里的春江之水啊，其实都是相思的眼泪，这许许多多的愁绪也正如眼前的春水一样，永远也流不尽。此句是化用李煜《虞美人》中的“问君能有几多愁，恰似一江春水向东流”，虽不及李煜写得悲壮大气，但是作为离情别绪词，也委婉地表达出词人的苦楚。

八六子

（北宋）秦　观

倚危亭，恨如芳草，萋萋刬尽还生。念柳外青骢别后，水边红袂分时，怆然暗惊。

无端天与娉婷，夜月一帘幽梦，春风十里柔情。怎奈向、欢娱渐随流水，素弦声断，翠绡香减，那堪片片飞花弄晚，蒙蒙残雨笼晴。正销凝，黄鹂又啼数声。

这首《八六子》描写了秦观与一位歌女之间的思念之情，一波三折，时而回溯往昔的快乐时光，时而追忆离别之后的苦闷心境，时而感叹现实的残忍折磨，委婉曲折。“倚危亭，恨如芳草，萋萋刬尽还生”，词人斜倚着亭子的柱子，远方绵延不断的芳草就像他内心的情意一样，即使全部被割除掉，也会再生长出来。此词由情切入，起句即感叹此刻内心的苦闷，引起全篇。“念柳外青骢别后，水边红袂分时，怆然暗惊”，词人想起了与歌女分别时的场景。那时柳色青青，他们在水边挥手告别，现在想起来，那份难舍的感情仍然牵动着词人的思绪。

下片继续追忆自己与歌女在一起时的快乐时光。“无端天与娉婷，夜月一帘幽梦，春风十里柔情”，上苍不知何故，赐予歌女美丽的容貌与娉婷的身姿，在夜月下舞动，令词人神魂颠倒，仿佛那珠帘上沉淀着词人的梦，春风也带着柔情。此处是词人化用杜牧的诗句：“娉娉袅袅十三余，豆蔻梢头二月初。春风十里扬州路，卷上珠帘总不知。”接下来词人感叹好景不长，两人终将面临离别。“怎奈向、欢娱渐随流水，素弦声断，翠绡香减，那堪片片飞花弄晚，蒙蒙残雨笼晴”，往昔的那些欢娱随着流水远去了，琴弦断了，翠绿色的薄绢也不再舞动了，眼前那片片的花瓣随风飞舞，天空又下起了濛濛细雨，词人的内心更加凄苦悲凉。“正销凝，黄鹂又啼数声”，此词尾句融情入景，以景寄情，景语、情语水乳交融难分，词终意未终。

苏幕遮

（北宋）周邦彦

燎沉香，消溽暑。鸟雀呼晴，侵晓窥檐语。叶上初阳干宿雨，水面清圆，一一风荷举。

故乡遥，何日去？家住吴门，久作长安旅。五月渔郎相忆否？小楫轻舟，梦入芙蓉浦。

羁旅思归的主旋律一般是悲苦的，而清真（周邦彦号清真居士）这首词虽也思乡心切，却体现出清丽明快的风格特征。这首词上片主要写夏季清晨的景色，下片直抒乡关之情，景美情真，在传统的羁旅思归词中确是别具一格。

清真从小在钱塘长大，这里的湖光山色之美陪伴着他，陶冶着他，使他对大自然格外热爱，而且观察细致入微。

词的上片从嗅觉、视觉、听觉等各方面着笔，视角由近及远，形象逼真，惟妙惟肖，读完之后，读者仿佛置身其中，如临其境。“燎沉香，消溽暑”，《片玉集》中陈元龙注引东坡诗：“沉香作庭燎。”“燎”这里做小火煨炙讲，“沉香”是一种很名贵的香料。词句大概是说在室内细细焚香以消除夏天屋内的潮湿闷热。“鸟雀呼晴，侵晓窥檐语”，“侵晓”是天拂晓，即将要亮的时刻，鸟儿雀儿们在屋檐上探头探脑，叽叽喳喳地仿佛在说，天终于晴了。一“呼”字，一“窥”字，真是活灵活现，栩栩如生。“叶上初阳干宿雨，水面清圆，一一风荷举”，“初阳”说明天已经亮了，太阳出来了。在阳光的照耀下荷叶上的水珠干了，荷叶圆润清透，荷花亭亭玉立，随着微风一一颤动起来。“一一”更增加了一种动态感，也可以想象出词人视线的推移。清真的家乡钱塘有很多的荷叶，此时身在汴京，这些荷叶、荷花触动了他的乡思。周济曾在《宋四家词选》中对这首词评曰：“上片，若有意，若无意，使人神眩。”

于是下片词人直接抒情。词人在汴京居住了很久，这里热闹非凡，词人一定和不少人打过交道。然而真正让他魂牵梦萦的却是家乡的渔郎、小楫、轻舟、芙蓉浦。这种感觉多么朴实、率真，像民歌一般。词人当时正值青春年少，虽远离家乡，但未尝到羁旅之苦，所以下片的感觉是轻盈的、明快的。词人心里呼唤着：钓鱼旧伴，还忆我否？词人思极不得，便在梦中重温家乡的感觉：摇着小船，荡入荷花中，和上文描写相连，思乡之情在细细流动的浅水中向前漂荡。词虽到此戛然而止，情却还在缓缓流动，读完让人的心底涌出一种暖流，如同回到久别的故乡和少年时代。

忆秦娥

（宋）李清照

临高阁，乱山平野烟光薄。烟光薄，栖鸦归后，暮天闻角。

断香残酒情怀恶，西风催衬梧桐落。梧桐落，又还秋色，又还寂寞。

李清照对词有着独到的见解，认为词要强调协律，崇尚典雅，并且提出了词应“别是一家”的说法。她的词作常常带有孤独和忧愁的情绪，善于用浅近直白的语言传达内心的真挚情感，喜欢采用白描的写作手法，讲求韵律美。她常以怀人相思词表达自己内心难以排解的哀愁和悲伤。

此词是李清照南渡之后的作品，词人经历了国破家亡，看到满目萧条之景有感而发。上片写登临高阁的所见所闻。“临高阁，乱山平野烟光薄”，女主人公站在高高的楼阁之上凭栏远眺，扑入眼帘的是起伏连绵的群山，还有一片广阔的原野，这些都被笼罩在一层薄薄的烟雾中，而烟雾之中又透出了落日的最后一丝余晖。词人通过对这种荒寂、萧瑟景色的描写，营造了凄凉、压抑的气氛，进而烘托出哀伤的心境。“栖鸦归后，暮天闻角”，天空回荡着凄苦的鸦声和报晚的角声。这样凄旷、悲凉的景色使词人的心情更加沉重悲凉。

下片起句，词人便抒发了女主人公内心抑郁孤寂的心情。“断香残酒情怀恶”，“情怀”二字，贯穿和笼罩着全篇的感情。“断香残酒”四字，令女主人公回想起以往曾经燃香品茗，也曾沉醉在归路之中，而今却香已断，酒亦残，历历旧事涌现心头却已无法重现，暗示出女主人公对以往生活的深切怀恋。一个“恶”字，传达出了女主人公内心深处的不尽苦衷。“西风催衬梧桐落。梧桐落，又还秋色，又还寂寞”，那阵阵西风，无情地吹落了梧桐的叶子。狂啸的风声、阵阵的落叶声都使女主人公心情雪上加霜，凄苦倍增。“又还秋色，又还寂寞”，表明饱受国破家亡流离漂泊之苦的女主人公对秋色和寂寞有一种厌恶和畏惧的情感，而严酷的现实又使她无法逃离秋色和寂寞，淡淡的八个字，把词人无望、无助、无奈的处境和心境含蓄地表现了出来。

青玉案 元夕

（南宋）辛弃疾

东风夜放花千树。更吹落，星如雨。宝马雕车香满路。凤箫声动，玉壶光转，一夜鱼龙舞。

蛾儿雪柳黄金缕，笑语盈盈暗香去。众里寻他千百度，——蓦然回首，那人却在，灯火阑珊处。

辛弃疾南归之后，经历三仕三已，起起落落之间饱受谗摈销沮，遂将英雄悲怆之情一并诉诸长短之篇章。

此词在稼轩词中属婉约风格。词人极力渲染元宵节绚丽多彩的热闹场面，反衬出一个孤高淡泊、超群拔俗的女性形象，寄托着词人政治失意后，不愿与世俗同流合污的品格。

上片写景，铺叙元夕狂欢之状，火树银花、宝马雕车、箫音舞灯，场面繁华而热闹，极尽声色之美。下片写人，先是对妇女笑语观灯的特写，然后以“众里寻他千百度，——蓦然回首，那人却在，灯火阑珊处”接之，惊喜之情溢于言表。这正是《青玉案》的词心所在。

梁启超评之曰“自怜幽独，伤心人别有怀抱”（梁令娴《艺蘅馆词选》），可谓一语中的也。词作托意高远，展现出刚柔相济之美。

满江红

（南宋）辛弃疾

敲碎离愁，纱窗外、风摇翠竹。人去后、吹箫声断，倚楼人独。满眼不堪三月暮，举头已觉千山绿。但试把一纸寄来书，从头读。

相思字，空盈幅；相思意，何时足？滴罗襟点点，泪珠盈掬。芳草不迷行客路，垂杨只碍离人目。最苦是、立尽月黄昏，阑干曲。

此词是辛弃疾以一位女性视角来写的离情别绪词。“敲碎离愁，纱窗外、风摇翠竹”，夜深人静的时候，纱窗外，风摇动着翠竹，发出凄清的声响，惊醒了女主人公，仿佛也惊醒了离愁。起句所展现的背景优美寂静，衬托出女主人公孤寂、愁闷的情怀。“人去后、吹箫声断，倚楼人独”，女主人公想起，自从与爱人离别，自己常常孤独无伴，一个人独自登高倚楼远眺，独自吹箫。此句中出现了两个“人”字，第一个是指女主人公的爱人，第二个是指女主人公自己，而“人去”“人独”正是“倚楼”“吹箫”的原因。“满眼不堪三月暮，举头已觉千山绿”，女主人公抬头远望，映入眼帘的都是凄清三月时分的暮春景致，远处绵延不尽的千万重山都已经变成了绿色。这里写女主人公登楼所见的景致，并且点明了此时是三月暮春时节。“三月暮”是说春光渐渐消逝了，也暗示女子的青春渐渐消逝，于是便有了“满眼不堪”的感慨。“但试把一纸寄来书，从头读”，女主人公万般无奈之际，又将爱人曾寄来的书信一遍遍地从头细读，来消解自己内心的孤独无聊。由此句可以看出女主人公用情极深，对爱人的思念浓烈绵长。

下片着重于抒情。“相思字，空盈幅；相思意，何时足”，女主人公看着爱人寄来的书信，满纸都是相思的情意，可是这毕竟只是空空的语言，他仍然无法回到自己的身边，而自己内心深深的相思之情，何时才能向爱人倾诉，何时才能相聚？此处直接抒情，除了反复细读信件外，女主人公没有安慰自己的办法。“滴罗襟点点，泪珠盈掬”，她想起以前的美好往事，想想自己现在的孤寂处境，不禁涌出泪水，泪水轻轻地滴落在她的衣裙上。“芳草不迷行客路，垂杨只碍离人目”，一路上的芳草萋萋，没有令远行的人们迷失路途，可是那一排排低垂的杨柳，却挡住了送别人的视线，不能见到行人的身影。女主人公因不能见到爱人而抱怨低垂的杨树，可见她内心的苦楚有多深。“最苦是、立尽月黄昏，阑干曲”，最令人心力交瘁的是，独自一人站在栏杆旁边远眺，不见行人的身影，直至黄昏时分月亮出来了，仍然伫立在那里。用“最苦”二字进行修饰，将女主人公内心的细微感情曲曲传出，也详尽地体现了全词之情。

点绛唇 丁未冬过吴松作

（南宋）姜　夔

燕雁无心，太湖西畔随云去。数峰清苦。商略黄昏雨。

第四桥边，拟共天随住。今何许。凭栏怀古。残柳参差舞。

姜夔多才多艺，精通音律，在作词方面十分讲究格律。其词风委婉含蓄，清丽空灵，多为抒写个人身世、相思离别之作。这首怀古小词是姜夔在淳熙十四年(1187)经吴松至苏州时所作。“燕雁”即北雁，像词人一样“太湖西畔随云去”。上片第二韵为传唱千古的名句，物拟人，人拟物，活画穷愁而颇自得，自然与诗人浑然为一，内蕴极丰富，寥廓的自然景观体现了诗人的风骨。下片词人俯仰今古，“第四桥边，拟共天随住”，唐代高士诗人陆龟蒙（自号天随子）家住苏州甫里，姜夔对其颇为敬重，今临其地，能不念及？“拟共”二字将曾在此地的已往之古人与自己联系在一起，深情所致，古今相通。姜白石语言艺术特别高明，如同裁云缝月，敲金戛玉。

在这首词中，燕雁随云去，参差飘舞的秋柳，拟共天随住的词人自身，乃至商略黄昏雨的清苦数峰，都处在变化中。白石在思想上是明显倾向道家的，屡试不爽，终身布衣，南宋国势不稳定的时局，更逼他走向虚无。这不能不影响其美学思想及诗词创作。“自然”“道”“清空”“清虚”并非子虚乌有。老庄美学认为艺术美是道的本体，并非五官能认识的实体。本体应说是在实体基础上所获得，它虽“无为无形”，却又“有情有信”。姜白石深受庄子思想影响，“自然高妙”的创新具有清空之美。

长亭怨慢

（南宋）姜　夔

渐吹尽、枝头香絮，是处人家，绿深门户。远浦萦回，暮帆零乱向何许？阅人多矣，谁得似长亭树。树若有情时，不会得青青如此！

日暮，望高城不见，只见乱山无数。韦郎去也，怎忘得玉环分付。第一是早早归来，怕红萼无人为主。算空有并刀，难剪离愁千缕。

据夏承焘《姜白石词编年笺校》中的记载，姜夔二三十岁时曾游合肥，与两个歌女相识，并且感情甚好。后来姜夔多次去合肥，并且为此创作了不少优秀的作品。

词的上片先是侧重咏柳。“渐吹尽、枝头香絮，是处人家，绿深门户”，点明时间是春末，柳絮已经吹尽了，每处人家的门前都是柳荫浓绿。据说南宋时，合肥的很多街巷两侧都会种植柳树。“远浦萦回，暮帆零乱向何许”，恋人即将离去了，只见远处星星点点散落着凌乱的暮帆，不知要漂向何处。“阅人多矣，谁得似长亭树。树若有情时，不会得青青如此”，这时词人的视线又由远处的水面移回到眼前的柳树。古人经常在长亭之处送别，这生在长亭周围的柳树啊，目睹了多少场离别，承载了多少愁绪，可是它们却无动于衷，任凭人们在这里黯然销魂，泪眼盈盈，它们依然生长得葱葱郁郁。词人用柳树的无情来反衬人的多情，柳树本来就是客观事物，不应该有情，可是词人此刻却在埋怨它无情，可见词人面对离别时的无奈和无力。

下片写自己和恋人离别后的思念之情。“日暮，望高城不见，只见乱山无数”，在日暮时分，词人回望恋人所在的城郭，却早已看不见城郭的轮廓了，只能看见绵绵不绝的山脉，杂乱地分布在他与恋人话别时的地方。“韦郎去也，怎忘得玉环分付”，“韦郎”的典故出自唐韦皋事。韦皋游江夏，和一女子玉箫有情，离别时留玉指环作为信物，相约五到七年后来迎娶这个女子。到了第八年，他依然没有出现，玉箫绝食而死。词人在此处运用这个典故，是说自己不会像韦皋那样“忘得玉环分付”，自己一定会如约而至，可见词人对恋人用情之深。“第一是早早归来，怕红萼无人为主”，“第一”是加重之意，这里是说恋人还是有些放心不下，反复叮嘱词人，一定要早早归来。由于古时歌女地位比较低下，所以很多事情往往是身不由己，恋人也是怕自己会因为一些客观原因而无法再等，所以反复嘱托他要早早归来。此句写得十分哀怨，令读者看到了一个地位低下的女子对命运的无可奈何，以及对感情的笃定坚贞。“算空有并刀，难剪离愁千缕”，纵然有并刀也是徒然的，因为它无法剪断牵挂的思绪。以此作为尾句，表达了词人对爱情的坚贞不渝。

踏莎行

（南宋）周紫芝

情似游丝，人如飞絮。泪珠阁定空相觑。一溪烟柳万丝垂，无因系得兰舟住。

雁过斜阳，草迷烟渚。如今已是愁无数。明朝且做莫思量，如何过得今宵去？

周紫芝是南宋时期的文学家，其词风清丽婉曲，没有刻意雕琢的迹象，重在情感的表达，《踏莎行》是其离情别绪词的代表之作。

这首叙别词，写离别时泪眼相觑，十分凄惨。“情似游丝，人如飞絮”，词首句就用了两个比喻，情丝绵绵不断好似游丝一般，而人终生漂泊，就像是那飞扬的柳絮。情的绵延不绝加上人生的漂泊命运写出了与恋人分别时的难过心情，并且不着笔墨地交代了分别的季节。这两句笔墨省约，比喻新颖，但言简意丰，凸显了词人想象与创造才能。接下来，词人以一个特写镜头对即将分别之人加以细致的刻画。“泪珠阁定空相觑”，两人的双眼泪光盈盈，一动不动地望着对方，不忍离去。句中的“空”字突出了这场分别是无可改变的，于是惆怅凄怆的感情也就不言而喻了。“一溪烟柳万丝垂，无因系得兰舟住”，溪边的烟柳已经长出千万条垂丝，可是那千万条垂丝也无法将恋人离别的行舟系住。词人竟然期盼着纤弱的柳丝能留住恋人的行舟，多么天真而可叹的期盼，令人动容。词人当然清楚，这是不可能的，但他依然抱有这样的想法，并且埋怨柳枝的不谙情事，可见女主人公在恋人离别时复杂而凄恻的伤别意绪。同时也强化了前面的“空”字，无论是人心的不舍，还是柳丝的绵密，都无法挽留、阻止恋人的离去。

下片写离别之后的心情。“雁过斜阳，草迷烟渚。如今已是愁无数”，恋人的行舟已经远去了，只是天空远处有一轮斜挂的夕阳，一群大雁穿过夕阳的余晖，水中的小洲上长满了青青葱葱的野草，水面雾气升腾，远远望去，好似一片片烟雾笼罩，而此刻词人的心情，已经是“愁无数”了。“明朝且做莫思量，如何过得今宵去”，眼前这日落的情景令词人无限感伤，想潇洒点儿不去想明天的事情，可是今夜的孤寂难耐又该怎样熬过呢？这句里的“明朝”“今宵”与前文中的“如今”相对应，表达出词人无法摆脱的痛楚。

鹧鸪天

（南宋）周紫芝

一点残红欲尽时。乍凉秋气满屏帏。梧桐叶上三更雨，叶叶声声是别离。

调宝瑟，拨金猊。那时同唱鹧鸪词。如今风雨西楼夜，不听清歌也泪垂。

《鹧鸪天》是周紫芝抒发内心相思之情的词作。此词通过现在和往昔状况的对比，用委婉曲折的字句和清丽脱俗的语言抒发了怀人相思的情感。

上片主要是对秋季凄凉景色的描写，渲染了词人内心的相思之情。“一点残红欲尽时。乍凉秋气满屏帏”，曾经盛开的繁花现在已经变成了残红，当最后的一点残红随风飘逝的时候，乍凉的空气充盈在画屏帏幕之间。寥寥数语勾画出凄凉的秋景，残红欲尽，又吹来带着丝丝寒意的秋风，为词人抒发伤感之情做铺垫。“梧桐叶上三更雨，叶叶声声是别离”，三更时分窗外下起了雨，滴落在梧桐叶上发出声响，好像每片叶子上的声音都是在倾诉着离别。此处化用温庭筠《更漏子》中的“梧桐树，三更雨，不道离情正苦，一叶叶，一声声，空阶滴到明”，深入且生动地刻绘出别离后的悲苦心情。

下片开始回忆往昔的快乐时光。“调宝瑟，拨金猊。那时同唱鹧鸪词”，调拨琴弦，拨动着金猊炉中的香灰，那时两人一同高唱《鹧鸪词》的场景还历历在目，可现在物是人非，往昔的快乐浓情与现在的凄苦牵挂形成了鲜明的对比。“如今风雨西楼夜，不听清歌也泪垂”，此刻词人独自一人居住在西楼上，听着狂啸的风声和淅沥的雨声，心中荡起了悠悠的长恨，离别之后，每次听到离别伤感的歌曲，总是触景伤情，想到自己牵挂的人，可此刻满目凄凉的风雨，即使不听歌曲也难以抑制悲伤的泪水。此词结尾，词意转折，使词人的哀愁更加浓烈，情真意切，凄婉动人。

采桑子

（南宋）吕本中

恨君不似江楼月，南北东西。南北东西，只有相随无别离。

恨君却似江楼月，暂满还亏。暂满还亏，待得团圆是几时？

吕本中是南宋时期的词人。他的词风格清丽自然，呈现出流动传神的民歌风味，善于抓住事物的细节来表达微妙的情感，营造委婉凄清的词境。这首《采桑子》就是用极其平常的语句来表达怀人相思之情的。

词人通过江楼月的两种特质，取喻新巧，正反成理，以“不似”与“却似”表达其内心对与亲人聚暂离长的愁恨。此词上片主要抒写词人在宦海沉浮中，对爱人的思念之情。“恨君不似江楼月，南北东西。南北东西，只有相随无别离”，抒情主人公怨恨自己的爱人为什么就不能像那轮明月一样，无论自己漂泊到了哪里，都与自己相伴，从来不分开。词人孤身漂泊异乡的时候，常常仰望明月怀念爱人，每每这时，他便希望自己的爱人就是这轮明月，总是陪伴在自己的身边，所以此词上片表达对明月羡慕之情。

下片依然以江楼月为依托，却由上片中对明月的羡慕变成了对明月的不满。“恨君却似江楼月，暂满还亏。暂满还亏，待得团圆是几时”，词人在思念爱人的时候又想起了明月，他知道明月不是一成不变的样子，而是随着时间的变化满少亏多，于是想起自己与爱人在一起的时光也是聚少分多，便对明月产生了不满的情绪，怨恨自己不能与爱人长相厮守。吕本中以敏锐的词人之眼，从月的两种特质中，找到感性的契合点，新奇自然而又极为贴切，可谓“佳句本天成，妙手偶得之”。

唐多令

（南宋）吴文英

何处合成愁？离人心上秋。纵芭蕉、不雨也飕飕。都道晚凉天气好，有明月，怕登楼。

年事梦中休，花空烟水流。燕辞归、客尚淹留。垂柳不萦裙带住，谩长是、系行舟。

此词写的是羁旅怀人的情思。全词字句浑然天成，无刻意雕琢之痕迹，在吴文英的众多词作中，是风格较为特殊的一首。“何处合成愁？离人心上秋”，首句选择一问一答的形式，给读者以折回之感，使词显得灵活生动，又增强了层次感。“纵芭蕉、不雨也飕飕”，虽然没有下雨，但芭蕉在飕飕而过的秋风的吹拂下，依然发出了凄凉的声响。词人触景伤情，听到这悲凉的声响，心情不免更加沉痛了。“都道晚凉天气好，有明月，怕登楼”，人们都说秋日天气最好，夜晚清爽，最适合登高远望了，可是词人却不敢登高，怕那皎洁的明月再次触痛自己的情思。这是对漂泊在他乡的游子内心真实而独特的写照。“月是故乡明”，望见明月难免会想起家乡，想起朋友，会滋生出更多的愁绪来。此句虽然没有明确说有多么思念家乡，思念友人，但是通过词人害怕和逃避的心理将这份思念刻画得淋漓尽致。

下片词人进一步抒发自己的羁旅情怀。“年事梦中休，花空烟水流”，秋季往往令人想起人生的晚年时光，过去好像梦境一样，悠悠在心，就像花开花落一样，就像那飘缈的烟雾最终要随着流水消逝在远方。“燕辞归、客尚淹留”，成群的燕子都飞回了南方，可是词人还要留守在这里，独自一个人思念着家乡。词人感到自己还不如候鸟，两相对比，更能令读者感受到其心中的无奈。“垂柳不萦裙带住，谩长是、系行舟”，词人看到眼前的垂柳，想起自己牵挂的人已经离去，而自己却必须留守在这里。他抱怨这垂柳不能将牵挂的人留下，更抱怨垂柳偏要阻拦自己回家的脚步。垂柳是客观事物，词人也很清楚，不论是离去还是留下，都与垂柳无关，这样天真的感情令人动容，也令人心生怜意，为其痛感惋惜。

一萼红　登蓬莱阁有感

（南宋）周　密

步深幽。正云黄天淡，雪意未全休。鉴曲寒沙，茂林烟草，俯仰千古悠悠。岁华晚、飘零渐远，谁念我、同载五湖舟？磴古松斜，崖阴苔老，一片清愁。

回首天涯归梦，几魂飞西浦，泪洒东州。故国山川，故园心眼，还似王粲登楼。最负他、秦鬟妆镜，好江山、何事此时游。为唤狂吟老监，共赋销忧。

南宋会稽郡的治所在绍兴卧龙山下，郡厅后面有阁曰蓬莱，为浙东名胜。词人作这首词时，正值宋室将要灭亡之际。由“雪意未全休”可知这首词作于冬天，而正月宋朝便被攻破了。周密是一位爱国词人，宋亡后不仕，隐居弁山。这首词便是他居于杭州，亲身经历元兵入侵杭州后所作。词人登临怀古，曲折含蓄地表达了故国故乡之思，寄慨遥深，被称为《草窗词》中压卷之作。

“步深幽”，词人缓缓地登楼，读之有一种步履艰难、上楼不易之感。“深幽”，给人一种孤峭且略带寒意的感觉。“正云黄天淡，雪意未全休”，以正字开端，写当时的天气。“云黄天淡”，已是一副愁容寥落的气象，更加上大雪欲来阴风冷寂之势，此句简直就是词人悲惨心境的投射。词写至此，一种凄寂之感涌上心头。

“鉴曲寒沙，茂林烟草，俯仰千古悠悠”，词的开头描写词人渐渐上楼抬头望天的景色，至此词人已经登上楼，在楼上俯瞰景色。“鉴曲”是说鉴湖一曲。鉴湖本名镜湖，在今绍兴南。“茂林”指绍兴兰亭。词人看着近处的景物，心里缅怀着古人，不知不觉感慨一句“俯仰千古悠悠”。下面所写的载五湖舟、王粲登楼等都是由这句话引出。词人对世事早已看透，流年已逝，生命无常，但他还是伤感地感叹道：“岁华晚、飘零渐远，谁念我、同载五湖舟？”五湖，指太湖。当年范蠡辅佐越王勾践灭吴，功成身退，乘轻舟以泛于五湖，莫知其所终。词人虽出身望族，却无意仕进，雅好诗词、书画和医药。老大飘零，感喟无限，笔下景物皆染上凄凉之色彩。“磴古松斜，崖阴苔老”，楼外古松横斜，崖边遍布的阴苔都渐渐老去了。可见此处的荒芜与萧条！昔日的繁华早已不再，只剩下古松、阴苔、天淡、云黄、寒沙和大彻大悟却又悲伤不已的词人。于是，心情凄黯的词人看着这些景物，再看看自己，只能说：“一片清愁”，一“片”字，显出词人悲伤波及景物，伤感的范围之大；一“清”字，显出词人的含蓄与雅致。

下片开头荡开一笔，“回首天涯归梦，几魂飞西浦，泪洒东州”，“几”为几度之意。词人素以江南为故乡，此句由归梦展开，可见词人对故乡想念之切与萦怀之深。“故国山川，故园心眼，还似王粲登楼”，此句由故乡上升到故国，词人入元不仕，只当自己是宋朝人。宋亡陷，词人所以说故国。词人对故国的大山大川及故园的无限爱怜，都凝聚在此句之中。王粲是建安时期的诗人，在荆州避乱之时，曾作《登楼赋》来表达自己对故国与家乡的情怀，词人以王粲自比。“最负他、秦鬟妆镜，好江山、何事此时游”，“秦鬟”，指绍兴的秦望山，秦始皇曾经登临，又以山形颇肖妇人鬟髻，故有此称。词人以拟人化的手法写故国的山水，增加了无限的缠绵与爱恋之意。一片赤诚的爱国之心被真真切切地表达出来，鸟死之前，其鸣也哀，国灭之前，其景也悲，词人在这个时候，登高远眺，只能徒增痛苦怅惘。再用反诘的语气写出，更加重了种种凄凉滋味。“狂吟老监”指贺知章，曾为秘书监，自号四明狂客。“销忧”用《登楼赋》“聊暇日以销忧”句，亦对应“王粲”句。词人的情感已经达到高潮，与上片“谁念我，同载五湖舟”相呼应，更是回答。词人内心无尽的悲苦喷薄而出，要与古人同销忧愁。千古兴亡，集于字句之间，苍凉凝重，感人至深。

点绛唇 春日风雨有感

（明）陈子龙

满眼韶华，东风惯是吹红去。几番烟雾，只有花难护。
梦里相思，故国王孙路。春无主。杜鹃啼处，泪染胭脂雨。

此词是词人有感于眼前的春日风雨，因怀念故国的美好光阴而作。词人在题目“春日风雨有感”中便点明了写作的时间为春季一个刮风下雨的日子，而“有感”二字说明了此词是寄托情怀的感慨之作。

“满眼韶华，东风惯是吹红去”，起句便描绘了一个极为远大宏阔的意象。词人抬头四望，满眼都是美好的春光，东风像每年一样都将满地的落红吹向远方。此句看似在写景，可是联系陈子龙的时代背景，我们便可得知，他看到眼前的景象便联想起国家的命运。陈子龙生逢明清易代之际，他对明朝怀有深厚的感情，在他心中明朝时期，国家就像美好春光一样，满眼韶华。后来清兵南下，就如同眼前的东风一样，呼啸着吹散一地落红。词人运用比兴的手法，将美好的春光和花朵比喻成明代江山，将东风比喻成清王朝势力。“几番烟雾，只有花难护”，几番风雨连绵，那花朵势必要凋零了。“烟雾”是指春雨连绵所造成的雾气弥漫。在这春日里，东风雨水，使那么美好鲜艳的花朵凋残。此句中的“烟雾”与上面的“东风”都是指清军，他们连续的南下让南明王朝岌岌可危，走向灭亡已经是不可避免的了。词人在此发出深切的亡国之痛。

下片词人进一步抒发对以往的怀念之情。“梦里相思，故国王孙路”，眼前被风雨吹落的残红令词人回想起惨遭践踏的故国。他深情怀恋的故国即使是在梦中，也难以舍弃。可是，清兵的南下使得明朝的皇室子弟流落他乡。词人在梦中依然牵挂着他们，希望终有一日，明朝的皇室能恢复昔日的统治，驱除清兵势力。可是梦境就是梦境，醒来后依旧心存亡国之恨，词人眼前依旧是风吹落红的凄凉景象。“春无主。杜鹃啼处，泪染胭脂雨”，词人面对现实，不得不发出这样的感慨。那美好的春光已经寻觅不到它的主人了。杜鹃，相传是古蜀国的君主望帝之魂所化，它日夜悲啼，嘴边带血，后来常用杜鹃啼血借指亡国之痛。杜鹃一声声地啼叫着，发出凄厉的声音，仿佛啼出了血泪，洒在这风雨中，洒在一地的落红上。词人以惜春抒发怀恋故国之情，如泣如诉，感人肺腑。

桂殿秋

（清）朱彝尊

思往事，渡江干，青蛾低映越山看。共眠一舸听秋雨，小簟轻衾各自寒。

朱彝尊的词在清代影响巨大，他与陈维崧并称“朱陈”。他推崇南宋词，尤其推崇注重格律的姜夔、张炎等人。他的词风雅致清新，格律严谨，体现了其很深的文学功底。《桂殿秋》是其抒发怀人相思之情的词作。

有人考据朱彝尊与他的妻妹有过不该有的恋情，这首《桂殿秋》就是词人记述他们行旅之中一段隐秘的插曲之作。

《桂殿秋》是单调小令，字句极为简单。最多不超过两天的行程，在漫长的人生旅途中转瞬即逝，却永久地铭刻在词人心间，不论过去多久，词人总能清晰地记得每一个瞬间。白天游船的时候，她洁净的脸庞与青山绿水相辉映，眉尖微蹙，攫紧了词人的心。天渐渐黑了，此时灰暗的天空又忽然飘洒着凄凉的秋雨，滴滴答答地敲在船篷上，浩阔的江面上有一艘飘摇不定的小船，雨打船篷的单调声音旋绕在无限寂静的空宇里。

这首描写羁旅情思的小令，只有 27 个字，却饱含了词人难以用语言表达的缕缕愁绪。开篇即以“思往事，渡江干”发端，将思绪很快地推回到那刻骨铭心的暂短旅途。“青蛾低映越山看”，具体描述了诗人在旅途中的所见所感。越山，在浙江绍兴一带，古时属越国，故称其为越山。因此我们亦可明了上句的“渡江干”，即与唐代诗人骆宾王所咏叹的“禹穴枕江干”一样，原是指绍兴市北的钱塘江畔。青蛾，原指妇女用青黛画的眉，如杜牧的诗“镜敛青蛾黛”，这里则以此比喻青山如黛。“青蛾”与“越山”互文见义，全都是诗人乘船时所见的山。但诗人却不这样描写，而是说青山目睹江水正托着一叶轻舟急速而逝。不同角度的变幻，给人以新奇之感。“共眠一舸听秋雨”，两个人同船共渡，晚上客船停靠在宁静的江边，两个人在船里听着秋雨，不知不觉地相伴而眠。“小簟轻衾各自寒”，表现了一种空间上的隔绝和距离，却恰到好处地表现了“求之不得，寤寐思服”的执着和两个欲爱不能之人的心灵痛苦。

木兰花令　拟古决绝词

（清）纳兰性德

人生若只如初见，何事西风悲画扇。等闲变却故人心，却道故人心易变。

骊山语罢清宵半，夜雨霖铃终不怨。何如薄幸锦衣儿，比翼连枝当日愿！

纳兰性德是清代最为著名的词人之一，他的词作是我国文学史上一颗璀璨夺目的明珠，其词情真意切，婉转含蓄，韵律优美，这首《木兰花令》是其怀人相思的代表作。

此词是以女子的口吻来写的，女主人公怨恨男子的薄情，从而与之决裂。词人借着女主人公的“闺怨”之情，寄托内心更深处的痛楚。“人生若只如初见，何事西风悲画扇”，女主人公认为与爱人的相处就应该一直像两人刚刚相识的时候那样，甜蜜、温馨、快乐，可是现在女主人公却被爱人抛弃了。“何事西风悲画扇”，化用汉班婕妤被弃典故。班婕妤身为汉成帝妃，后来被赵飞燕陷害，于是退居冷宫，她作《怨歌行》诗，其中以秋扇来比喻自己被抛弃的幽怨之情。“等闲变却故人心，却道故人心易变”，女主人公的爱人如今已经抛弃了她，变了心，却反而说人世间的情感都是会变的。

“骊山语罢清宵半，夜雨霖铃终不怨”，此句化用唐明皇与杨玉环的爱情典故。据《太真外传》载，唐明皇与杨玉环两人曾于七月七日夜在骊山华清宫长生殿里盟誓，永世相爱，永世结为夫妻。后来安史之乱的时候，唐明皇在万般无奈之下赐死杨玉环。杨玉环死后，唐明皇在归途中听闻雨夜铃声，触动了其内心的悲苦，于是作《雨霖铃》曲以寄哀思。词人以此表明女主人公即使面临最后的离别，也不怨恨。最后两句化用李商隐《马嵬》中"如何四纪为天子，不及卢家有莫愁"的诗意，谴责负心郎，表明决绝之意。虽是一腔悲怨之情，写来却委婉深密，动人心魂。

南乡子

（清）冯　煦

一叶碧云轻，建业城西雨又晴。换了罗衣无气力，盈盈，独倚阑干听晚莺。

何处是归程？脉脉斜阳满旧汀。双桨不来闲梦远，谁迎？自恋苹花住一生。

此词写得婉转动人，优美哀怨。上片着重描写分别时的情景和爱人的形态，下片则侧重描写两人离别后的心理感受以及对未来的感慨。"一叶碧云轻，建业城西雨又晴"，天空的边际飘浮着一丝云彩，淡淡的好像一片薄薄的碧叶飘在天边，而这熟悉的城郭里的天气时雨时晴。这样的场景广阔而有哀伤的色彩，很能烘托出离别之际的惨淡心境。而词人笔下所描写的时雨时晴的天气，就像词人的心情一样，欢乐与痛苦交织在一起，像打翻了的五味瓶一样，不知是什么滋味。接下来词人开始描写分别之际爱人的动作情态，"换了罗衣无气力，盈盈，独倚阑干听晚莺"，她慵懒地换上了美丽的衣着，因为倦意而显得那么无力，她目光盈盈地站在高楼之上，轻轻地倚着栏杆，听着萦绕在周围的夜莺的动听歌声。词人对爱人的情态描写，从侧面刻画了爱人对这次离别的态度，她没有表现出强烈的悲伤，也没有婉言相留，而是对人生注定的离别表现出了一种无奈的举动，只是默不作声地悲哀，她的这种不强烈的悲哀，令读者更加深刻地感受到她在离别时的无奈之情，面对人生坎坷颠簸的默认与顺从。

"何处是归程？脉脉斜阳满旧汀"，词人在下片开始自问：这茫茫无尽的路程啊，何处才是我的家啊？而眼前的景色并不能给自己一个答案，远处的斜阳散发着余晖，水中古老的小洲在夕阳的映照下更加凄婉。对于词人的发问，后面并没有回答，而是描写了一种极其萧瑟的情景，以此来预示自己的归程也如同这景色一般凄婉，没有边际。"双桨不来闲梦远，谁迎？自恋苹花住一生"，词人望着不断划动的船桨，想到自己别后的路程已经越来越远了，他不愿再想这凄凉的场景了，于是思绪飘到了遥远的梦境中，可是梦境里能与爱人相逢吗？也许只是自己在痛苦无涯的思念中聊度一生吧。此词语言平和优美，感情虽不算浓烈，却给人一种剪不断、理还乱的哀伤之感。

苏武慢　寒夜闻角

（清）况周颐

愁入云遥，寒禁霜重，红烛泪深人倦。情高转抑，思往难回，凄咽不成清变。风际断时，迢递天涯，但闻更点。枉教人回首，少年丝竹，玉容歌管。

凭作出、百绪凄凉，凄凉惟有，花冷月闲庭院。珠帘绣幕，可有人听？听也可曾肠断？除却塞鸿，遮莫城乌，替人惊惯。料南枝明月，应减红香一半。

这首离情别绪词，况周颐写得哀婉而荡气回肠。上片通过对一些景物和分别场面的描写，来表达词人不忍分别的无奈心境，下片则更深入地表达这种心情，抒发自己对人生的感慨。

“愁入云遥，寒禁霜重，红烛泪深人倦”，词人满怀的愁绪已经飘到了遥远的天空，寒气越来越浓，因此霜也就越来越重。一支红烛还在燃烧，它流淌着红色的蜡滴，就像人的泪珠一样，这样的情景愈发令人感到疲倦和无奈。“情高转抑，思往难回，凄咽不成清变”，词人浓烈的情思难以抑制，泣不成声。“风际断时，迢递天涯，但闻更点。枉教人回首，少年丝竹，玉容歌管”，回忆往昔美好的岁月，俊美的少年吹奏丝竹，而美丽的女子则吹奏歌管，两人琴瑟相和，现在两人却已相隔天涯，那些美好的场景只能留在记忆深处，回首往事时，心里别是一番滋味。

下片进一步抒发对人生的感慨。“凭作出、百绪凄凉，凄凉惟有，花冷月闲庭院”，词人此时的心境已是凄凉，这种心境，还伴着窗外的凄凉景致，花朵都已凋零，只有一轮冰冷的明月挂在天上，冷眼看着世间发生的一切，悠悠地散射出寒冷的光芒，照射着寂静的庭院。“珠帘绣幕，可有人听？听也可曾肠断”，这些相思不舍之情，词人都留在心底，只在珠帘绣幕之间感怀心事，可是这样的心事能否有人听到呢？倘若真的有人听到了，他是否会为这悲凉的感情而感到伤心断肠？“除却塞鸿，遮莫城乌，替人惊惯。料南枝明月，应减红香一半”，词人此时触景生情，身处异乡却无时无刻不牵挂着自己的家乡。他猜想那明月下的枝丫，应该已经有一半都凋零了吧。

蝶恋花

(清)康有为

记得珠帘初卷处。人倚阑干,被酒刚微醉。翠叶飘零秋自语,晓风吹堕横塘路。

词客看花心意苦。坠粉零香,果是谁相误?三十六陂飞细雨,明朝颜色难如故。

此词的语言简洁明确,通过对残荷的吟咏,表达了词人对人生坎坷的苦闷心情。上片主要描写分别时的场景和人物的形态,下片则侧重抒发词人对离情别绪的感慨。“记得珠帘初卷处。人倚阑干,被酒刚微醉”,依稀记得闺房里,美丽的珠帘刚刚卷起来,而词人正轻轻地倚着阑干,微微的有些醉意。这是怀念以前的场景描写,在形容醉酒的时候,词人选用了一个“微”字,表明自己并非好酒之徒,而是心情苦闷想要借酒消愁,可惜不胜酒力,只喝了一点点就醉了。“翠叶飘零秋自语,晓风吹堕横塘路”,抬头仰望眼前的大树,本来翠绿的树叶现在一点点飘零了,这无疑预示着秋天已经到来了,这一片片的落叶就好似秋天的絮语,在倾诉着伤感之情。

“词客看花心意苦。坠粉零香,果是谁相误”,词人又看见了曾开得似锦的繁花,现在也坠粉飘零了,心里十分苦涩,仿佛自己也像花一样凋零了。“三十六陂飞细雨,明朝颜色难如故”,天空又下起了细雨,所有成为过去的一切都难以挽回了,以后再见时也不是今日的容颜了。

点绛唇

(清)王国维

屏却相思,近来知道都无益。不成抛掷,梦里终相觅。

醒后楼台,与梦俱明灭。西窗白,纷纷凉月,一院丁香雪。

王国维是清代的国学大师、最具权威的词论家,他的词更是出手不凡。

这首《点绛唇》写于词人之妻莫夫人离世之后,是哀悼亡妻之作。开头“屏却相思,近来知道都无益”,明白如话,却饱含深情。“屏却”,意为放弃、排遣,这两句是说:忘了她吧,忘了她,念如今生死茫茫,怀想又有何用,徒令人心力交瘁!下决心去忘,正说明无法忘掉,11个字,每个字都渗透出悲伤。词人给读者留下一个“从今以后,勿复相思”的悬念,紧接着进入读者眼帘的是“不成抛掷”,透出词人执着的相思,欲忘不能,无法屏却。“梦里终相觅”,终于在梦中寻觅到已故的夫人。寥寥几笔，就将梦里景、梦外情写得栩栩如生、水乳交融。上片只有四句，却写得沉郁顿挫，委婉曲折。

下片“醒后楼台，与梦俱明灭”这两句又是一折，笔触转入梦醒，醒了还隐隐约约记得梦中的场景，残梦难断，更增几分惆怅。“西窗白，纷纷凉月，一院丁香雪”，西窗里面隐隐透进一丝白光，词人推开窗子，只有纷纷的凉月，照着“一院丁香雪”。“凉月”用“纷纷”来形容，“丁香”用“雪”来比喻。词人把两个看似不相关的事物联系到一起，又不说原因，更让人感到绝妙。丁香花本该开在春夏之际，怎能与寒冬白雪联系到一起，在这种违背常理的时令错位当中，足见词人对亡妻的深切思念。

第七节 边塞征戍词

概说

“秋风吹不尽，总是玉关情”，古来征战无穷无已。在苍茫无边的边塞，征夫空对明月思念着家中的亲人，对着落雪吹响呜咽的羌笛，隐约中仿佛听见了家中妻子的捣衣声，仿佛见到了她们独上高楼的憔悴与哀伤。提起边塞，令人唏嘘不已，各种悲情交织难分。

边塞题材最早出现在《诗经》中，《豳风·东山》和《小雅·采薇》都有涉及战争边塞的内容，表现血洒疆场的悲壮。至唐代边塞诗脱颖而出，成为诗苑一朵奇葩。边塞词紧随其后，自宋以降，蔚为大观。

通观唐至清的词集，边塞词的佳篇数不胜数。其中包含了很多的内容，如描写边塞风光，反映边塞生活，突出边塞战争，尤以征夫思妇之间的情感表达为主，题材宏大，内容丰富，且与咏史词、咏怀词、爱国词、离别词、闺怨词都有着千丝万缕的联系。

据刘尊明先生考证，敦煌曲子词是边塞词的起源。最早的边塞词是初唐无名氏的《怨回纥》（曾闻瀚海使南通），这首词通过闺怨写边塞征战之苦，表达了闺中少妇思念远戍丈夫的忧伤之情。敦煌边塞词大约有40余首，如《生查子》（三尺龙泉剑）、《浣溪沙》（忽见山头水道堙）、《望远行》（年少将军佐圣朝）等都是写西北边塞的战士们对战争的体验。

现存的文人词中，则以韦应物和戴叔伦的两首《调笑令》为最早。花间词中，也有涉及边塞内容的。思妇题材从另一视角反映边塞，对边塞词词境的扩大与深化具有一定意义。温庭筠的《菩萨蛮》（翠翘金缕双鸂鶒）用乐景衬托哀情，别有风味。其《杨柳枝》（织锦机边莺语频）以泪忆征人，语切情真，并多处化用前人的诗句，引起读者许多联想，也给后来的词人许多启发。又如《蕃女怨》（万枝香雪开已遍）写蕃女思念征夫的哀怨。未提思念，却用燕、雁二物来寄托情思，含意丰富，比单纯抒发思念更加痛悲，人不如燕，那番别离之痛可见其极。而另一首《蕃女怨》（碛南沙上惊雁起）则从边塞苦寒的风光写起，从征夫本身着眼，年年征战，对妻子思念不已，他设想妻子也充满了离恨。两篇一唱一和，相得益彰。

花间词人在边塞题材创作上，皇甫松《怨回纥》(白首南朝女)比温庭筠的边塞词多了几分骨气与力量，词以女性口吻写边塞风光，隐含思边之意。另一首《怨回纥》(祖席驻征棹)则写得哀怨缠绵，女主人公送情人去边塞，江头分手，无限惆怅。韦庄《定西番》(芳草丛生结缕)从花草写起，在一番凄凉的景象中，写出了女子思边的愁怨。牛峤《定西番》(紫塞月明千里)将苍凉辽阔的边塞景象与征人思乡怀人的凄凉之情融为一体，格调雄浑悲壮，此词以悲壮的景色入词，由景生情，再以茫茫的雪景作结，其难言的苦痛弥漫开来，自有一番动人心魄的情境，是难得的佳篇。毛文锡《甘州遍》(秋风紧)描绘了边塞生活的寒苦和将士沙场血战的悲壮场面，语言朴实生动，开宋代边塞词之先声。牛希济《谒金门》(秋已暮)上片写征夫备感离情萧索，嘶马过关山，下片写思妇梦断钟鼓，泪滴无数，两相映照，突出离情之苦。

宋代前期虽然有过一段短暂的繁荣，但是其政治的软弱以及文重武轻导致了强敌环伺的局面。边塞词人投身于火热的战争生活中，词作反映其对边塞生活的体悟、精忠报国的思想以及思念家乡的苦痛，风格沉雄劲健。寇准的《阳关引》(塞草烟光阔)可以说是宋代最早的边塞词，可以明显看出其词对唐代的继承与借鉴，化用王维《阳关曲》全诗，虽新意不足，但是为日后边塞词的繁荣拉开了序幕。宋代边塞词的名篇中，范仲淹的《渔家傲》(塞下秋来风景异)以其在边塞的亲身体验进行创作，将前方将士多种情思交织在一起，内容丰满，真切感人。欧阳修也曾写过两首边塞词。其中一首《渔家傲》现已是断章，曰："战胜归来飞捷奏，倾贺酒，玉阶遥献南山寿"，可以看作南宋爱国词的先声。

词坛大家苏轼为开拓边塞词做出了历史贡献。如《江城子》(老夫聊发少年狂)，虽为狩猎，实为表现报国情怀，此时词人任密州知州，胸怀开阔，胆气豪壮，用苍劲豪迈的语言抒发其报国杀敌的壮志。后在黄庭坚等人的努力下，边塞词进一步发展，进入兴盛时期。

蔡挺《喜迁莺》(霜天秋晓)其中有词曰："霜天秋晓，正紫塞故垒，黄云衰草。汉马嘶风，边鸿叫月，陇上铁衣寒早。剑歌骑曲悲壮，尽道君恩须报……"写在艰苦的环境中战士们毫无颓废之态，斗志昂扬，忠勇报国，终于赢来了边境的安宁、人民的安康。

靖康二年(1127)，金兵攻陷了汴京，国势衰危，而词却出现了前所未有的盛况，内涵丰富、真切感人的词作越来越多。辛弃疾的边塞词《破阵子》(醉里挑灯看剑)和《鹧鸪天》(壮岁旌旗拥万夫)深刻反映了词人的御敌报国之志。

张孝祥《六州歌头》(长淮望断)用悲壮的语调，抒发自己在国难之时的愤慨之情，自己空怀一腔热血，怎奈朝中弃战求和的态度，词人愁肠百结、痛心疾首的悲愤之情跃然纸上。《浣溪沙》(霜日明霄水蘸空)，用雄词丽笔描写了荆州边塞明丽壮阔而又略带萧瑟苍茫的秋日景象，抒发了词人对国土沦丧的悲愤心情，表现出一爱国志士的政治失意、报国无门的心态。《木兰花慢》（拥貔貅万骑）着力描写了边帅拥兵万骑，扎营千里，胸有成竹，稳操胜券，他一旦运筹帷幄，便能歼灭所有敌人，可见一位乐观自信、戍边有方的爱国将领形象。

陆游也曾作边塞词《秋波媚》（秋到边城角声哀），表现出词人满怀胜利的信心和乐观情绪。词人也十分珍视这段戍边的前线生活，晚期留下了不少回忆作品。《汉宫春》（羽箭雕弓）抚今追昔，希望自己能为南宋朝廷效力。另如《谢春池》（壮岁从戎），回忆了早年在南郑“拥雕戈西戎”“气吞残虏”的戍边生涯，表现了词人深厚的爱国情感和渴望为国家建功立业的豪情壮志。

刘过曾创作《沁园春》（万马不嘶），主要描写宋代军事长官举行秋季大阅兵的情景，刻画了一位儒将形象，并体现了他不在意个人功名利禄，志在为国杀敌、剑斩楼兰的胸襟。

刘克庄也曾投身戍边军戎的生活，词人受排挤后，曾写过一首《满江红》（金甲雕戈），词上片追述了“铁马晓嘶营壁冷，楼船夜渡风涛急”的军旅生涯，展现了自己报国无门、功名未立、英雄空老的悲愤之情。南宋晚期，吴潜、汪元量等爱国词人继续创作边塞词，吴潜的《沁园春》（第一江山）写白鸟孤飞、烟霭微茫的戍楼之景，描绘出边塞武备废弛、满目萧条的景象，预示了南宋王朝衰败零落之结局。汪元量的《水龙吟》（鼓鼙惊破霓裳）已纯乎是悲伤欲绝的失国之音了。这两首词都是抒写亡国之痛和故国之思的边塞词，却失去了边塞壮词那种激昂的情调。

清词的成就呈现为集大成的局面，在前人的基础上出现了很多流派，异彩纷呈。清代顺治、康熙时期，统治者大兴文字狱，对士人实行高压政策，文人们叫苦不迭，于是，他们最爱采用不为统治者重视的“小道”来抒发心中的抑郁不平之气，一浇心中之块垒。词在明朝的一时寂寞之后，又重新恢复了闪耀的光彩。边塞词也呈现出了繁荣的景象。

清初尤侗最早创作边塞词，他在顺治年间曾驻守卢龙古塞，其间写下了不少反映军旅生涯的词作。如《苏幕遮》（朔云寒），描绘了云寒月冷、西风黄沙的边塞风光，勾画出一幅具有异域风情的、生动的边塞军旅图。康熙年间冯云骧的边塞词《菩萨蛮》（龙沙落日山衔水）展现了苍茫辽阔的边塞景象，笔力苍老，意境沉雄。丁澎《贺新凉》（苦塞霜威冽）以悲苦之调描写自己谪戍的地方，写严霜、黄沙、朔风等边塞景物，以及自己在此度过的生活情景，主要表达悲苦抑郁的失意情绪。曹溶的《踏莎行》（堠雪翻鸦）也是一首边塞之词，写冬天边塞荒凉肃杀的气候以及艰辛的军营生活。周纶《忆秦娥》（天涯路）以戍卒的口吻，写对家乡的思念，然而归期难料，又增一番痛苦与辛酸。

浙西词派朱彝尊《百字令》（崇墉积翠）写居庸关的险要形式，借以寄托对故国的无限哀思，写如今居庸关的萧条，意蕴遥深。陈维崧《贺新郎》(战舰排江口)是边塞词中的千古名篇。清朝初年为了镇压南方各民族的反抗，清政府曾发动几次大规模的军事行动。从征夫与思妇的生死离别的场景，可以看出当时战争的残酷，让人唏嘘不已。纳兰性德《台城路》(白狼河北秋偏早)是写塞外七夕的词。七夕佳期，天上牛郎织女相会，而人间尚有伤离之儿女，词人只觉“今夜天孙，笑人愁似许”！另外词人还描绘了不少边塞的景色，如《浣溪沙》(欲寄愁心朔雁边)中的“古戍烽烟”、《相见欢》(微云一抹遥峰)中的“黄茅野店”、《南歌子》(古戍饥乌集)中的“古戍饥乌集、荒城野雉飞”等等，这些边塞词都描绘了萧瑟凄凉的边塞景物，使之成为内心外化的象征。在《浣溪沙》(万里阴山万里沙)和《相见欢》(微云一抹遥峰)这两首边塞词中，词人将边塞的景物和闺中的情思结合起来，表达了词人对家乡的无比眷恋。《南乡子》(灯影伴鸣梭)深沉地表达了词人对妻子的想念，边塞生活使词人备感爱妻和家庭的温馨。《清平乐》(麝烟深漾)是词人在边塞孤独的旅程中无聊之至的自我倾诉。《南乡子》(何处淬吴钩)写词人对边塞地曾经发生的“跃马横戈”之事的兴叹与感悟。曹寅的《浣溪沙》(曲曲蚕池数里香)以边防战士的破碎寒衣和昭阳殿里贵人的锦衣对比，形象生动，确实是“边衣常碎九秋霜”。

清代中叶，边塞词创作进入了低谷。这一时期，只有少数词人的边塞词值得称赏。黄景仁《行香子》(曲唱凉州)是一首仿古之作，词中对戍边的征人寄予了深切的同情，以动人的笔触写征人征戍不论春夏秋冬“望封侯”，然而一人之力怎能够？“铁衣穿尽海西头”，家中的田地、妻子、爹娘无力去照看，心中的伤痛无法弥补。张惠言《风流子》(海风吹瘦骨)写塞外暮春的景色，清新而不失壮美；其《浣溪沙》(王气东来百战艰)写塞外纪行，表达了居安思危的思想。陆锡熊《百字令》(插云睥睨)是词人路过山海关所作的边塞词，描绘了山海关雄伟壮丽的风物，并以古喻今揭示沉痛的历史教训。

晚清时期，由于战事频繁，边塞词的创作较之中期又兴盛起来。如邓廷桢的《高阳台》(鸦度冥冥)和林则徐的《高阳台》(玉粟收余)，还有两人的《月华清》词，都是写海防要塞沙角炮台的壮观景象，记录了当时虎门销烟的壮举，其克敌的豪情壮志激励后人。林则徐、邓廷桢二人被谪戍新疆后，林则徐的《金缕曲》(绝塞春犹媚)描绘了边塞的景色、国家危亡以及个人遭遇。

中法战争之时，张景祁曾写过《曲江秋》(寒潮怒激)，颇为愤慨地描写了当时贻误军机而造成惨败的大臣，充分体现出词人强烈的民族自尊心。

边塞词具有寄慨遥深、悲壮雄浑的特色，不少词除了描写边塞风光，弘扬将士御敌卫国精神之外，更表达了环境艰辛、战争残酷以及离别苦痛的复杂情感。词人们对战争进行全方位审视，抒发历史兴亡感慨，思想内容较为深邃。但宋代以后，北方少数民族强盛，几次入主中原。有民族气节的国人盼望通过战争收复失地，报仇雪耻，词的主调统一于爱国抗敌，少见了唐诗中对战争进行质疑和谴责的作品，淡化了对战争的人道主义反思。

转应曲

（唐）戴叔伦

边草，边草，边草尽来兵老。山南山北雪晴，千里万里月明。明月，明月，胡笳一声愁绝。

这是戴叔伦仅存的一首词作。词牌《转应曲》，又名《调笑令》。此词以浅显的语言反映了深沉的情愫，写出了边塞的苍凉和戍边将士所付出的昂贵代价。

“边草，边草，边草尽来兵老”，词一开始便点明了边塞的地理环境。连用三个“边草”铺张开来，再加上“尽”“老”给人一种沧桑之感，随着“边草”的重叠，戍边的老兵也一代一代在这里老去，把自己的一生奉献给了荒凉的边塞。而且，他们长期与家人分离，造成多少妻离子散、家破人亡，一句词道出戍边的代价，以边草的“尽”来比喻士兵“老”去，不仅给人新意，而且也能感受到词人对戍边战士的同情。

“山南山北雪晴，千里万里月明”，词人以精练的语言概括了时间的长久与空间的广阔。山南山北以对比之势来写边塞之地无边无际，从开始的边草，到现在的雪晴，可以看出时间已经过去了很久，夏尽秋至，冬去春来，刚刚边草还铺满边塞之地，转眼这里酷雪停止，天空放晴，也可以看出边塞地区的寒冷与艰苦。“千里万里月明”，这句最易触动人的遐思，明月皎皎，照着荒凉的边塞之地，也照着千里万里之外的家人，无论这里的战士老去，逝去，还是又有新的战士补充，而明月依然皎皎地照着。词中既有历史沧桑，又有人文关怀，可见戍士思家的苦痛，希望通过明月来寄托自己的思念之情。

“明月，明月，胡笳一声愁绝”，前两句的“明月”简直都像戍边的战士心中的呐喊，思乡怀人之极，其心中只呼明月，希望它能传达心中无边的思念。正当此时，传来一声胡笳，呜呜咽咽，悲悲切切，震撼人心，一个“愁绝”，道尽边卒的千种辛酸与万般愁苦。“愁绝”是此词之魂，贯穿全篇。无边无际的边草、山南山北的雪晴、千里万里的明月光辉、悲悲戚戚的胡笳声，种种意象叠加递进，由视觉到听觉，构成了悲壮苍凉的意境，烘托出戍边老兵的“愁绝”。小词虽短，但重叠复沓，反复歌咏，回环往复，描绘出一幅广阔无际、苍苍莽莽的边塞之景。

词中文字三换其韵，曲折有致，通畅自然，如行云流水。

渔家傲

（北宋）范仲淹

塞下秋来风景异，衡阳雁去无留意。四面边声连角起。千嶂里，长烟落日孤城闭。

浊酒一杯家万里，燕然未勒归无计。羌管悠悠霜满地。人不寐，将军白发征夫泪！

此词为千古名篇，范仲淹写这首词的时候已经54岁了。当时西夏经常骚扰和侵犯宋朝边境，范仲淹虽已两鬓苍苍，但御敌卫国的壮志使他豪情满怀，雄心勃发，勇气不减当年，进京辞过宋仁宗后，便踏上了戍边的征程。

苍凉雄浑、慷慨悲壮中，词人抒发出多重情感。有征战的艰苦，有思家的苦痛，有壮志未酬的悲伤，也有体恤战士浴血奋战远离家乡的惆怅与辛酸。但是词的格调并不消沉，苍凉壮阔，气势磅礴。

“塞下”，是指北宋与西夏交界的陕北一带。开篇即说，边塞地方的秋天和其他地方秋天的景色是不同的。范仲淹是江南人，江南花草丰茂，秋天来得晚，此时正是一片夏季的繁华，而塞北地区秋风凌厉，树木稀疏，叶子很快就掉光了，满眼是萧飒的景色。对比之下，突出了边塞环境的荒凉，连长空中飞过的大雁也不愿意多停留一会，匆匆忙忙地要飞走。传说大雁要飞到衡阳城南的回雁峰，便不再飞了。“衡阳雁去”是“雁去衡阳”的倒装。

“四面边声连角起”，词人在这一片凄凉萧飒的景物中还未回过神来，这时军中的号角与边地的悲凉之声一起袭来。边塞之地向来人烟稀少，四周空旷，号角声、风声、马嘶声，共同奏起了悲鸣的交响曲。“千嶂里，长烟落日孤城闭”，在开阔雄浑中又增无限苍凉之意，在层层山峰的怀抱里，长烟落日下，孤城紧闭。一个“千”字对应一个“孤”字，“千”极言范围地域之广，而一个“孤”字，既表现出词人与战士心中情绪的外化，又透出边塞的空旷与寂寞。

下片直抒其情，“浊酒一杯家万里，燕然未勒归无计”，《后汉书·窦宪传》载窦宪追北单于，“登燕然山，去塞三千余里，刻石勒功”而还，这句话表达了词人内心深处的复杂情感，既有建功的雄心壮志，又有思念家乡亲人的柔情。在离家万里的边塞，词人心中早已生出了无比浓郁的乡愁，他想用浊酒浇灭心中的块垒。而此时，夜已渐渐深了，霜降满地，不知从哪里传来了呜咽的羌笛，将每个人心中埋藏的乡思愁绪又勾出来。此情此景，大家都无法再入睡，敌人还未消灭殆尽，但是将军已是两鬓斑白，隐含着词人壮志未酬的遗憾。这首词悲凉慷慨，读来有一种穿透人心的力量。

望海潮 从军舟中作

（金）折元礼

地雄河岳，疆分韩晋，重关高压秦头。山倚断霞，江吞绝壁，野烟萦带沧洲。虎旆拥貔貅。看阵云截岸，霜气横秋。千雉严城，五更残角月如钩。

西风晓入貂裘。恨儒冠误我，却羡兜鍪。六郡少年，三明老将，贺兰烽火新收。天外岳莲楼。想断云横晓，谁识归舟。剩着黄金换酒，羯鼓醉凉州。

《望海潮》这个词牌最开始见于柳永的《乐章集》。词作者折元礼是金朝人，后元军攻陷葭州，死于非难。

词开头三句极写重关之势，“河岳”，是指黄河、华山。韩晋是指战国时三家分晋，分为韩、魏、赵，此处是指山西、河南接壤之地。一个“雄”，一个“分”，一个“压”，可以很分明地看出地势雄伟，位置险要。次三句极写关塞之壮美，这是词人平远视野中的景观。山倚着云霞，江河中波浪拍打着壁崖，而江面上的缭绕水雾笼罩着河滨小洲。“虎旆拥貔貅。看阵云截岸，霜气横秋”，这几句极写军队的整严，“虎旆”就是绣虎图案的大旗。“貔貅”形容军队雄猛威壮。“阵云”是密集军阵如云涌，形容军队严阵以待，有种肃杀之气。“阵云截岸”是从地面的角度说军队十分整齐，“霜气横秋”是从天空的角度说，军队的肃杀之气如秋天的疾风严霜。“千雉”是指诸多城墙上堆列如齿的掩护守城人的矮墙。词人将笔端定格在戍卫森严的城池上，以劲笔浓墨，极尽气氛渲染。

通观上片，字里行间充斥着高远壮阔的刚健之气，笔力老苍振迅，然而片尾一句“五更残角月如钩”，刚柔相济，意蕴丰满。残月的清辉带着几分柔和，使关险阵严的肃杀之气得以缓冲，同时也意味着月即使如钩，但也弯得劲健有力，五更残角更添悲壮苍凉。

下片写出词人想从戎的心思。“西风晓入貂裘，恨儒冠误我，却羡兜鍪”，“儒冠”是指词人的文士身份，这句应是化用杜甫“儒冠多误身”句。“兜鍪”，即盔胄，指代武事。由此句可以看出，词人在上片如此大费周章，心思缜密地写军队的阵容，实乃“羡兜鍪”所致。词人自恨为一介儒生，枉有为国效力、忧国忧民的济世情怀。“六郡少年，三明老将，贺兰烽火新收”，六郡原指陇西、天水、安定、北地、上郡、西河，今西北陕甘地域。“三明”是东汉段纪明、皇甫威明、张然明，并称“凉州三明”，此处泛指名将。“贺兰”是山名，在宁夏中部，为边塞军事要冲、必争之山岭。词人用古代名将占领边塞要地来激励自己，词人不愿当一介书生一味哀叹国事，而是想以剑代笔，以武建功立业。

“天外岳莲楼。想断云横晓，谁识归舟”，“岳莲楼”代指西岳华山的莲花峰，“谁识归舟”则化用了柳永《八声甘州》中的句意，表达了思乡与功业无成的酸楚。“剩着黄金换酒，羯鼓醉凉州”，词人回到现实中来，颇带寂寞的意味，然而并无失落。虽然词结尾略有低沉之感，但这首词的豪迈气概还是颇为动人的。

江月晃重山 初到嵩山时作

(金)元好问

塞上秋风鼓角，城头落日旌旗。少年鞍马适相宜。从军乐，莫问所从谁。

候骑才通蓟北，先声已动辽西。归期犹及柳依依。春闺月，红袖不须啼。

《江月晃重山》调见杨慎《词林万选》，每段上三句《西江月》体，下二句《小重山》体。双调五十四字，前后段各五句，三平韵。元好问生活的时代，正值金元交替之际，金朝由盛而衰被蒙古灭亡，蒙古本是金的臣属，崛起后征伐四方而灭掉金国。在这样动荡的社会环境里，元好问也经历了国破家亡、流离逃难的痛苦煎熬。年轻的元好问备尝人间的痛苦艰辛，现实虽然无法改变，但他的内心始终充满着对金国沦亡的悲伤。

这首词应该是他在金国沦亡后所作，充满着战斗的激情与豪迈。“塞上秋风鼓角，城头落日旌旗”，“塞上”“秋风”“鼓角”“城头”“落日”“旌旗”，边塞特有的意象叠加，展现出了一支已经做好战争准备、严整待发的军队和一幅雄浑苍茫的边塞景象。秋风将城头上的旌旗吹起，其时已是日暮时分，鼓角声响彻了整个边塞，肃穆而又悲壮。而这一切又在落日的映照下，铺上了余晖的光芒，一切都显得苍苍茫茫，雄浑而又悲壮。

“少年鞍马适相宜。从军乐，莫问所从谁”，写词人的豪情壮志，只要能够从军，就是最大的快乐和满足，不需要问自己随从的是哪个将军。一个志在边关渴求御敌的少年英雄形象跃然纸上。

“候骑才通蓟北，先声已动辽西。归期犹及柳依依”，“蓟北”指黄崖关长城，它位于蓟县北部山区，雄险奇秀，辽西指辽宁西部。此句是说，骑马的侦察兵或担任巡逻任务的骑兵，才到长城内外，其阵势与杀敌的声音都已经传到了辽西。“柳依依”出自《诗经·采薇》：“昔我往矣，杨柳依依；今我来思，雨雪霏霏。”此句是说慨然杀敌，回家的日子已经不远了。从这句可以看出词人杀敌的气概与昂然的激情，并对战争的胜利成竹在胸，有信心杀敌而归。“春闺月，红袖不须啼”，以往的词都是思妇愁征夫不归，带有一种悲伤的情感与词调，而在此篇作品中词人告诉思妇，不用悲伤啼哭，戍边的战士不久就可以击退敌军胜利而归，有一种振奋人心的气势。

这首词视野广阔，风格豪迈。杀敌报国对于元好问这样的文人来说，或许是偶然的一时豪兴，但他为金国的沦丧奋起，平素报国立功的信念尽在这首词中展现，不但场面热烈，音节嘹亮，而且情豪志壮，顾盼自雄，精神百倍。把媚软缠绵的儿女情换成了刚健的英雄气。

南柯子 淮西客舍得陈敬止书，有寄

(清)毛奇龄

驿馆吹芦叶，都亭舞柘枝。相逢风雪满淮西。记得去年残烛、照征衣。

曲水东流浅，盘山北望迷。长安书远寄来稀。又是一年秋色、到天涯。

毛奇龄生于明末，曾参与过抗清斗争，流亡多年。康熙时曾让他做官，但他"寻假归不复出"，可见其志节与风骨。

这首词是词人回忆一年前离家从军之事所作，表达了其怀国思亲之情。

"驿馆吹芦叶，都亭舞柘枝"，"驿馆"是驿站的客舍，"柘枝"是从西域传入中原的一种舞蹈，唐时很兴盛，宋继承唐，宋的柘枝舞经常在贵族的酒宴中由伎人表演，供宾主欣赏，舞蹈婀娜多姿又矫健明丽。词的开头用倒叙的手法，这样写既能吸引读者的注意，也有一种新鲜的感觉。词人收到了远在天边亲人的来信，实在是太高兴了，情不自禁，在驿站的客舍用芦叶吹起了动人的曲调，给读者留下了广阔的想象空间，这曲调，是家乡的曲调，还是和妻子曾经有过美好记忆的曲调，让人不禁浮想联翩。吹起了曲子，词人觉得还是不能表达内心的兴奋之感，于是便在大街上跳起了柘枝舞。读者不禁会问：为什么词人如此高兴？到底发生了什么事，使他那样兴奋？

词人从他将要戍边，离家而去之时的回忆写起，"相逢风雪满淮西。记得去年残烛、照征衣"，我们可以解读为，在一个风雪交加的日子，词人和妻子在淮西的冰天雪地中相逢相知，到下句，词人将要戍边，妻子担心丈夫在外寒冷，便连夜赶制征衣。一个残烛，便可看出她的尽心尽力与急切心情。从"残烛照征衣"这样一个场景，便可以看出词人与妻子感情甚笃，在那分别之际，又该有多少分别的苦痛和平安的企盼！然而，词人只写出一个场景，却饱含了无尽的深情，这其中，有回忆的甜蜜，有分别的痛苦，也有现今想家的情思。

词人并没有直接抒情，依然描绘了一个场景——“曲水东流浅，盘山北望迷”，弯弯曲曲的河水迂回湍急地流着，直到接近东部下游地区，才渐渐变得平缓，泥沙慢慢地淤积，河道逐渐变浅。至此，词人回首，往家乡即向北的方向望去，只见蜿蜒曲折的层层山峦，而且朦胧的云雾还遮挡着词人的视线，让词人看不到来路，更看不到家乡。这两句可以理解为词人回忆当时离家的情景，家乡渐渐远去，词人一路东行南下，已到了河浅处，离家更远，词人分别时撕心裂肺的痛苦、对未来的迷惘等百种思绪刚刚在心中平复，然而这一回首，刚刚平复的心情又激荡起来，词人的心中充满了深切的思念。

最后一句，词人总算揭开谜底，让读者恍然大悟的同时，也更为词人的遭遇扼腕叹息。“长安书远寄来稀。又是一年秋色、到天涯”，这封书信到“我”的手里是那么的不容易，长安离家太远，寄信少，而自然的原因就更使得书信少了，等下封书信寄来的时候，可能会在明年秋天，只是那时，“我”又不知道身在天涯何处了。词人虽然没有直接告诉读者他为什么那么高兴，但是答案自在其中。

这首小令寥寥 52 个字，却将词人与妻子相遇到征戍离家写得完完整整，有情节有场景，而且处处景语皆情语，虽然上下句跨度较大，但是又有千丝万缕的联系，能够调动读者的想象去填充，而且运用追忆、倒叙的手法来写，一波三折，韵味横生。尤其是最后一句，看似是平淡的叹息，但是读完，益增清苦，达到语尽而情未尽的效果，无俗气无匠气，实为难得之佳作。

长亭怨 与李天生冬夜宿雁门关作

（清）屈大均

记烧烛、雁门高处。积雪封城，冻云迷路。添尽香煤，紫貂相拥，夜深语。苦寒如许，难和尔，凄凉句。一片望乡愁，饮不醉、垆头驼乳。

无处，问长城旧主，但见武灵遗墓。沙飞似箭，乱穿向、草中狐兔。那能使、口北关南，更重作、并州门户。且莫吊沙场，收拾秦弓归去。

这首词的词牌名也称《长亭怨慢》，是南宋姜夔的自度曲。屈大均由明入清，顺治四年（1647），曾参加抗清斗争。失败后，其一直游历塞边、关中、东南。李天生于康熙八年（1669）举“鸿博”，授检讨，是词人的友人。雁门关是长城的要塞之一，位于山西代县北雁门山上。这首词系词人与友人夜宿雁门关有感而发。

上片写词人与李天生灯前夜话的情况。因雁门积雪深厚，有将城门封住之势，“冻云”，形容严冬的阴云。这样严酷的天气，到处都是阴云笼罩下的皑皑大雪，词人和友人夜宿于此，便忆起所在之地的历史。“天下九塞，雁门为首”，雁门关与宁武关、偏头关为内长城之“外三关”，这里峰峦叠嶂，山崖陡峭，关墙雉堞密集，烽堠遥相呼应，地势十分险要，为千古兵家必争之地。词中先写与友人回忆雁门，再写为何到此，使得主题更加突出。由于天气寒冷，词人与友人一边叙聊，一边添煤取暖。“香煤”，古代妇女画眉用品，此句借指煤炭。“紫貂”，是用紫貂皮毛所制成的珍贵的裘衣。可见天气极其寒冷，煤炭添尽，紫貂相拥，还是不能取暖。“苦寒如许”，是由记叙到抒情的过渡之句。和友人说不尽那凄凉的话语，词人一心想反清复明，找回自己曾经的家园，然而只是徒劳。至此，读者方明白，原来词人说自己身体的寒冷只是外在的，其最凄凉的莫过于内心深处散发出的故国不在、家乡难寻的寒意。

下片慨叹长城一带被清军占据，词人悲愤地呼喊：“哪里再去问长城的旧主?”眼前有的，只是武陵遗墓的荒冢。“武陵遗墓”是战国时赵武灵王之墓。这段长城据说为其所建。紧接着词人描绘了武陵遗墓的萧瑟的风物，沙飞似箭，弥漫天地，一句“乱穿向、草中狐兔”，不仅说明雁门关气候之恶劣，而且意有所指。“狐兔”代指敌人。词人已知复明无望，只能难过地哀叹：“那能使、口北关南，更重作、并州门户。”“口北关南”，即张家口以北，雁门关以南。并州是今山西太原地域。想象之下，这句议论便显得有血有肉，不是“空谈”。“且莫吊沙场，收拾秦弓归去”，“秦弓”，相传秦地有南山檀柘，可作弓干。这句意为不要在这里凭空悼念，要付诸行动，表现出词人一雪国耻之矢志不移、与敌抗争到底的决心。

这首词气韵直下，纵横排荡，神似稼轩，明代词人罕有其匹。

长相思

（清）纳兰性德

山一程，水一程，身向榆关那畔行。夜深千帐灯。
风一更，雪一更，聒碎乡心梦不成。故园无此声?

《长相思》的词牌始见于唐教坊曲，最先载入《全唐诗》中。这首词为双调，36个字。又名“山渐青”“吴山青”“长相思令”“长思仙”“青山相送迎”“相思令”“越山青”“忆多娇”“双红豆”。如果是仄韵，那么亦可名曰“叶落秋窗”。这首小词是词人在边塞军旅途中思念家乡时所作，将边塞的艰辛和思乡的苦痛融为一体，以小见大，读起来有连绵起伏之感。家乡的空间阻隔和词人的怨怼形成矛盾，其中更多的是词人的无以言说的痴语与心声。

词的上片说“山一程，水一程”，“一程”又“一程”的叠加，再加上无处不见的山水之景，使读者可以感受到词人的行程愈远，思乡之情愈深愈浓。仅仅6个字，既可以看出行军跋山涉水的艰难，也可以略微感受到词人对这种军旅生活的厌倦。“身向榆关那畔行”，“榆关”就是山海关，词意紧承上句。此句需要细细琢磨。词人说“身向”，随着行进方向的前移，意谓词人的心却是一直往回走。最精彩的是“夜深千帐灯”，在边塞苍苍莽莽的沙地上，到处铺满着白雪，风飒飒地吹着帐篷，深夜幽蓝的天空和地上的明灯相互辉映，不失为一种雄阔而又悲壮的景致。然而不禁令人生疑：经过日夜兼程爬山踏雪长途行军，夜深到达宿营地后为什么不及时休息，帐灯明，毫无睡意？这里间接地表现出词的写作主旨，原来是思乡使人心烦意乱，无法入眠。

下片开始写风雪一更又一更地下着，不仅呼应着词的开头，又进一步说明了行军的艰难与不易。接着词人说“聒碎乡心梦不成”，其实是乡心时时纠缠着词人，已刻印在内心深处，无法成眠。耳边全是风雪之声，所以词人说“聒”，越是这样的恶劣天气，词人越是想念家乡与家人的温暖，而且明明是词人心中的念想让他无法安眠，但他却怪“风雪聒噪”，看似平淡，实则是内心世界痛苦的反射。结尾词人反诘一句“故园无此声”，这简直是痴人痴语，无理的问句中处处是痴念与浓情。可见词人已经由对家乡的想念而生发出了幽苦与怨怼之情。

这首小词短短篇幅内一波三折，起伏有致。词人用景物的叠加来反映军旅之苦，又用了一些简单的意象表达出深邃的词境与思想。最后，词人用表面看似有违情理的抱怨，更加有力地表达出深切的思乡之情。

第八节 悼亡伤逝词

概说

在天地无穷而人生有限的悲歌中，皓月冷冷地照着这个丰美而又冰冷的世界，不管人们在世上演绎着生老病死，还是悲欢离合，它依然用睿智的眼光看着周而复始而又转瞬即逝的生命，而人生中，最让人刻骨铭心的无非是大喜与大悲。失去对自己重要而且感情深厚的亲友时，那种撕心裂肺的哀痛之情、生命短促的伤感之叹，在韵味无穷的词境中展露无遗。一些满腔悲愤的血泪文字，具有深刻的理性和睿智的悟性，道出悠悠天地间人何其渺小的人生感悟。

悼亡题材在《诗经》中就已经出现。《唐风·葛生》中表现了怀念亡妻的深切情感。诗人看着自己妻子的埋葬之地，备感伤心，想着从前的相亲相爱、同心同德，而今孤独无亲，所以发出了死后同穴的誓言。魏晋潘岳和南朝沈约都作有《悼亡诗》。唐代元稹的《离思五首》和《遣悲怀三首》抒情强烈，言情并不庸俗，瑰丽却不浮艳，悲痛不显低沉，成为悼亡名篇。

花间词集中只有魏承班《谒金门》（烟水阔）是一首悼亡词。魏承班以女性的口吻用三叠的形式来表现悼亡主题，运用细雨、落花、双语燕、飞絮、霜月、烟水等许多哀伤的意象，朦胧凄冷，使词显得雅致而空灵，艳丽而梦幻。意象与女主人公的思想活动紧密穿插，如"雨细花零莺语"使人"伤心犹不彻"，"双语燕"让女主人公不忍听，看着飘扬的飞絮，想起自己从此无依无靠，便泪落不止，"烟水"让女主人公想起自己与夫君阴阳两隔，只能"愁似织"，肝肠寸寸断。在雕红刻翠、艳词满纸的花间词中，这首小词读来备感真挚。

在晏殊的词作中也不乏伤逝悼亡类的作品，这类作品也多与生命的思考联系在一起。如《红窗听》（淡薄梳妆轻结束）是思念亡妇之作，即为原配李氏所作。虽词风含蓄，意脉不显，但细细品味，其情之深、意之切、心之真、思之苦，颇能打动读者。词人想旧弦再接，而佳人已归去，那份深情，让人情何以堪？其《红窗听》（记得香闺临别语）上片回忆往事，下片抒写情思，旧欢新愁，前后勾连。绵绵情意，娓娓道来，全词结构浑然一体，但又层次分明，达到了非同凡响的艺术效果。其《凤衔杯》（留花不住）是一首感伤春去而思人的词。词人思念的是他已故的妻子。其用笔淡雅，却语浅情深，温润秀洁，有着颇为高雅的艺术风姿。

苏轼《江城子》（十年生死两茫茫）集合自己十年来的不幸遭遇和对人生的无限感慨，抒发了自己对亡妻永难忘怀的真挚情感和深沉的怀念。词人将积于心中多年而一时难以诉说的千言万语，托之词中，更显情意的刻骨铭心，令读者深为动容，成为千古名篇。

悼亡杰作还有贺铸的《鹧鸪天》（重过阊门万事非），这首词是词人悼念亡妻赵氏的深情之作。贺铸在一些偏僻之地任小官职，有志难伸，怀才不遇，凄清之境与失落之感常伴他左右。贺铸的妻子勤劳贤惠，炎炎酷暑，却挑灯为贺铸补衣，令人感怀不已。尤其是此词在开头还用了一个疑问句，词人曾和妻子同过阊门，而词人再来时，爱妻不在，物是人非，词人悲愤地向天控诉，并称自己为半死桐和失伴的鸳鸯。继之词人从露水的须臾消失中而悟得人生短暂，在痛定思痛的人生感悟中怀念爱妻，以一个问句收束全词：谁还来替自己挑灯补衣呢？既悲哀又无奈。至此戛然而止，而感情却溢出胸怀，迷漫于悠悠的时间与空间之中。

周邦彦《应天长》（条风布暖）也是一首悼亡词，系词人中年重返汴京，于寒食节所作。上片写寒食节触景生情的"闭门愁寂"，看着隔院飘来的乱花，联想到自己已逝的妻子，这外景在诗人内心中化为内景，更加深了浓烈的怀念。下片写载酒寻觅而不得的伤感，词人欲寻前迹，已经无法相识，只剩下深深的悲哀。

处于南北宋过渡时期的李清照也写过两首悼亡词。她以女性特有的笔触写出了丈夫死后，自己颠沛流离、客居他乡的惨痛生活，其孤苦无依、凄楚悲凉的形象在词中表露无遗。《孤雁儿》（藤床纸帐）将咏梅与悼亡融为一体，写出了自己痛苦的心情。这首词将世间聚散、世事变幻诉诸词中，用口语来描述房间内外陈设的物象，没有任何藻饰和雕琢堆砌，自然朴素，真切感人。她以女子口吻道出，却毫不作态，表现出一种深细优美的意境。《南歌子》（天上星河转）写出了自己睹物思人的万千愁苦和寂寞孤寂的悲怆之情。

南宋词人刘克庄也写过几首悼念其妻林氏的词，语浅情深。两首《风入松》都是词人被罢官返回故乡途中所写。其《风入松》（橐泉梦断）描写亡妻已去，自己孤苦一身，处境凄凉。另一首《风入松》（归鞍尚欲）写词人想念妻子之时借酒消愁，而那捣衣声声却一下下重重敲打在词人的心怀。远林摇落晚风之时，词人唯有影子相伴。政治失意之悲、生活失伴之哀，尽在词之字里行间。

南宋悼亡词最多，成就较高的是吴文英。如《渡江云三犯》（羞红颦浅恨）为悼念杭州亡妾所作。此词将过去的与妾之情事和眼前的所见所感融为一体，更显凄怆之情。词尾用山来比喻自己的亡妾，既有深沉的美，又有真切的情，达到了较高的艺术境界。《霜叶飞》（断烟离绪）写重阳佳节对亡妾的悼念。《定风波》

(密约偷香)是为悼念杭州亡妾而作。上片写词人回忆和妾相识的过程,美好且令人眷恋,而一句"十年心事夜船灯"将词人打回冷酷的现实。落花、残酒、冷烟,处处刺痛着词人的心,伤痛愈加明显。《菩萨蛮》(落花夜雨辞寒食)为悼念杭州亡妾而作。上片写词人由寒食节想起与亡妾当年的城南邂逅,想起那美好的场景更使词人"泪痕千万重",刻骨铭心的思虑令词人头发白了,人也瘦了,连帘影也日渐拉长了,更见感伤之重。《风入松》(听风听雨过清明)、《莺啼序》(残寒正欺病酒)都是悼亡词,形象地描绘了词人与亡妾从邂逅相逢到生离死别的全过程,笔触细腻,感情真挚,寄慨遥深。

南宋词人张炎的《琐窗寒》(断碧分山)是悼亡自己的挚友王沂孙之词。词的小序说"长歌之哀,过于痛哭",可见词人对挚友真诚的悼念。全词上下两片反复渲染对方的"凄凉""孤吟""憔悴",自己也"无清致"。在哭好友的同时,也抒发了自己的身世感慨和亡国悲哀,增加了作品的力度与深度。在《洞仙歌》(野鹃啼月)中依然悼念王沂孙,词人读着王沂孙清致的词集,感慨万端,却又害怕重翻词集。因为读其词想见其人,日有所思,夜有所梦,明知自己的友人死难复生,但是却在梦中幻想有一天他还会醒过来,花碎泪洒,迷离恍惚,别具感人的魅力。词人在《清平乐》(采芳人杳)中写清明时节对故国的悼念之情,纯用白描手法,饱含着复杂的内容,深沉地写出面对今年的"燕子",联想到自己身世、家国境遇,更增辛酸、怅惘之情。其《柳梢青》(一夜凝寒)写词人在罕见的清明夜雪中,看着"片红不到,绿水人家"的世界,联想到自己的身世,抒发亡国破家的辛酸悲苦,表达了易代之际对故国的凭吊和祭奠。

元代白朴《夺锦标》(霜水明秋)是词人经过清溪古庙对陈后主的贵妃张丽华的凭吊之词,音节谐婉,词意俊迈,熨帖无痕。

明代金堡《风流子》(东皇不解事)为词人悼念宫女之作。上片写元宵节日,灯火笙歌遭遇风雨交加,为下片凭吊做出伏笔。下片由素馨田畔联想起当年宫女瘗玉埋香,芳魂无人凭吊,只有门前流水朝朝暮暮永不断绝,读来备感凄凉。

清朝是中国历史上最后一个封建王朝,古典文学的各个体裁在这一时期均已进入成熟阶段,加之明清易代,中原动荡,沧桑变革,于是抒发家国之痛、感慨兴亡、凭吊皇帝成为那个时代的主要内容,为吊丧词注入新的元素,使之出现新的繁荣。

顾贞观的悼亡词《更漏子》(续残香),上片写"千里月,五更寒"的凄凉境况,下片词人回忆和自己心爱的人一起生活,写得情真意切。纳兰性德《浣溪沙》(谁念西风独自凉)、《蝶恋花》(辛苦最怜天上月)也是悼亡词中的千古名篇。杜诏《满江红》(一带寒汀)上片忆"水晶帘下,绿荷香满"的纳兰家繁盛时景象,那时可谓是"尽日不教东阁闭，无时肯罢西园宴"，而怎奈弹指间韶光云散，纳兰和顾贞观等人都已陨逝。词人面对燕山的萧萧落叶，更觉黯然神伤。黄景仁《贺新郎》（何事催人老）是词人凭吊李白墓所作，词人早年学习李白之诗，在当时的诗坛颇负盛名。词中最有特色的是写自己在梦中与李白相见的情景，由此可以看出词人对李白的崇敬之情。

常州词派中郑文焯《安公子》（急雨惊鸣瓦）为悼念光绪皇帝而作。此词从光绪皇帝的葬礼开始写起，其中寄予着自己忠君与爱国的思想，虽然有着传统文人的局限，不过自有其价值。另有其《燕山亭》（衰柳空城），这是郑文焯自题所画《蓟门秋柳图》之作，词中充满了凄凉的故国之思，其中"而今莫问，解舞腰肢，凄凉故宫谁妒"，可见其明显的悼明之意。此词一唱三叹，意绪隽永，情由景生，景为情表，若明若暗，扑朔迷离。

朱祖谋《鹧鸪天》（野水斜桥）是一首悼念死难故友的词，词人经过友人的故居，野水斜桥亦在，故鸥亦在，红萸白菊亦在，而人已故去，连在门口翩飞的蝴蝶也悄悄地离去了，没有高声放悲的词句，只有内心的痛苦之情经过压抑之后更显凄楚哀怨，令人不忍卒读。其《声声慢》（鸣螀颓墄）新意迭出，悼念光绪帝的爱妃，词人哀叹珍妃命运不济，全篇以落叶无人怜惜为线索，将庚子事变中的一个故事以词的方式渲染而出，悲切感人，可见词人对外国侵略者的憎恶和对误国奸佞的愤恨之情。其《减字木兰花》八首是组词，分别悼念词人的八位已逝去的朋友，即何锡骅、黎承忠、张度、袁昶、施浴升、刘光第、何维栋、秦鸿声。这些人积极主张变法维新，却被害于光绪二十四年(1898)。词人当时在北京，对自己的八位朋友被害义愤填膺，悲愤难忍，而迫于当时的政治压力，却不敢写出心中所想，高声放悲。这组词的写作离自己的朋友被害已时隔六年，终于以激愤的口吻抒发了心中的积郁。

况周颐的《风栖梧》（记得天涯）是一首悼念亡姬桐娟的哀词。哀痛之思随着时间的推移愈趋强烈。《金缕曲》（风叶鸣窗竹）中词人与桐娟梦里相会，天上人间的悲情难诉，词人在人间苦苦煎熬，"第一天涯伤心事"，可见词人已痛入骨髓。

王鹏运《满江红》（风貌尘衫）是一首凭吊岳飞祠堂的词。词从岳飞大军当日进驻朱仙镇，指日渡河北上胜利在望的情景开始写起，直接揭露宋高宗赵构和秦桧的陷害忠良之罪恶。

宋育仁《风入松》（小楼一雨），词人看见了"东风又绿楼前柳"，对往事的回忆被勾起，而切切的思念又让他进入梦乡，词人和爱人的诀别是于江南春浓、杨柳如烟的美景中，词人想通过梦境把她追寻回来，却关山重阻，生死两隔，只记得她当时挥手告别人间而去，而这也只是一瞬间的事，词人只能空余想念和叹息。

南歌子

（宋）李清照

天上星河转，人间帘幕垂。凉生枕簟泪痕滋。起解罗衣聊问夜何其。

翠贴莲蓬小，金销藕叶稀。旧时天气旧时衣，只有情怀不似旧家时！

李清照早年生活优裕，又与丈夫赵明诚志趣相投，在丈夫离世之后，她的词全是哀伤情调，书写国破家亡的感受，其中亦不乏慷慨激昂之作。这首悼亡词便是她的心曲。

这首词一开始便是一个对句，“天上星河”即银河，一个“转”字道出时光的流逝与词人的无眠；“人间帘幕垂”，词人的闺房密帘遮护。词人与心爱的人天人两隔，虽是寻常的景，但其中饱含着无比沉痛的情。把帘幕遮得如此之紧，可见词人是孤独一人在人世间，她的内心是在寻找着一种依靠与保护。而这些更是让她想到丈夫已去的深哀与创伤，于是有了“凉生枕簟泪痕滋”。枕簟生凉，不单是说秋夜的冷，更是难眠的词人从内心深处透露出的寒意，家破人亡的现实与自己悲剧的命运让她冷至心底，想着想着，泪珠儿滴满了枕簟，夜深悲亦深。“起解罗衣聊问夜何其”，“夜何其”语出《小雅·庭燎》：“夜如何其？夜未央。”“夜如何其？夜未艾。”“夜如何其？夜鄉晨。”意思是夜已近清晨，可见词人的心态。

“翠贴莲蓬小，金销藕叶稀”，其中“莲”“藕”，都是民歌中常用的意象，它与怜、偶谐音，引起对男女情爱的联想，用来表现爱情。“翠贴”“金销”是倒装，是将翠羽贴成莲蓬样，用金线绣成莲叶纹，指贵妇人穿的衣裳。这两句是说词人解衣欲睡，然而看见衣上的花绣，又回想起往事，当时词人用金、翠装点着衣裙上的花色，是何等的美艳，洋溢着青春的美好，而今物是人非，爱情生活是如此短暂，心爱的人竟然就这样离自己而去。“旧时天气旧时衣，只有情怀不似旧家时”，直接抒情，看似平常的话语，然而唯有真正历尽沧桑的人才能真正道出其中包含的复杂情感，秋夜微凉的天气和旧时一样，自己的衣服也和旧时一样，只有情怀再也不像当初那么单纯与快乐了。虽是平常语，读来却字字惊心、声声悲咽，直达读者的心底。

这首词看起来并不难懂，典故也不多，易安词最大的特色就是以寻常语入词，却能感人至深，把南北宋之交社会动乱、夫死家破的流亡生活和独守空闺的孤寂情怀娓娓道来，通篇痴语，字字血泪，声声呜咽。

莺啼序

（南宋）吴文英

残寒正欺病酒，掩沉香绣户。燕来晚、飞入西城，似说春事迟暮。画船载、清明过却，晴烟冉冉吴宫树。念羁情游荡，随风化为轻絮。

十载西湖，傍柳系马，趁娇尘软雾。溯红渐、招入仙溪，锦儿偷寄幽素。倚银屏、春宽梦窄，断红湿、歌纨金缕。暝堤空，轻把斜阳，总还鸥鹭。

幽兰旋老，杜若还生，水乡尚寄旅。别后访、六桥无信，事往花委，瘗玉埋香，几番风雨。长波妒盼，遥山羞黛，渔灯分影春江宿，记当时、短楫桃根渡。青楼仿佛，临分败壁题诗，泪墨惨淡尘土。

危亭望极，草色天涯，叹鬓侵半苎。暗点检、离痕欢唾，尚染鲛绡，亸凤迷归，破鸾慵舞。殷勤待写，书中长恨，蓝霞辽海沉过雁，漫相思、弹入哀筝柱。伤心千里江南，怨曲重招，断魂在否？

《莺啼序》是词中最长的曲调，这首词在《宋六十名家词》中又题作《春晚感怀》。这首词应是吴文英悼念亡妾诸作中最长并最能反映他们关系的一篇作品，形象地描绘了词人同亡妾的邂逅及生离死别的全过程。全文分为四段，从伤春起笔，第二段开始述怀旧之情，第三段叙伤别的深悲剧痛，第四段写悼亡。词人把写景、叙事、内心活动交织在一起，感情真挚，寄慨遥深，笔触细腻，现在、过去、未来相互渗透，尽情倾吐其对亡妾的挚爱。

第一段起始之“残寒”是指清明前后冷空气撤退之前的冬季余威，“病酒”是指因饮酒过量而生病，此句是说，残寒肆虐，侵袭着词人，而词人正值“病酒”之际，再加一个“正”字，可见词人的心情已经低落到极点，全篇一开始便笼罩在一片寒气逼人的氛围中。“掩沉香绣户”便也是上句的结果，正因寒气逼人，词人只好待在房里。“沉香”是一种名贵香料，可见词人的雅致。一个“掩”字，不仅那扇门关闭着词人的身体，也关闭着词人因爱人离去悲怆的心扉。词人足不出户，看见燕子姗姗来迟，才知道春天到来的消息，那燕子似乎也在诉说着春天来得如此之晚。这便是一片伤春、悼春的情愫。然而春天既来，词人便决定走出房门，去湖边踏青，或许能换换心情。词人踏上彩饰装点的画船，一句“清明过却”透露了隐藏在词人心底的秘密，可见词人是在思念着自己的爱姬。昔日和爱姬游玩热闹的场景早已不在，如今只剩下词人孤身站在船头看着阳光照射下的淡淡暮霭，一切景语皆情语，明明春天已经来了，为什么词人的心情还是如此悲伤呢？种种滋味交织在心头，“念羁情游荡”，词人不但想着爱姬，更饱含着生死离别之痛和家国兴亡之感。“随风化为轻絮”，词人真的放下这一切了吗？从第二段看，词人不但没有放下这一切，而是随着眼前的景致想起了过去的一切。

第二段直接回忆起往事。词人想起自己年轻时十年难忘的西湖游玩时光，那时他意气风发，来到西湖，杨柳依依，傍着柳树系马，想起与爱姬相逢的甜蜜场景，在美好的西湖风光中，游春仕女的车马在路上留下相互爱慕的“娇尘软雾”。词人溯流而上，寻求佳人，与她书信往来交流感情。想不到词人与佳人在两情相悦难舍难分之时，转眼成空，“春宽梦窄”，词人与爱姬只能忍痛洒泪挥别，西湖的美好风光只能留给鸥鹭去享受。此段过往，词人回忆起来依然是痛不欲生。

第三段写别后的旅程。词人羁旅过后，回去重新寻觅佳人的时候，怎奈佳人不但无信，而且“事往花委，瘗玉埋香”，已与自己阴阳两隔，“几番风雨”更是道出了词人的深悲剧痛。词人又想起佳人美丽的容颜，连清澈的水波都妒忌你的明眸，连苍翠的远山看到你那弯弯的秀眉都含羞躲避。佳人住过的青楼一如往昔，分别时词人曾在败壁之上题诗，如今和着泪水的墨痕已蒙上了些许灰尘，字迹已变得模糊不清。

第四段的内容全是悼亡。词人登高望远，漫漫天涯，自己已“鬓侵半苧”，佳人不再的苦痛让词人心力交瘁。“暗点检”三句，写词人拿着昔日佳人留下的丝帕，上面写满了离别的苦恨和欢乐的时光，睹物思人，更是一番伤心。词人以受到伤害而翅翼下垂的凤鸟自比，写自己形单影只，孑然一身，徒留在世间受苦。词人悲愤交集，想把自己心中的苦痛写出来，然而到哪里去寻找欲寄书信的大雁？这漫漫的相思与苦痛，只能寄托于这凄凉哀怨的曲调。“伤心”三句，用宋玉《招魂》诗句：“目极千里兮伤春心，魂兮归来哀江南。”千里外的江南是词人的伤心地，词人欲招魂，可是爱姬的断魂还能招回来吗？在读者心中留下一个大大的疑问。读来真是令人回肠荡气，过去、现实、未来交织在一起，回忆中又包含着回忆，特别是词人用象征、借代、比拟的手法来表述自己的心境，又增加了词的可读性、神秘性与朦胧性，就好像读者看见一层美丽的面纱，面纱后隐隐约约有着很美的景色，而要揭开面纱并非易事，一旦真正揭开后，令人唏嘘不已。长长的篇幅毫无拖沓之感，也不似叙事诗有一定的顺序，而是将所有的片段制成了一块炫人眼目的襟帷，眼花缭乱的中心是伤心与眼泪，此词是悼亡词中不可多得的佳篇妙构。

南乡子 为亡妇题照

(清)纳兰性德

泪咽却无声，只向从前悔薄情。凭仗丹青重省识，盈盈。一片伤心画不成。

别语忒分明，午夜鹣鹣梦早醒。卿自早醒侬自梦，更更。泣尽风檐夜雨铃。

纳兰性德是至情至性之人，他的词作多以“断肠”“凄凉”“惆怅”“憔悴”等语句出之，笼罩着一种悲凉而又忧郁的气氛，这不能不说与其爱妻的离世有一定的关系。这首为卢氏题照之词，伤心来袭，毫不掩饰，其率真于此可见。

上片起句以“泪咽”出之，词人思妻而不得见，遂举笔题像，爱妻容貌依然清晰可见，往事涌上心头，不禁失声痛哭。一个“却”字将词人的沉痛悲楚书写殆尽，对句平接往昔情事，有诸多悔意。丧妻后的词人，日思夜想再次重逢，但无奈阴阳两隔，唯有作画以自慰，但破碎的心似乎也不再听从词人的差遣，丹墨含情亦有悲。况周颐《蕙风词话》评其词曰：“纳兰性德作词纯任性灵，纤尘不染。”画未成，泪已朦，于是词人末句便巧妙化用唐代高蟾“世间无限丹青手，一片伤心画不成”(《金陵晚望》)的意境，字字皆含血泪，痛彻肺腑，令人不忍卒读。

词人观妻子画像而愈发悲伤。下片“别语忒分明”一句，看似平常语，但蕴含着今昔分离之痛。分别的话语依然在耳畔回荡，但伊人已不见，此间酸楚又有几人知晓？他想象着妻子早已从美梦中醒来，而只有自己还处于梦寐状态，心间万千惆怅。夜也变得如此漫长，更有那寂寞而又单调的更漏声声敲打在心房。环境与心境无间契合，将词人心中无形的悲苦形象化地表现出来。

蝶恋花

(清)纳兰性德

辛苦最怜天上月。一昔如环，昔昔都成玦。若似月轮终皎洁，不辞冰雪为卿热。

无那尘缘容易绝。燕子依然，软踏帘钩说。唱罢秋坟愁未歇，春丛认取双栖蝶。

众所周知，纳兰性德是一位身居“华林“的公子，其《饮水词》不乏悼亡佳作，这首《蝶恋花》更是千古名篇。词人很钟爱自己的伴侣，不想她却早夭，撇下自己。更何况，这位离自己而去的卢氏与纳兰志趣相投，有着共同的人生取向。由此足见纳兰性德与其亡妻心灵相通的情谊。

词人在一首《沁园春》词前《自序》中道：“丁巳重阳前三日，梦亡妇淡妆素服，执手哽咽，语多不复能记。但临别有云：‘衔恨愿为天上月，年年犹得向郎圆。’妇素未工诗，不知何以得此也。”这个梦应是做此词的缘由。词人悼念自己的妻子，却先写月，用起兴的手法写悼亡之情，词人开端就说，天地间最辛苦、最可怜的就是天上的月亮，一年三百六十五日，只有一夜是圆的，而其他夜晚都是有所缺的。“一昔”即一夜，“昔昔都成玦”，是说夜夜都如月玦。“玦”是半环的玉佩。“若似月轮终皎洁，不辞冰雪为卿热”，如果爱情能像月光那样始终如一的皎洁与美好，那么即使你在冰雪之中，我也会用爱情之火将冰雪融化来温暖你。

“无那尘缘容易绝。燕子依然，软踏帘钩说”，“无那”同“无奈”，意思是说我和你的感情如此美好，无奈世事难料，尘缘易绝，但那帘上的燕子依然如你活着时那样，轻轻地踏着帘钩诉说着往日的话语。“唱罢秋坟愁未歇，春丛认取双栖蝶”，“秋坟”取李贺诗“秋坟鬼唱鲍家诗”；“双栖蝶”取梁山伯、祝英台典故。此句是说你已经下葬，丧事即毕，但我的忧愁无端无已，不知何时才能停止，于是词人便把永恒的爱情寄托在双栖蝶上。

这首词典故不多，很好理解其中的意蕴。但要把其中的深情说破，却也不是易事。词人从月联想到自己的爱情，把自己对心上人怀念、悼念的一腔哀怨娓娓道来，缓缓诉说，像一条悲伤的小河慢慢沁入读者的心田，亡妇已逝，仅留下幻梦一场，尘缘毕已断绝，令人徒唤奈何！帘前的双燕徒留给人美好的念想，而现实却是残酷无情的，词人只有寄予美丽的传说，阴阳两隔，春花烂漫之时，在美丽花丛中翩翩起舞的双蝶，便是自己与爱妻的化身，留给人无尽的遐想与感喟。

浣溪沙

（清）纳兰性德

谁念西风独自凉？萧萧黄叶闭疏窗。沉思往事立斜阳。
被酒莫惊春睡重，赌书消得泼茶香。当时只道是寻常。

这首《浣溪沙》是纳兰词中著名的悼亡作品之一，仅仅40余个字中饱含着无尽的情思与悲伤，每读一遍，悲伤便更加深一层。词中那种朴实真挚的情感、凄婉哀艳的文字、蒙太奇式的剪影，无不深深打动着读者。

这首词依然是词人悼念卢氏所作，一开始便立下悲情的调子，“西风”“黄叶”都是哀伤的意象，但这里词人加了一个“独自”，便显出自己现今与亡妻阴阳两隔，孤零零苦守着人间的痛楚。而词人又加一个“谁念”的诘问，更显伤入骨髓之痛。短短七个字，一波三折，交代出自己的心情。西风已凉，无人念及，词人便自己去关窗，窗外萧萧黄叶漫天飘洒，更显得凄清与悲凉。一个“疏”字，我们仿佛已看见词人泣血的心。词人不由自主地看着窗外的斜阳，昔日的往事一齐涌上心头。

“被酒”，即醉酒之意。词人喝完了酒小憩，自己的妻子精心谨慎，生怕词人被惊醒，可见妻子对词人的关怀体贴与细致入微。“赌书”化用李清照典故，李清照在《〈金石录〉后序》一文中曾追叙她婚后屏居乡里时与丈夫赌书的情景，文中说："余性偶强记，每饭罢，坐归来堂，烹茶，指堆积书史，言某事在某书某卷第几页第几行，以中否决胜负，为饮茶先后。中即举杯大笑，至茶倾覆怀中，反不得饮而起。甘心老是乡矣！"词人想起当时和卢氏赌书泼茶之欢乐的情景。只能伤心又懊悔地感慨一句：当时只觉是寻常景，怎么就没好好珍惜呢？直到卢氏亡逝，自己才明白一切。

纳兰性德是一位将技巧与感情均发挥得淋漓尽致的词人。词作的逻辑性很强，上片词人先是觉西风已凉，想起自己孤独，起身去关窗，看见窗外萧萧黄叶和斜阳便引起往事之思；下片前两句均是美好的回忆，最后一句才是发自内心的感叹。仿佛抽茧剥丝一般，引读者一步步进入词人营造的氛围之中，充分体会其悲哀至极的心境。至美的手法表达至真的情感，产生至善的艺术效果，堪称传世典范之作。

山花子

（清）纳兰性德

欲话心情梦已阑，镜中依约见春山。方悔从前真草草，等闲看。

环佩只应归月下，钿钗何意寄人间。多少滴残红蜡泪，几时干。

这首词也是纳兰性德悼念卢氏之作。纳兰与卢氏，两人感情甚笃，恩爱的时光始终留在词人心中，词人为此写了很多悼亡词，首首都是缠绵悱恻、催人泪下的哀怨诉说，首首都饱含沁人肺腑的真挚情感。在《金缕曲》中他说道："三载悠悠魂梦杳，是梦久应醒矣，料也觉人间无味。"就是多年后，他仍写道："此情已自成回忆，零落鸳鸯，十一年前梦一场。"可见词人对待卢氏始终如一，其恩爱没有因为时光的流逝而褪色。

"欲话心情梦已阑"，此句化自辛弃疾《南乡子》（舟中记梦）中的"别后两眉尖。欲说还休梦已阑"，十分容易理解。词人大概是说，在梦中和卢氏相遇，词人激动不已，多么想对她诉说自己一人在人间的苦难与孤寂，种种心情与话语一时涌上心头，可刚要开始诉说的时候，没想到梦醒了，只留下词人醒后的怅然若失和没有中止的思念。词人走至窗前，在镜中隐隐约约看见亡妻的样子，"春山"是指妇人姣好的眉毛，这里暗指词人的妻子，词人思念其亡妻已至其极。镜中依稀再现其妻子的容貌，词人哀痛万分，后悔不已，从前很少细想或刻意去珍惜那段时光，也很少仔细端详妻子的容貌，以为这一切的存在都是理所当然的，匆匆的日子就这么等闲而过。直至妻子去世，词人才醒悟过来，可是一切都太迟了。"环佩"是亡妻身上佩戴的玉饰，词人无处诉说这些哀悔之情，只能看着亡妻留下的玉饰和头上的钿钗向苍天呼喊：这些遗物也应随亡妻而去，埋葬在地下，为什么还要空留在人间来引起我的伤心和回忆？睹物思人，让我情何以堪？在一片呼天抢地中，词人转眼看见桌上的红烛，真是“红蜡泪，不道离情正苦”，红蜡的泪正和词人的眼泪一样，只要生在这世上一日，就没有干的一天。

这首词情真意切，深深地道出了词人与亡妻真挚的情感。词人亦很会利用身边的事物来抒发情思，如果一首词只是一味地抒发感情，未免虚无或空洞，词人先是从梦入手，继而从镜子中回想亡妻的容颜，从梳妆台上的首饰回想与亡妻共同生活的时光，到自己已悲痛得无以复加时，又用红烛的眼泪来形容自己的泪不干。“红蜡泪”，从温庭筠到陆游都留下千古名篇，词人化用此句，以寄深情，更富文化意蕴，产生了很好的艺术效果。

满江红　朱仙镇谒岳鄂王祠敬赋

（清）王鹏运

风帽尘衫，重拜倒、朱仙祠下。尚仿佛、英灵接处，神游如乍。往事低徊风雨疾，新愁黯淡江河下。更何堪、雪涕读题诗，残碑打。

黄龙指，金牌亚。旌旆影，沧桑话。对苍烟落日，似闻悲咤。气蓍蛟鼍澜欲挽，悲生笳鼓民犹社。抚长松、郁律认南枝，寒涛泻。

这首悼亡词颇为别致，是一首悼亡数百年前抗金英雄岳飞的词。朱祖谋《半塘定稿序》云：“君词导源碧山，复历稼轩、梦窗，以还清真之浑化，与周止庵氏说，契若针芥。”词的开头点出“朱仙祠”，因为岳飞在宋绍兴十年（1140），大败金兵于郾城后进军朱仙镇，岳飞死后，修建朱仙祠。“尚仿佛、英灵接处，神游如乍”，词人仿佛看见了岳飞的英华灵秀之气在祠堂中游荡。“往事低徊风雨疾，新愁黯淡江河下”，词人想起当时岳飞奋力为国，却受到秦桧等人的迫害，这件事就像暴风疾雨似的摧打着人的心灵，让人低徊伤叹不能自已。词人由岳飞想到自己经历了道光、咸丰、同治、光绪四代，这时的清廷，正处于江河日下、内忧外患的危机之中，词人作为有为之士，忧国忧民之愁涌上心头。“更何堪、雪涕读题诗，残碑打”，词人从梦见岳飞的祠堂发端，联想到国难家仇，至此，词人的感情已到高潮，满腔怨怒与悲愤。一边擦拭涕泪，一边读着已经被风雪腐蚀的碑上题诗。

“黄龙指，金牌亚”是两个有关岳飞的典故。“黄龙指”是说岳飞抗金的目标就是直指黄龙府，黄龙府是金朝初年的都城，岳飞曾对部下说：“直抵黄龙府，与诸君痛饮耳。”“亚”同“压”，宋绍兴十年（1140），岳飞收复朱仙镇，指日北上，大功即成，不想赵构、秦桧主和派强令岳飞班师回朝。岳飞奉“十二金字牌令”，愤惋泣下，十年之力，毁于一旦。金牌亚是说金字牌对岳飞起着高压作用。“旌旆影，沧桑话”，是说岳飞抗金部队的旗帜飘扬千年永垂青史，像沧海桑田一样成为历史的记忆。“对苍烟落日，似闻悲咤”，词人在浩浩莽莽的苍烟、落日前，好似听到了岳飞最终悲伤的叹息。“气詟蛟鼍澜欲挽，悲生笳鼓民犹社”，“詟”，惧慑的意思；“蛟鼍”，水族中凶猛的动物，这里比喻金军；“笳鼓”指军用乐器；“社”这里指岳飞的祠堂。此句是说，岳飞欲震慑金军，欲挽狂澜，却失败了。后代的老百姓在战火纷飞时，也不顾安危到岳飞祠祭祀。“抚长松、郁律认南枝，寒涛泻”，“郁律”是枝叶茂盛的意思；“南枝”即无名氏诗“南枝向暖北枝寒，一种春风有两般”；后人说岳坟树枝向南。“寒涛泻”是王鹏运自注，即“道光季年，河决开封，举镇惟岳祠无恙，壬午扶护南归，曾梦游祠下”。这几句是说岳飞坟上的树枝叶茂盛，遇洪水犹能独存。词人以此表示岳飞虽死，但报国精神永存，滋养着千秋万世，由此可见词人对家国抵御外患、清除内忧寄予的希望。

词人用苍劲的笔触述说了岳飞令人动容的悲剧人生，将抚今追昔的感触融入悼亡，饱含着对家国沉落的哀愁和国家富强的期待，打破了一般悼亡词以亲友为对象的惯例，将哀悼民族英雄岳飞作为主题，感慨由亲情上升为国家兴衰存亡，词境宏阔，沉郁悲凉，撼人心弦。

鹧鸪天　九日丰宜门外过裴村别业

（清）朱祖谋

野水斜桥又一时，愁心空诉故鸥知。凄迷南郭垂鞭过，清苦西峰侧帽窥。

新雪涕，旧弦诗，愔愔门馆蝶来稀。红萸白菊浑无恙，只是风前有所思。

朱祖谋，原名朱孝臧，早年工诗，后专意于词，为“清季四家”之一。词前小序中所说的“九日”，即九月九日重阳节，“丰宜门”是金代故都北京的南门，而“裴村”就是戊戌变法中牺牲的六君子之一刘光第（字裴村）的“别业”（即住所）。词人是刘光第的好友，在重阳节这样一个“倍思亲”的节日，经过丰宜门外刘光第的住所，风景依然，物是人非，不由得感慨万端，不能自言其情，便幽约怨悱地写下了这首披着隐晦外衣内里饱含深情的词作。

“野水斜桥又一时”，在刘光第的故宅处，曾有一湾野水、一座小斜桥，词人作为刘光第的好友，经常来此和好友游玩畅谈，本是美好之事，不想词人话锋一转“又一时”，而从这个“又”字，就可以看出词人此时再经过此地的时候那种沉痛的心情，仿佛千斤重的石头压迫于胸，“物是人非事事休，欲语泪先流”。再者也可以看出词人与好友乐于宁静淡泊之处，可见其人格。

“愁心空诉故鸥知”，词人满腔怨愤，在当时慈禧的政治高压中，像刘光第这样正直为国之士，竟落得如此下场，而自己是他的好朋友，凭吊却不敢放开胸怀，满心的愁情无处诉说，只能对着当时故地“野水斜桥”处的沙鸥去诉说。悲伤，无奈，让词人情何以堪？

“凄迷南郭垂鞭过，清苦西峰侧帽窥”，“南郭”是北京故都的南门。词人骑着马再次从这里经过，马鞭都扬不起来，六君子殉难的时间是八月十五，现今九月九重阳，离六君子殉难的时间还没过一个月，词人那凄迷的情意不能明显地流露，他不经意看了一眼北京西边的山峰，却发现山峰也是清苦的，词人用移情的手法来渲染此时悲痛的心境。然而词人只能斜戴着帽子偷偷看，因为他不能让人察觉到他在凭吊刘光第。

“新雪涕，旧弦诗，愔愔门馆蝶来稀”，“雪”是洗的意思，词人是说现在只能以泪洗面，别无宣泄的途径。哭着哭着便想起当时和刘光第弹琴赋诗，推心置腹地促膝而谈，更是悲从中来，痛不欲生。“愔愔”是寂静的意思。当时刘光第的处所中聚集着许多人，他们议论风发，赋诗，热闹非凡，而今“门前鞍马稀”，就连蝴蝶都很少飞到这里来了。

“红萸白菊浑无恙，只是风前有所思”，秋天一到，红色的茱萸和白色的菊花依然绽放，词人这里是说，刘光第牺牲了，有谁会关心一下呢？大家只是依然过着从前的生活，而只有词人，想起和刘光第的深厚情谊，想起他的为人处世，想起他的离去，悲愤地伫立在风前，神思黯然。词到这里戛然而止，而词人的心声虽然没有直接写明，但对故友的哀伤，对顽固派的愤怒充溢字里行间，可谓此处无声胜有声。

第九节 怀古咏史词

概说

怀古咏史题材在唐代已蔚为大观，成为诗苑中的一块芬芳绚丽之地。其后，怀古咏史词以一种历史的责任感和对生命意识的终极关怀，成为词中不可或缺的主题之一。

怀古咏史词在发展的最初阶段是不为文人所重视的，张惠言在其所作《词选·序》中提出其论词的见解："传曰：'意内而言外，谓之词。'其缘情造端，兴于微言，以相感动，极命风谣，里巷男女，哀乐以道。贤人君子幽约怨悱不能自言之情，低徊要眇，以喻其志。"

词从一诞生就被戴上了"艳情"的帽子。在词成为一个时代的文学式样的标志后，词人也开始像诗人那样吊古伤今，援史写心，于是词中出现了怀古咏史内容，它与中国诗歌的咏史怀古传统一脉相承。

在传统的怀古咏史的文学中，春秋吴越、六朝、隋、五代、南宋的亡国之鉴是其主要表现内容。先是刘禹锡《杨柳枝》（炀帝行宫汴水滨）为怀古词开一代风气；后有唐武宗、宣宗时期的窦弘余《广谪仙怨》（胡尘犯阙冲关）。作为一个群体创作怀古咏史词的是西蜀词人，西蜀词人亲身经历了唐王朝走向衰败以至灭亡、"五代十国"小朝廷重蹈六国覆辙的那段动乱时代，王朝更替，战火连绵，个体生命在这战火风云面前显得更加渺小脆弱与不堪一击。亡国荒凉之态，残柳飘絮之景，自然风物长存而社会人事不永深深影响着文人的心绪，于是他们以词作为表达追昔思今、抚感时事、抒发情怀的载体。

北宋初期，词多是描写悲欢离合、羁旅行役之作，到了宋仁宗的时代，词的表现题材扩大了，摆脱了"艳情"的藩篱，怀古咏史出现在词人的笔端。范仲淹的《剔银灯》（昨夜因看蜀志）、孙浩然的《离亭燕》（一带江山如画）是北宋怀古咏史词的先声。王安石则在三首怀古咏史词中借古讽今抒发出深沉的历史感慨，其中《桂枝香》（登临送目）内容丰满精彩，具有开拓意义。

柳永用慢词写怀古题材，如《斗百花》（飒飒霜飘鸳瓦）、《西施》（苎萝妖艳世难偕）二首，前者咏汉班婕妤失宠的史事，暗寓对执政者的讽刺；后者表达对春秋越国西施的同情，也暗含讽喻之意。

苏轼的《念奴娇》(大江东去)以其博大和超迈的气概屹立词坛，融天地万物之态，合宇宙阴阳之道。沈祖棻《宋词赏析》说："其中最突出的一点就是它将不同的、乃至于对立的事物、思想、情调有机地融合在一个整体中，而毫无痕迹。"苏轼把对自然山水的观照与对历史人生的反思结合起来，在雄奇壮阔的自然景物中注入深沉的历史思考和自己流贬江湖、事业未成的人生感慨。可以说苏轼丰富了怀古咏史词的内容和境界，并提高了其艺术品位。

苏轼的其他一些怀古咏史词，如《水调歌头》(安石在东海)、《江城子》(梦中了了醉中醒)、《永遇乐》(明月如霜)、《行香子》(一叶舟轻)披文入情，揭喉而歌，大气磅礴，感英雄豪杰之喑呜叱咤，叹自我人生之坎坷多舛，开一代词风。

贺铸和周邦彦亦为北宋的怀古咏史词增添了光彩。沈祖棻先生评贺铸的《将进酒》(城下路)云："这首词也是一篇以咏史来咏怀的作品，但所咏史事，并非某一历史事件，而是一种在古代社会中带有普遍性的历史现象；所咏怀抱，也并非与这一历史现象相契合，而是与之相对立，所以与多数的咏史即咏怀的作品的格局、命意都有所不同。"可以看出其词中的人生感慨被赋予同流天地的永恒意义。周邦彦的咏史怀古词不多，但其确为名作。其《西河》从最具有古都气息的金陵写起，通过对今日凄清景物的描摹，追忆往昔的繁华，暗寓自然的恒长、历史的变迁。词人站在旁观者的角度借历史或古迹来抒发国家兴亡之感和自己的身世之情，为咏史词增添了许多神奇瑰丽的色彩。

苏轼、王安石、贺铸、周邦彦等名家名作的出现，标志着咏史怀古词走向成熟，而社会环境的剧变为咏史怀古词繁荣提供了肥沃的土壤。山河残破和战乱之苦触动着词人的心灵，他们胸中的报国之志、难舍的忧民之情，寄托历史古迹，挥笔而抒，或喷薄而泻，或温婉蕴藉，绚丽多彩，蔚为大观。无论是抒发兴亡感慨，感叹物是人非，还是呼吁抗金卫国收复中原，怀念先贤豪杰救国，无一不在词中展示出时代精神和民众的要求。此时的咏史怀古以三处古迹最为著名。

以金陵怀古为主题创作的词作包括辛弃疾《念奴娇》(我来吊古)、李纲《六么令》(长江千里)、汪元量《莺啼序》(金陵故都最好)、王奕《贺新郎》(惆怅秦淮路)等。其次为赤壁怀古，有戴复古《满江红》(赤壁矶头)、王以宁《满庭芳》(千古黄州)、刘辰翁《乳燕飞》(赤壁之游乐)等。此外，京口怀古的有辛弃疾《南乡子》(何处望神州)、《永遇乐》(千古江山)、陆游《水调歌头》(江左占形胜)、陈亮《念奴娇》(危楼还望)等等。

南宋是一个内忧外患空前深重的朝代，山河破碎，皇朝偏安，有识之士抗敌御侮壮志难酬，常常以怀古咏史寄托报国无门又不甘寂寞的悲愤情怀，其中辛弃疾把怀古咏史词推向高峰，他通过历史和古迹来表达强烈的时间意识和对英雄生命徒然流逝的惋惜，批判了当时社会的腐朽黑暗，拓展了词境，强化了词的现实批判功能。他的词，不仅具有千古兴亡的历史感慨和个人志向难酬的悲愤，更具有国家民族意识，雄心高远，壮怀激烈，气势磅礴，有一种雄浑苍凉的阳刚之美。

在宋金元易代的乱世中，词人的历史感受尤为强烈，入金的南宋遗民对于金代文化的发展居功甚伟。元好问所谓的“吴蔡体”以吴激、蔡松年为代表，开启了金词的先河。其中吴激的《人月圆》(南朝千古伤心事)最为特别，用集句的方式将故国哀思和渴望国家统一的思想表达得淋漓尽致。从这首词里，我们分明可以听到词人无声的叹息。望南朝古迹悠悠，已让人心伤不已；看今朝天倾地覆，更让人情何以堪。蔡松年是金代最早提倡仿效苏轼的词人，他的作品《念奴娇》(离骚痛饮)虽然和苏轼的《念奴娇》(大江东去)相比略逊一筹，但在词史上仍然具有无可替代的价值。

金代章宗、世宗两朝为和平年代，此时南宋辽金议和，社会稳定，文化发展，出现了一批词坛精英，元好问、段克己、党怀英、赵秉文等人俱能承继东坡，写出格调清丽之作。高宪《三奠子》(上楚山高处)颇负盛名，此词翻郁勃之怀，抒万斛英雄壮气，极尽纵目乾坤，俯仰六合，以古鉴今之能事。

完颜璹《朝中措》(襄阳古道灞陵桥)、段克己《满江红》(古堞凭空)、段成己《鹧鸪天》(千古兰亭气象豪)诸词不仅有深沉的历史感慨，更有丧乱之悲。毋庸置疑，金代怀古咏史巨擘为元好问，他的《临江仙》(今古北邙山下路)、《水调歌头》(汜水故城登眺)等都是咏史怀古词的精品。元好问从青年公子的优裕生活到后来多次科场失意，遭受战祸，家破人亡，备尝人间艰辛，后被蒙古军俘获。他的经历使其怀古咏史词别具一格，悲抑苍凉与无奈的旷达，令人唏嘘不已。正如况周颐《蕙风词话》所云：“遗山之词，亦浑雅，亦博大。有骨干，有气象。以比坡公，得其厚矣，而雄不逮焉者。豪而后能雄，遗山所处不能豪，尤不忍豪。”

元代以写怀古词而擅名的作家，前数白朴，后推萨都剌。白朴以《沁园春》(我望山形)、《夺锦标》(霜水明秋)为代表，尤其是后者，虽为咏史，但能站在女性的角度为其鸣不平，带有同情之意。而萨都剌《满江红》(六代繁华)和《念奴娇》(石头城上)亦是元人怀古词中的杰作。

明前期二祖专制独裁，文人学士屡受摧残。怀古咏史词鲜有长歌当哭、芳心兰蕙之作，杨慎的咏史词《临江仙》(滚滚长江东逝水)用平常语句写成，达到了言浅意深、韵味无穷的效果。归庄《锦堂春》(半壁横江矗起)以六朝之事来悼念明朝，明亡，他隐居不出，佯狂以终。此词没有急管繁弦大起大落之势，却在平淡的叙述中暗含一股凄凉的情感，耐人寻味。崇祯时吴易《满江红》(斗大江山)歌咏了《吴越春秋》里的许多英雄人物，末尾“到而今、薪胆向谁论？冲冠发”，表达了词人的抗敌决心和英雄气概。明末爱国英雄夏完淳怀古咏史词《一剪梅》(无限伤心夕阳中)以凄迷怅惘的笔调,借写陈、隋的灭亡来抒写自己对故国的沉重的咏叹和归思,词中“烟”“濛”“风”等字给词点缀上了一层朦胧的伤感。

清代是各种文学走向集大成的时代。吴伟业《满江红》(沽酒南徐)横穿汉、晋、梁、宋四个朝代,自有一股英气与豪迈。余怀《桂枝香》(江山依旧),董元恺《永遇乐》(千古殽关),徐灿《永遇乐》(无恙桃花),陈维崧《永遇乐》(如此江山),朱彝尊《卖花声》(衰柳白门湾),曹贞吉《百字令》(田光老矣)、《满庭芳》(太华垂旒)等词都取得了较高的艺术成就。这些词大都雄浑苍莽,虽然他们的怀古咏史词略逊于宋,但从其数量上、质量上可以看出清代词人在总结前人创作实践经验上颇用心力。写怀古咏史词的词人们大都具有比较强烈的民族意识,他们在词中,或评点历史事件影射当今,或歌颂英雄豪杰激发血性。当然其中也有历史虚无主义和及时行乐思想。清代有很大一部分词人都在人生中经历过非难与坎坷,如陈维崧、朱彝尊等。纵观其怀古咏史词,多是先抒发一番人事无常、岁月无情、英雄不再之感,然后再作旷达之语,发及时行乐之思。

念奴娇 赤壁怀古

(北宋)苏　轼

大江东去,浪淘尽、千古风流人物。故垒西边,人道是、三国周郎赤壁。乱石崩云,惊涛裂岸,卷起千堆雪。江山如画,一时多少豪杰!

遥想公瑾当年,小乔初嫁了,雄姿英发。羽扇纶巾,谈笑间、樯橹灰飞烟灭。故国神游,多情应笑我,早生华发。人间如梦,一樽还酹江月。

这首被誉为“千古绝唱”的名作,是宋词中流传最广、影响最大的作品之一。此词作于宋神宗元丰五年(1082),当时苏轼因“乌台诗案”被贬黄州,但他不为政事所累,以神游物外的态度拥抱生活,此系游赏赤壁矶时所写词作,时年47岁。

上片写景,以滚滚东逝的长江水开篇,有着苍茫浩渺的时空感,“逝者如斯夫,不舍昼夜”的宏波巨浪,见证了诸多旷世豪杰,而今剩下的又有几人?这逝水在时空的转变中给词人的心灵带来了巨大的震动。一个功业无成的贬谪官员,面对少年周郎创立的伟大功业,产生了无限的酸楚和悲凉。“乱石穿空,惊涛拍岸,卷起千堆雪”的“大江赤壁图”中既有定压乾坤的景色,又隐约可见当年那场惊心动魄的战争,同时词人心中翻涌的情绪也见于其中。“一时多少豪杰”的感慨中既有对“千古风流人物”的辉映，又引起了思古之幽情。

下片怀古，追溯历史。昔日英姿勃发的周公瑾，有“羽扇纶巾，谈笑间、樯橹灰飞烟灭”的佳话，极尽夸张地表现周郎的运筹帷幄与指挥若定。而周郎与小乔并提，可见英雄与美人相得益彰，功业与情感同时圆满，怎能不令人更加欣羡？“故国神游，多情应笑我，早生华发”，词人借古伤今，遂有“人生如梦，一樽还酹江月”的感慨。当词人的情绪穿越古今，从翻腾到平静，只有江月永恒，人世的一切功业都将归于虚无，而“我”妄自多情。壮志难酬的忧愤以豪放旷达之语发之，全词借古抒怀，将写景、咏史、抒情融为一体。刘辰翁《辛稼轩词序》指出：“词至东坡，倾荡磊落，如诗如文，如天地奇观。”

喜迁莺 真宗幸澶渊

（南宋）李　纲

边城寒早，恣骄虏、远牧甘泉丰草。铁马嘶风，毡裘凌雪，坐使一方云扰。庙堂折冲无策，欲幸坤维江表。叱群议，赖寇公力挽，亲行天讨。

缥缈。銮辂动，霓旌龙旆，遥指澶渊道。日照金戈，云随黄伞，径渡大河清晓。六军万姓呼舞，箭发狄酋难保。虏情詟，誓书来，从此年年修好。

《喜迁莺》，又名《鹤冲天》《万年枝》《春光好》《燕归来》《早梅芳》《喜迁莺令》《烘春桃李》。这首咏史词表现的是北宋“澶渊之盟”这一历史事件。

李纲是南宋首任宰相，但只做了70多天就被排挤下来。在官场上几起几落的经历并没有妨碍李纲奋不顾身地为抗金救国而斗争，他这首咏史词借历史上的英明君主激励皇帝振作精神抗击金人，表现出政治家的雄才大略，具有强烈的时代感和现实性。

此词用宋真宗听取寇准之放弃逃跑避敌之策并亲征契丹，终使敌军退却、订立了“澶渊之盟”的史实，来劝谏宋钦宗不要逃跑，勇敢抗敌。当时距真宗之事已经有百余年了，但历史又是何其惊人的相似，李纲这首词借咏史来讽喻现实。境界雄奇壮阔，叙事与议论融为一体。李纲那种爱国的凛凛雄风、气吞山河的壮志、勇猛无畏的战斗豪情，使此词成为咏史词上的不朽华章。

“边城寒早，恣骄虏、远牧甘泉丰草。铁马嘶风，毡裘凌雪，坐使一方云扰”，写边城早寒的气候，而那“骄虏”竟然恣意侵犯我们美丽富饶的国家。敌军纵横凶猛，披着毛毡，冒着风雪，侵入边境，使百姓不得安宁，朝廷无法应对且惊恐万状。词的开头，描绘出敌人的强悍与凶残。

"庙堂折冲无策，欲幸坤维江表。叱群议，赖寇公力挽，亲行天讨"，庙堂，指朝廷；折冲，指抵御敌人；坤维，地的四角；江表，指长江中下游的江南一带，自三国孙吴以来人称江表。这几句是说，朝廷上下就像热锅上的蚂蚁一样，毫无计策，打算采纳参知政事的主张，即迁都京陵，或采纳陈尧叟的主张，即迁都成都，弃京城而难逃。此处词人用"坤维江表"来喻迁都派想法的荒谬。宰相寇准一声叱咤，驳斥群言，力谏皇帝亲自带兵讨伐契丹大军，振作起来，抗辽卫国。在叙述史实中，夹杂着词人的感情，从他对真宗逃跑对策的谴责，对寇公铿锵有力、义正词严声讨辽军的赞扬，可见李纲一身堂堂正气、激昂磊落。

"缥缈。銮辂动，霓旌龙旆，遥指澶渊道。日照金戈，云随黄伞，径渡大河清晓"，銮辂，指銮驾；霓旌，指缀有五色羽毛的旗帜，为古代帝王仪仗之一，亦借指帝王；龙旆，是垂挂的龙旗。词人浓笔重墨，铺写皇帝亲征的威风，可以想见，词人是多么希望钦宗也有这么一天！

"六军万姓呼舞，箭发狄酋难保。虏情慑，誓书来，从此年年修好"，皇帝的亲征果然鼓舞了万军千民，在澶州城下一举打败了辽军，并射死了辽国统军，使得辽军不得不求和。景德元年(1004)十二月，宋、辽两国签订了"澶渊之盟"。宋国明明打了胜仗，但胜利的果实反而拱手出让，宋国向辽国反以每年银十万两、绢二十万匹进贡。"从此年年修好"，这一个"好"字，饱含讽刺，也表达了词人的愤懑和无奈，发思古之幽情，喻今日之局势，表面语气似平和，但给人的感觉是压抑、低沉。词人用讽喻的语言来反衬爱国精神的不朽与永恒。真宗毕竟出征，没有丧失国土，这句也寄托着词人的期望。

此词几乎全是咏真宗之史实，但词人面对的现实与所咏之史实又是惊人的相似。靖康元年(1126)，面对金兵的铁蹄与民众的激愤，宋钦宗不得不下诏表示亲征，但当朝宰相白时中、李邦彦深知钦宗软弱怯懦，便让钦宗出逃，而李纲也与当年的寇准一样，虽然自己并不知兵，但危难之中愿意统兵征战。

这首词，主要是叙述历史，有一种摄人心魄的气概贯穿全词，感人肺腑，语言朴茂，但那慷慨悲凉之慨、抑塞磊落之气，对民族灾难深感忧虑和志在力挽狂澜抗争到底的雄心早已渗透在字里行间。

三奠子 留襄州

(金)高　宪

上楚山高处，回望襄州。兴废事，古今愁。草封诸葛庙，烟锁仲宣楼。英雄骨，繁华梦，几荒邱。

雁横别浦，鸥戏芳洲。花又老，水空流。著人何处在，倦客若为留。习池饮，庞陂钓，鹿门游。

高宪，字仲常，辽东人，王庭筠之甥。生年不详，卒于金卫绍王大安二年(1210)。幼学于外家，故诗笔字画俱有王氏之风。他天资颖悟，博学强记。在太学中，无人能与之抗衡。泰和三年(1203)，乙科登第。

《三奠子》调见元好问《锦机集》，崔令钦《教坊记》有《奠璧子》小曲，此或即奠酒、奠声、奠璧为三奠，取以名词之。双调 67 字，前后段各 9 句。

“上楚山高处，回望襄州”，词人先将自己置于一个制高点上，颇有“会当凌绝顶，一览众山小”之意。词人不但将自己置于地理的高点，也置于时空的高点，博大与浩渺之意不言而出。“楚山”在古代有三种含义：一说荆山，在湖北省西部，武当山东南，汉江西岸；二指商山，在陕西省商县境内，北魏郦道元《水经注·丹水》云“楚水注之，水源出上洛县西南楚山。昔四皓隐于楚山，即此山也”；三是泛指楚地之山。“襄州”在宋初为州，宣和元年(1119)升州为府。元时为河南省襄阳路。由此便知，这里的楚山，应是指荆山，词人站在楚山上，远望襄州。可以想见的是一种苍茫、浩渺的气象，悲慨之情油然而生：芳时难留，烟景不再；悠悠时空，英雄何哀？越想越难过，便顺口道出：“兴废事，古今愁。”兴亡盛衰，古今无人不愁。此真无可奈何之境，万不得已之情矣。词人感情如滚滚洪水，和那千载悲亡一起流向时空，激起无可名状的低徊往复。此外，楚字仄声，高字平声，读来亦有顿挫之感。

“草封诸葛庙”，诸葛亮为兴复汉室鞠躬尽瘁，耗尽心力。后人立其庙，草之高已封矣！此一“封”胜过万字。“烟锁仲宣楼”，仲宣即王粲，建安七子之一，号称“七子之冠冕”，然有志难伸，作《登楼赋》发慨，有“虽信美而非吾土兮，曾何足以少留”的名句。昔日王粲所登之楼，唯渺渺烟波，一“锁”字，更道出“胜者已矣，负者亦已矣”。“英雄骨，繁华梦，几荒邱”，自思自叹，自叙自论，从历史到现实，对王朝的兴衰存亡，对英雄豪杰的作用和结局进行了深入的反思。

下片文情陡变，由人事转为物境。“雁横别浦，鸥戏芳洲”，河流入江海之处称浦，或称别浦，南朝宋谢庄《山夜忧》诗云“凌别浦兮值泉跃”；“芳洲”是芳草丛生的小洲。此句乃词人精心构思，因上片结局感情已至高潮，诗人便以景过渡，十分精警。“花又老，水空流”，依然感慨时光无情流走，物是人非。“著人何处在，倦客若为留”，与上片接应互证。

“习池饮，庞陂钓，鹿门游”，“习池饮”形容把酒畅饮或饮酒醉后的潇洒之态。“庞陂”系庞陂洞，相传是汉代庞德公隐居之处，洞口有“庞陂洞天”四字，洞前有几处摩崖造像，刻佛数百尊，并有明人游记碑刻。“鹿门”系鹿门寺，位于襄樊市东南 15 公里处，襄阳区东津镇境内。这里有座鹿门山，据《县志》载：“汉建武中，帝与习郁俱梦见苏岭山神。命郁立祠于山上，刻二石鹿夹道口，百姓谓之鹿门庙。遂以庙名山。”

这个结尾很有趣，词人前面抒发兴亡感慨，在结尾处并无结论，而是说自己要喝点美酒，飘摇似仙，在庞陂处钓鱼，在鹿门处游玩。若非词人心有超脱之气，腹有万卷诗书，焉能为此？水流花开，人生易逝，此悲，此感，不如充分地享受生命，笑着生活，做一个超凡绝俗、逍遥自在的人！自此，作品才进入另一个高潮，在这样一番跌宕起伏后，结尾便如钟声的余响，令人回想与深思。加之以古雅淡远的气象，真是委婉曲折，情辞俱美，韵味无穷！

大江东去 用东坡先生韵

（金）赵秉文

秋光一片，问苍苍桂影，其中何物。一叶扁舟波万顷，四顾黏天无壁。叩枻长歌，嫦娥欲下，万里挥冰雪。京尘千丈，可能容此人杰。

回首赤壁矶边，骑鲸人去，几度山花发。淡淡长空今古梦，只有归鸿明灭。我欲从公，乘风归去，散此麒麟发。三山安在，玉箫吹断明月。

《大江东去》这个词调，顾名思义，其创制之始，当因苏轼《念奴娇·赤壁怀古》首句“大江东去”而得名，多表示历史向前发展，不可阻挡。比较有名的是元王庭筠的《大江东去》，还有就是这篇赵秉文的《大江东去》。赵秉文是金朝著名学者，历仕五朝，自奉如寒士，未尝一日废书。但因获罪被捕之时，将王庭筠等人供出并使其入狱，士大夫以其攀人而不耻。他学识广博，前后主文坛40年之久，成为金朝末期“文士领袖”。晚年逢金朝衰乱，以禅学求慰藉，有《闲闲老人滏水文集》传世。

这首词，从字面上看是咏“人杰”，而究其实质，却是自明心迹，向往苏轼其人，在谪居时看破世事沧桑，荣华不再系于心，名利不再绕其身。

“秋光一片，问苍苍桂影，其中何物”，起句既是一个问句，又像是一个谜题。落日西沉，天已沉寂，桂影摇曳，秋光冥冥，一片寥廓娴静淑美之景。而这婆娑的桂影中是何物呢？一“秋光”，一“桂影”，已泄露天机。与苏轼的“明月几时有”相比较，一个痛快潇洒又带几分天真，一个却如云中之月若现若隐，需要读者慢慢品玩。然一旦读完三句，便了然于胸，那是带有朦胧气息、照耀千秋万代，却冷冷地看尽人间起伏动荡的月亮啊！不凡的开头已显露词人的才气与新意。试观“苍苍”二字：月影笼罩下的秋光，本极安闲超脱，一经词人辅以“苍苍”这样具有质感的词，一片高洁苍凉之气横空而降，使怀古咏史词开端便有了厚重之感。

“一叶扁舟波万顷，四顾黏天无壁”，多么像广角镜头摄取的画面：碧波粼粼万顷，只有一叶小舟存在于天地之间。何其悠然，何等自得！长袍飘飘，拍击着船舷，长啸而歌，激起的波浪是节奏，宇宙万物是听众，没有百牍堆案，没有机关算尽。“叩枻长歌，嫦娥欲下，万里挥冰雪”，既有苏轼夜游赤壁之潇洒超然，又有张孝祥过洞庭时“尽吸西江，细斟北斗，万象为宾客”之宏放雄阔。

“京尘千丈，可能容此人杰”，滚滚红尘的深渊，尔虞我诈的京城，暗礁遍布的宦海，怎么会是苏子的归宿？苏轼是词人心中的净土、精神的寄托、行为的楷模。此句对苏轼的遭遇有同情，有不平，更是发自肺腑的诚服与赞叹。

“回首赤壁矶边，骑鲸人去，几度山花发。淡淡长空今古梦，只有归鸿明灭”，“骑鲸人”指李白，传说李白死后骑鲸归去，而李白自己也曾自称“海上骑鲸客”，此句以骑鲸人代指苏轼。茫茫回首，赤壁矶边，花开花落又几度，而苏轼，早已归向淡淡长空的古今一梦里，在这飘缈的梦里，自有无尽的惆怅；“归鸿明灭”，化用杜牧《登乐游原》“长空淡淡孤鸟没，万古销沉向此中”，更显词人之忧伤。自然界永恒周转，人间事瞬息即逝。词人与李白、苏轼等人豁达的人生态度产生共鸣。

“我欲从公，乘风归去，散此麒麟发。三山安在，玉箫吹断明月”，既然人生如梦，归鸿明灭，于是词人自然而然地想与苏公仙去，飘飘然遗弃尘世而得道升仙。三山指湖北省赤壁市境内的赤壁山、南屏山、金鸾山，此三山自南向北，一线珠连。词的结尾处最为精彩，“玉箫吹断明月”是词眼。原因有三：其一，“玉箫吹断明月”构造意境唯美，词人向往苏轼的世界，然坡仙难寻，于是词人只好在一片散发着花香而又开阔的地方，看着桂影在秋光中摇曳，月光冰冷地照射着人世间的一切，箫声呜咽，吹奏着朝代的兴亡、人世的沧桑，如苏轼之超凡绝俗；其二，本篇结构上的妙处还不止于此，细心审视其脉络，便可知开端三句的谜底，在文章的结尾处昭然若揭；其三，最让人惝恍迷离的还是“玉箫”二字，词人之所以选择玉箫，除了它具有凄艳诗意的特质，还因为萧史弄玉的典故，词人大概也想和萧史弄玉一样与自己的心灵知己升空而去，寻找一片世外桃源吧！

卖花声　雨花台

（清）朱彝尊

衰柳白门湾，潮打城还。小长干接大长干。歌板酒旗零落尽，剩有渔竿。

秋草六朝寒，花雨空坛。更无人处一凭阑。燕子斜阳来又去，如此江山！

《卖花声》是《浪淘沙令》的别名。《浪淘沙令》出自李煜之手，系改造唐人七言绝句《浪淘沙》而成。此调李清照易名《卖花声》，又有《曲入冥》《过龙门》《炼丹砂》等名。《卖花声》亦在元曲中作词牌名，双调，54 字，平韵。前代词家用此调写的词遒劲雄健的比较少见，这首词却写得气韵深厚，健朗有风神。

雨花台，在江苏南京，据冈阜最高处，遥瞰长江，俯临城市，为金陵的扼要之地。

词的上片中，“白门”即今南京。后世因此以白门代指南京。“小长干”“大长干”均是南京地名。从词的上片可以看出，词人虽然选择的是最具有怀古气息的金陵，与其他怀古咏史词相比不够雄奇悲壮，但是整个词写得很凄婉迷离，别有意味。一开始写“衰柳”“白门湾”，后写“歌板”“酒旗”“渔竿”都是一些秀气的景象，然却并不觉得软弱无力。词人由明入清，对金陵，这桨声灯影里的水阁歌榭有着难忘的情怀。历史的烟云变幻，总是能勾起词人无限的感伤和兴亡之慨。

词的下片便出现了历史感慨，雨花台所在的南京，不仅是六朝的古都，也是明朝开国皇帝明太祖和明末福王的都城。词人生在由明易清的时代，怎么能够不怅惘，不感怀？末句用刘禹锡《乌衣巷》的典故，来抒写时移境迁而江山依旧的沧桑兴亡之感。通过一系列微观的具体意象今昔对比，吊古伤今，更使人如临其境，感慨万分。

满庭芳　和人潼关

(清)曹贞吉

太华垂旒，黄河喷雪，咸秦百二重城。危楼千尺，刁斗静无声。落日红旗半卷，秋风急、牧马悲鸣。闲凭吊，兴亡满眼，衰草汉诸陵。

泥丸封未得，渔阳鼙鼓，响入华清。早平安烽火，不到西京。自古王公设险，终难恃、带砺之形。何年月，铲平斥堠，如掌看春耕？

曹贞吉的《满庭芳》是抒发历史兴亡感慨之作。《满庭芳》又名《锁阳台》《满庭霜》《潇湘夜雨》，由唐吴融“满庭芳草易黄昏”诗句而得。此词属于《满庭芳》的平韵体。平韵正体为双调95字，上下片各四平韵，或上片四平韵，下片五平韵。此词上片由潼关的险要形势写起，一直写到汉代诸陵，来抒发兴亡之感，下片则是对唐代史实的咏叹。

一般理解，曹贞吉处在崇尚武功、强调王图霸业的清朝初年，此词提出了只有百姓安居乐业，才能使皇朝兴盛的道理，认为此词是词人反对战争，渴望和平的先声。王炜《珂雪词序》评曰：“珂雪词肮脏磊落，雄浑苍茫，是其本色。而语多奇气，惝恍傲睨，有不可一世之意。至其珠圆玉润，迷离哀怨，于缠绵款至中自具潇洒出尘之致，绚烂极而平淡生，不事雕锼，俱成妙诣。”潼关，关名，在陕西，东汉建安中建，西近华山，南临商岭，北距黄河，东接桃林，地势险要。

“太华垂旒，黄河喷雪，咸秦百二重城”，太华，西岳华山，在潼关之西，西安之东；垂旒，皇冠前的垂玉；咸秦，秦都咸阳，故称“咸秦”；重城，内外城之意。此句谓词人由潼关入秦，首望华山，如王冠垂旒，谓之险；黄河喷雪，百二重城连绵环绕，谓之阔，首三句一气呵出，如抖串珠，关河之险、城池之竖、气势之雄表露无遗。

“危楼千尺，刁斗静无声”，危楼，指潼关的城楼；刁斗，古行军用具，以铜为之，昼以煮饭，夜鸣之，以警众报时，犹如更鼓。

“落日红旗半卷，秋风急、牧马悲鸣”，落日西沉，红彻天际，秋风凄厉，牧马悲鸣，而那半卷的红旗，在这悲壮寥廓苍凉的景象中，独自飘扬着。可以想见词人的视野逐渐开阔，由险要的潼关而入辽阔的边地。

“闲凭吊，兴亡满眼，衰草汉诸陵”，汉诸陵，咸阳东有五陵：长陵、安陵、阳陵、茂陵、平陵，都是汉代帝王的陵墓。词人登高眺望，有一种高、远、壮、阔的阳刚之气。当时帝王的赫赫功业，也只是今日坟墓上的几簇衰草而已。其实词人并不是一味沉溺于哀叹之境，而是一种历尽苦痛无法言喻的悲慨。

此词的上片词人先从潼关险势写起，慢慢扩大视野，用一些悲壮的景物发思古之幽情，既不突兀，也不单调，更不是怅惘，而是有着深沉的历史感受。

“泥丸封未得，渔阳鼙鼓，响入华清”，此句谓未能守住函谷关。渔阳鼙鼓，指安禄山之乱；华清，宫名，在临潼骊山，为唐玄宗和杨贵妃游宴之所。白居易《长恨歌》：“春寒赐浴华清池，温泉水滑洗凝脂。”此句以下咏叹唐代之事，道出词人对王朝兴亡的历史规律性认知。

“早平安烽火，不到西京”，唐制中规定镇守戍卒每天初夜以一炬烟火报告平安，称为“平安火”；西京，指长安。

“自古王公设险，终难恃、带砺之形”，此句谓自古王公喜欢选择山河关隘的险要形势。“何年月，铲平斥堠，如掌看春耕”，此句是说，什么时候世界才能平息干戈征战，老百姓得以耕种生产、安居乐业，过上平安的生活。

陈廷焯《白雨斋词话》评之：“词在国初诸老中，最为大雅，才力不逮朱、陈，而取径较正。国朝不乏词家，四库独收珂雪，良有以也。”此词的新意在于，往常的怀古咏史词一般是兴亡感浓重，但最后往往会堕入历史的虚无感和幻灭感。但此词在抒发悲壮凝重兴亡之感后，对历史上频发的战乱予以批评，表达了对平息干戈安居乐业的和平生活的企盼。

第十节 梦云飘缈词

概说

梦，是人睡眠中出现的一种生理现象。因为它是一种非理性思维的产物，可以不受现实条件限制，又神秘莫测，被赋予了更多的主观色彩，因此文学作品中的梦成为人们获取安慰、抒发情思、追求理想的载体。

早在商代，我国就有了梦的记载。而中国最早的诗歌总集《诗经》中《小雅·斯干》就有“上莞下簟，乃安斯寝。乃寝乃兴，乃占我梦。吉梦维何？维熊维罴，维虺维蛇”的句子。人们常常以梦为载体来表达对现实的祈望。但梦又不是主观意识的直接明晰的反映，是主观精神曲折的反映，是一种复杂的精神活动，古人将梦视为神的暗示，视为一些事情的征兆，因此出现了占梦。

文学作品描述的梦是现实生活在作者头脑中的反映，是作者意志的表现载体。唐诗中写梦的诗句比比皆是，数不胜数。“啼时惊妾梦，不得到辽西”“雁尽书难寄，愁多梦不成”“不识玉门关外路，梦中昨夜到边城”“良人自戍来，夜夜梦中到”“梦里分明见关塞，不知何路向金微”“朦胧残梦里，犹自在辽西”，这些梦境描绘自具殊色。即使千载之后，犹让人激动不已。词这种缘情造端、幽约怨徘、低徊要眇的形式，以超逸绝尘之姿、凄迷蕴藉之态，表现词心之曲折、词境之深美，与本有绮幻灵隽特质的梦相融合。

晚唐五代词人主要由西蜀词人群和南唐词人群组成。温词是梦境词的先导，并一举奠定了此后词的方向和基调。在古代，妇女多没有选择自己爱情的权力和表达感情的机会。她们终日独守空闺，多少思念、愁怨郁结心中，于是只好靠“梦”来寄托情感，与心爱的人幽会，互诉衷肠。温庭筠经常通过梦境来抒写闺怨与相思。如《菩萨蛮》（杏花含露团香雪），写思妇梦醒后的慵懒和寂寞，含蓄凄迷，哀怨无穷；《菩萨蛮》（玉楼梦越长相忆），写思妇怀人的愁与苦，残梦迷离，思情尤难排遣。前一首凄艳苍凉，梦醒难续，后一首，残梦难成。再如《菩萨蛮》（牡丹花谢莺声歇）“相忆梦难成”，长夜漫漫，连梦也没有了，可见主人公的孤独与凄凉。《菩萨蛮》（雨晴夜合玲珑日）、《更漏子》（星斗稀）、《更漏子》（柳丝长）无不抒发了少妇深闺寂寞的怅惘幽怨与缠绵悱恻的情致。而皇甫嵩《梦江南》两首词中，将梦描写得摇曳多姿、朦胧妙美。尤其是《梦江南》（兰烬落）由夜景转入梦境，凭故乡之美景，发故乡之眷恋，烟雨氤氲，山色空蒙，虚实相生，含蓄隽永。

韦庄以纯粹出乎内心的真情把深情远思的梦写得颇为精致，这种梦境的描写，在整个晚唐五代浮艳虚华的气氛里以其空灵精神和真率性情别树一帜。他的词作中，涉梦的主要有《浣溪沙》（惆怅梦余山月斜）、《归国遥》（金翡翠）《应天长》（绿槐阴里黄莺语）、《荷叶杯》（绝代佳人难得）、《清平乐》（野花芳草）、《谒金门》（春漏促）、《天仙子》（怅望前回梦里期）、《天仙子》（蟾彩霜华夜不分）、《诉衷情》（烛烬香残帘未卷）、《酒泉子》（月落星沉）、《小重山》（一闭昭阳春又春）、《清平乐》（琐窗春暮）等等，或在梦中怀念心上人，惆怅缠绵；或回首旧欢，如梦如痴；或思念情人，好梦频频。梦中言语、情态皆真切生动，读来特别凄怆动人。

李煜传世的34首词，极尽梦境之妙。人所周知，李煜词摆脱了自晚唐以来崇尚浓艳辞藻的习气，句调流转自如，因此他的梦境表现也具有含蓄不尽的情致。李煜前半生尽享荣华富贵，后半生国破家亡，失去自由和尊严，生存状态的剧变丰富了词境的内涵。他前期的梦境词如《菩萨蛮》（蓬莱院闭天台女）、《菩萨蛮》（铜簧韵脆锵寒竹）、《采桑子》（庭前春逐红英尽）、《喜迁莺》（晓月坠），或伤春怀人，忧思寄梦；或闺房凄冷，佳人惊梦；或索爱未果，魂迷春梦。失却江山、沦为臣虏后通过梦词来抒发深沉的人生感慨，那种旧时若梦、人生如梦的强烈而又悲痛的叹息具有强大的感染力。冯延巳词更是以梦为主，用梦抒写缠绵情感。纵观冯氏梦词，其主题不出闺中思妇以梦怀人。

宋代词的繁荣也导致了梦词空前的发展，创作水平不断提高。大量写梦词，且将梦写得深沉幽怨、荡气回肠、凄然欲绝的是晏几道。通观其梦词，词人的痴怨与深情横穿其中。现实与梦境、离别与相逢，虚幻相生，情思之精，深得要眇之致。其语浅言深，正如冯煦《蒿庵论词》所云："淡语皆有味，浅语皆有致。"如《蝶恋花》（醉别西楼醒不记）中"春梦秋云，聚散真容易"，《鹧鸪天》（小令尊前见玉箫）中"梦魂惯得无拘检，又踏杨花过谢桥"，《临江仙》（梦后楼台高锁）中"梦后楼台高锁，酒醒帘幕低垂"。晏几道在一篇自序中曰："追惟往昔过从饮酒之人，或垅木已长，或病不偶。考其篇中所记悲欢合离之事，如幻，如电，如昨梦前尘，但能掩卷怃然，感光阴之易迁，叹境缘之无实也。"总之，晏几道的梦词喜欢将现实与梦境做比较，以梦的温馨与愉悦来反衬现实的残酷与悲凉，此是一层；他还喜欢将存在与虚幻交错镂空，互渗交融，让读者在词人构造的斑斓环境中如醉酒般沉溺，体悟词人的"人百负之而不恨，己信人，终不疑其欺己"（黄庭坚《小山词序》）的痴性。晏几道梦词中主要写对那些歌女的怀念，抒发的是相思之情，虽与唐五代的艳情香浓之作有相似之处，但其中深情与真挚还是值得赞许的。

柳永《梦还京》（夜来匆匆饮散）是柳氏梦词的代表作。由"夜来匆匆饮散，攲枕背灯睡。酒力全轻，醉魂易醒，风揭帘栊，梦断披衣重起。悄无寐”可以明显看出，词人身经宦海沉浮、浪迹江湖而思归的切身感受，连归乡的美梦也被“风”“帘”残酷无情地打断。《满江红》(万恨千愁)“残梦断、酒醒孤馆，夜长无味”更是同样的主题。柳永的梦词不多，但其梦词的主题已打破了妍香的浓郁，除了一部分依然用梦来怀念歌女外，其他一些词用梦来表达自己一生中的追求、挫折、矛盾、苦闷、心酸、失意的复杂心态。其漂泊、思归的意脉更是明显，这不得不说是对梦词的开拓和扩展。

苏轼《江城子》(十年生死两茫茫)，通过梦来抒发其对亡妻的无限感怀和人世沧桑的悲戚、生活的坎坷、心境的凄凉。苏轼的其他梦词，如《蝶恋花》(记得画屏初会遇)、《蝶恋花》(春事阑珊芳草歇)、《临江仙》(尊酒何人怀李白)、《临江仙》(多病休文都瘦损)、《南乡子》(回首乱山横)、《贺新郎》(乳燕飞华屋)等，将梦写得绚丽多彩，活灵活现。更有一些词，如《永遇乐》(明月如霜)“古今如梦，何曾梦觉，但有旧欢新怨”，《念奴娇》(大江东去)“人生如梦”，《醉蓬莱》(笑劳生一梦)“笑劳生一梦”，《西江月》(世事一场大梦)“世事一场大梦”，《南乡子》(霜降水痕收)“万事到头都是梦”等等，这些对人生命运进行理性思考的梦词，有着深刻的哲理性。苏轼的梦词浩渺而又精微，有对历史、人生的感悟。

秦观的几首梦词颇为精致。如他的怀乡之梦词《阮郎归》(湘天风雨破寒初)仅以“乡梦断”三字，便充分传达出寂寞寥落之情，连返回故乡的好梦也断了，那种被贬异乡，像游魂一样孤苦伶仃的悲境顿时凸显出来。另一首很有名的是《浣溪沙》(漠漠轻寒上小楼)，“自在飞花轻似梦”，梦作为比喻的对象出现在词中，使难以捕捉的抽象的梦和愁显得如此轻盈具体而又新奇可感。春梦自遥，闲愁无尽，望飞花以消忧，反触梦而更愁，写得既流畅自然，又空灵绮靡，美妙无边。

陈克《菩萨蛮》(绿芜墙绕青苔院)“绿窗春睡轻”，以鲜见的闲适自得之笔调写梦，似睡非睡，若梦非梦，悠闲的心情、闲适的意趣，虽以淡墨出之，但其渊雅的情调自现。贺铸的几首梦词中，《伴云来》(烟络横林)“赖明月曾知旧游处，好伴云来，还将梦去”，词人希望明月陪伴着自己心爱的化作云彩的伊人来到梦中，并再负责送她回家。这种天外奇想的梦境更令读者耳目一新，异想不断。还有《望湘人》(厌莺声到枕)“醉魂愁梦相半”，梦魂萦绕，语气沉痛，醉愁相加。

北宋后期词人周邦彦的梦词主要书写三种梦境。一是怀人梦魂。如《风流子》(新绿小池塘)“最苦梦魂，今宵不到伊行”，白日既然不能和心爱的人相会，那就到梦中去追寻吧，可是今晚竟然连梦魂都不能到她身边，可见其苦楚之深；《尉迟杯》(隋堤路)“有何人、念我无聊，梦魂凝想鸳侣”，如同出一辙，有异曲同工之妙。二是春雨惊梦。《大酺》(对宿烟收)“奈愁极频惊，梦轻难记，自怜幽独”，以清幽的笔法写春雨惊梦，情味消闲。三是往事如梦。《兰陵王》(柳阴直)“沉思前事，似梦里，泪暗滴”，月榭之中，露桥之上，那些怅惘、岑寂的夜晚都给词人留下了难忘的印象，宛如梦境一般，历历浮现在眼前，一想到这里，便流下了苦涩酸楚的泪水。短短一句，将沉挚深厚的感情表露无遗。

南渡之后，梦词少了抒写个体儿女情长或生命哲理的感受，又有了更加广阔丰满的题材。抗敌报国、渴望国家统一之梦，归隐尘世之梦，绵绵惆怅之梦，落寞伤感之梦，闲适自得之梦，列罗于词。如李清照的《念奴娇》（萧条庭院）“被冷香销新梦觉，不许愁人不起”，写抑郁愁苦的心情、孤苦伶仃的处境，只一个“新”字，女词人又使读者感受到了梦的另一面，于是梦醒后“清露晨流，新桐初引，多少游春意”，可见这个梦对女主人公排遣心中的伤痛和难过是多么重要。

陈与义《临江仙》（忆昔午桥桥上饮）“二十余年如一梦，此身虽在堪惊”，这一梦，词人抚今追昔，对靖康之变所造成的“旧交零落今谁在，盛会繁华不可寻”的心境，疏泄尽至，那种噩梦初醒的魂悸魄动、胆战心惊之感，全在此梦之中。

南宋中后期出现了三个大量写梦词的词人。众人只知稼轩词有吞吐八荒之概，不知其梦词亦缠绵悱恻，哀婉悲郁。词人为外物感触，喷薄而发，以梦托其英雄壮怀、失意愤慨。《满江红》)（点火樱桃）“蝴蝶不传千里梦，子规叫断三更月。听声声、枕上劝人归，归难得”，化用“蝴蝶梦中家万里，子规枝上月三更”一联而变其意。这里词人以情造境，从深夜不寐的痛苦情景中，深切地表达出思家念远之悲。而这个“家”，早已是北方金人统治下的“老家”。哀伤之情与豪迈之志，尽在凄婉的梦中。《水调歌头》（日月如磨蚁）“梦连环，歌弹铗，赋登楼”，这首也是抒发梦中还家的思绪。这可以算稼轩梦词的第一类，书写思归之梦。《声声慢》（征埃成阵）、《哨遍》（一壑自专）、《沁园春》（老子平生）、《满江红》（莫折荼蘼）、《满江红》（过眼溪山）慨叹千古一梦，表达自己厌于游宦，却无可奈何的心境。《瑞鹧鸪》（江头日日打头风）、《水龙吟》（老来曾识渊明），这些梦词皆是抒写词人在梦中与古人或对话，或畅谈，是词人历尽沧桑之后的自我宽慰，沉痛而又超凡绝俗的祈望。词人笔下展现的梦境，正是那个时代的志士仁人所追求的理想生活。

史达祖留下 112 首词，其中梦境词竟有 58 首，占了一半之多。或独自一人在孤灯下梦魂萦绕，夜半醒来只见当空一轮明月照高楼，其思念之情尽显无遗。或抒写词人渴望收复国土，流露出思家念国情怀。或点明词人内心深处的寂寞和对知己的渴求。现在我们看史达祖的词，也许能理解他的一番爱国情怀，但在当时，他所依附的韩侂胄并非忠良之臣，后其倒台，史达祖也被流放，受到黥刑，当时人们都认为他是“士大夫无廉耻者”。他将政治的失意、身世的不幸与对知己的渴求，都寄寓在梦境中了。

南宋吴文英的梦词，简直达到了无意不可入的境地。在他的 340 首梦窗词中，仅“梦”就出现了 170 多次。无论是历史题材吊古伤今之作，还是恋情、时事，各种情绪皆在梦中抒发。他的词中，现实与梦幻交错互渗，凸显梦境的美好与现实的凄清。他的梦词，大致也可以分为两种。一是爱情梦词。《夜合花》（柳暝河桥）上片追忆过去，写团聚的欢乐，下片一下跳到十年之后，与苏、杭二妾生离死别，景物凄凉，感情凄迷，情绪哀怨，怎一个伤心了得！《踏莎行》（润玉笼绡）是词人对亡姬的感梦之作，虚实相生，乍离乍合，写得极其深切感人。《秋蕊香》（懒浴新凉睡早）“月冷波光梦觉”，亦是将自己梦中甜蜜和醒后的惆怅对比描写，愈显醒后的凄惨与伤痛。《凤栖梧》（开过南枝花满院）“高树数声蝉送晚。归家梦向斜阳断”，从现实到梦幻，再到现实，如幻如电，然而梦中的缱绻缠绵，很快被“晓风吹雾散”。二是家国之悲。《声声慢》（凭高入梦）、《金缕歌》（乔木生云气）对南宋濒临灭亡的现实表示巨大的悲愤和忧伤。这些词都写得感慨深沉，声情激壮。

宋代以后，在金、元、明、清各代文学中，梦词都占据着一席之地。金代文化是汉族文化的延伸和继续。在金代的 120 年中，其梦词大多抒写对前朝皇帝荒淫误国、世事难测、人生如梦的感慨。吴激《人月圆》（南朝千古伤心事）、《春从天上来》（海角飘零）都是用梦来抒发一种凄婉沉痛的沧桑之感。蔡松年《尉迟杯》（紫云暖）将梦作为本体来比喻花飞，凸显梦的美幻与奇彩盘空，通过梦来联想与情人的离散，令人寻味不尽。

赵秉文《大江东去》（秋光一片）“淡淡长空今古梦，只有归鸿明灭”也发出了古今一梦的感触，但不觉消极，自有一股雄壮之气。其《水调歌头》（四明有狂客）用浪漫的笔法以谪仙自喻，写自己在“神仙官府”的梦境，铸语瑰丽，想象奇特。完颜璹《春草碧》（几番风雨西城陌）“旧梦回首何堪，故苑春光又陈迹”，词人通过梦来形容春光的短暂，表达了春光易逝的感触，幽秀可诵。段克己《望月婆罗门引》（暮云收尽）“繁华梦断，醉几度、春风双鬓斑”，此时金朝已亡，词人亦是通过梦的美妙短暂来慨叹昔年欢迹杳不可寻，空余斑鬓而已。

宋金之后的元朝，是一个充满赫赫武功和严酷的民族压迫的时代，然而这个文人地位一落千丈的朝代只存在了 73 年。这个时期的梦词，大都呈现出幻灭感。耶律楚材《鹧鸪天・题七真洞》（花界倾颓事已迁）“不知何限人间梦，并触沉思到酒边”，词人通过人间一梦的观感，触目成愁，世事无常之颓废感油然而生。朱晞颜《一萼红・盆梅》（玉堂深）“暖吹调香，冷芳侵梦，一饷消凝”，用梅的销魂凝魄、出神之意来寄托自己的林泉之志。

刘壎《菩萨蛮》（故园青草依然绿）讽刺元朝新贵政权争权夺利的现象，并预言其如“湖山一梦”，极慷慨低徊之致。陈孚《太常引》（彩丝堂上簇兰翘）“万里梦魂消，待飞逐、钱唐夜潮”，笔法瑰奇，在母亲过生日时不得归，竟然借梦来表达天涯游子对母亲的思念。这样的梦，在温馨与甜蜜中又带有遗憾和哀愁，更加真实丰满。刘因《念奴娇》(中原形势)“中原形势，壮东南，梦里谯城秋色”，谯城为故里所在，故结想成梦，既凝望成愁，却又不能践约，怎能不怅然愁绝，朴厚深醇，真趣洋溢。

明代废除宰相，实行极端的君主专制，钳制人们的思想，词坛尤其萧条。刘基《水龙吟》(鸡鸣风雨潇潇)表现君子当道，清明之世的好梦随风而去，感喟激昂，反映了作者对形势的看法。高启《石州慢》(落了辛夷)一个“梦”断，意为词人渴望知己，柳絮空惹思念和恋爱心事，可见缠绵。刘昺《满江红》(水北幽居)并无往昔的消沉，而是有一种超旷郁勃的境界。徐有贞《玉连环》(心绪悠悠随碧浪)仍为物是人非之语。夏言《浣溪沙》(庭院沉沉白日斜)是一种时代情绪的反映。陈子龙《点绛唇》(满眼韶华)梦怀故国之思，洗尽铅华，独标清丽，婀娜韶秀，有振起之势，挽明词颓风。王夫之《摸鱼儿》《蝶恋花》《绮罗香》和夏完淳《鱼游春水》《婆罗门引》《烛影摇红》等无一不是借梦来抒写哀思，触目烟花都成愁，家国沦亡，盛时难再，语婉而意深，表达出眷恋故国的悲怆之情。

清中叶以前梦词创作中兴。徐灿《唐多令》(玉笛送清秋)念念不忘在苏州的故园，但当时有些地区有兵戈之事，使她那乘扁舟游五湖的梦想不能实现。于是词人只好在梦里，让自己的泪花和江声，伴着自己向故园归去。彭孙遹《生查子》(薄醉不成乡)整首词都是写梦，词上片四句写梦前，下片前二句写梦，后二句写梦醒，可见词人一片寂寞和伤心。沈宛《菩萨蛮》(雁书蝶梦皆成杳)写女主人公被休弃后的痛苦心情，她多么想回到故家，但是连魂梦都不能回去。那些“归骢系月”的美景，只能成为追忆，将梦写得幽怨凄婉。董士锡《木兰花慢》(看斜阳一缕)写得缠绵悱恻，真情斯见。

文学作品中作家笔下的梦，是人们超越现实，寻找生活理想和心灵安慰的一种寄托，无论是仕途坎坷的遭贬官员、怀才不遇的落魄士子，还是与爱侣生死相隔的痴心男女，都可以在梦中实现愿望，找到归宿。所以梦在词中以精美的情思、高超的境界，于每个朝代呈现出不同的美丽风姿。

女冠子

(唐)韦　庄

昨夜夜半，枕上分明梦见。语多时。依旧桃花面，频低柳叶眉。
半羞还半喜，欲去又依依。觉来知是梦，不胜悲。

韦庄与温庭筠同为“花间”重要词人，有《浣花集》。这首词表现的梦境颇为真切，痴心汉形象跃然纸上。这首小词与《女冠子》(四月十七)一气贯注，合写一事，可见词人对这位女主人公情有独钟，分别后词人思念至极，便在梦中梦见女主人公，语浅情深，颇有韵致。

词人用直白的语言直接写梦中所见，一个“分明”，可见他对女主人公的深情与思念。梦中依依，有说不完的情话。“语多时。依旧桃花面”，特别是“频低柳叶眉”“欲去又依依”的神态音容，宛在眼前。如果词人不是对她的爱怜至深，怎么会对她的面容，甚至连眉毛都描绘得那么仔细呢？平易的语言却写活了人物，种种形态呼之欲出，然而夜长梦短，梦醒之后，更令人不胜伤悲。此词不似多数花间词之浓艳，而是在清淡中意味深远，正所谓似直而纡，别具风味。

清代况周颐《历代词人考略》称赞韦庄词：“能运密入疏，寓浓于淡。”《女冠子》正是这一特色的具体体现。

踏莎行

（北宋）晏几道

绿径穿花，红楼压水，寻芳误到蓬莱地。玉颜人是蕊珠仙，相逢展尽双蛾翠。

梦草闲眠，流觞浅醉，一春总见瀛洲事。别来双燕又西飞，无端不寄相思字。

晏几道青年时期，家境一落千丈，到晚年甚至衣食不继，困顿潦倒至极。在落拓失意的无奈中，词人经常出入歌馆酒楼之中，打发时光。他的词大都应歌女而写，并让歌女在酒席筵前传唱，然而这并不等于是轻浮艳词，黄庭坚的《小山词·序》曾说：“余尝论，叔原固人英也；其痴处亦自绝。人爱叔原者，皆愠而问其旨：‘仕宦连蹇，而不能一傍贵人之门，是一痴也。论文自有体，不肯作一新进语，此又一痴也。费资千百万，家人寒饥，而面有孺子之色，此又一痴也。人皆负之而不恨，已信之终不疑其欺已，此又一痴也。’乃共以为然。”从四痴也就能看到晏几道忠纯真挚的为人，而且将身世之感融入对歌女的思念，更增加了词的内涵。

晏几道是北宋词坛上大量写梦的词人，他自己曾说：“所记悲欢合离之事，如幻，如电，如昨梦前尘。”在他的词中，梦经常与酒、醉紧密联系在一起。这首词的上片全是梦境，词人走过穿花的绿径，登上临水的红楼，与绝色姿容的“蕊珠仙”相遇，从“相逢展尽双蛾翠”来看，词人与仙女的相逢十分愉快，而且词人整个春天都沉浸在这种美好的梦境中。“一春总见瀛洲事”，“瀛洲”就是上片写的蓬莱仙境。词人因“流觞浅醉”，所以才会有如此之多美妙的好梦。人在梦境中经常可以实现现实中不可能实现的愿望，词人对那些歌女如此相思，所以他要经常借梦来抒发心中的感情，他对梦分外珍惜，他害怕梦境失落，思念难追，所以便用词来记载这美好的情感，将梦凝固下来。

这首词最妙处是其结尾，“别来双燕又西飞，无端不寄相思字”，至此词人才点破为什么上片的梦境是那样的内容，那样的欢悦，原来，现实中词人和心爱的人儿劳燕分飞，末尾用双重否定的句式来加强语气，说明自己是那样的相思，那样的无奈，那样的伤感，所以只能在梦中来实现心中的愿望。读者恍然大悟，由欢乐之情骤然降到悲伤之感。再者，前面的梦境是那样的愉悦，而后面的感情是那样的哀伤，词人用对比的手法写相思之情，梦中之景愈欢，现实之情愈悲，词的张力就愈大。整首词承载着满满的情，创造出审美的新天地。

踏莎行 自沔东来，丁未元日至金陵，江上感梦而作

（宋）姜　夔

燕燕轻盈，莺莺娇软，分明又向华胥见。夜长争得薄情知？春初早被相思染。

别后书辞，别时针线。离魂暗逐郎行远。淮南皓月冷千山，冥冥归去无人管。

姜夔，字尧章，号白石道人。这首词作于宋孝宗淳熙十四年(1187)正月初一，当时词人从汉阳乘舟至金陵东下，在江上的夜里梦见了20多岁时在合肥结识的一位女子，感慨系之而作。“燕燕轻盈，莺莺娇软”，可见词人对梦中佳人的欣赏与亲昵欢洽之情。“分明又向华胥见”，可惜这一切只是梦中所见，一个“又”字，说明词人频梦佳人，长长的思念之情可想而知。“夜长争得薄情知？春初早被相思染”，长夜漫漫，词人梦醒之后，怎么还能够睡得着？这份相思之苦，她又怎么能知道呢？春天，燕飞草长，花红柳绿，正是一切事物欣欣向荣之时，而这样美好的景物只能徒增词人的思念之情，一个“染”字，可见相思范围之广、程度之深。

“别后书辞，别时针线。离魂暗逐郎行远”，词人声情顿挫之后，不写自己多么想念情人，而在想情人是多么思念自己，可见想象之奇。词人用一个倒装先写别后再没有书信来往，彼此失去了联系，再由此想到离别那天的场景，更是凄切动人。思极便灵魂出窍，倩女离魂，不远千里来追随着自己心爱的人，并且托梦显现。此句借鉴唐人传奇《离魂记》情节，表达相爱之深，非常贴切。“淮南皓月冷千山，冥冥归去无人管”这句更加奇绝。情人前来托梦，和自己相会，来消解这刻骨铭心的思念，异地同心，彼此心灵相惜，托梦达成，然而词人又体贴地想到，离魂归去时的孤单与冷清。千山苍凉，月光清冷，离魂独自赶路，无人照顾，这份怜惜之情，始终贯穿着词的始末，感人至深。最后两句融合了杜甫《梦李白》“魂

来枫林青，魂返关塞黑”和《咏怀古迹》中的“画图省识春风面，环佩空归月夜魂”的诗句，妙化无痕，自然混融。

这首词是姜夔言情词中的名篇，情感深挚，构思奇妙，意境清雅。王国维《人间词话》曾对姜夔多有贬意：“惜不于意境上用力，故觉无言外之味，弦外之响，终不能与于第一流之作者也。”但对这首词有着不同的看法，说：“白石之词，余所最爱者，亦仅二语，曰‘淮南皓月冷千山，冥冥归去无人管’。”

雨中花慢

（南宋）张孝祥

一叶凌波，十里驭风，烟鬟雾鬓萧萧。认得兰皋琼珮，水馆冰绡。秋霁明霞乍吐，曙凉宿霭初消。恨微颦不语，少进还收，伫立超遥。

神交冉冉，愁思盈盈，断魂欲遣谁招。犹自待，青鸾传信，乌鹊成桥。怅望胎仙琴叠，忍看翡翠兰苕。梦回人远，红云一片，天际笙箫。

这首《雨中花慢》，看似记梦词，实际上带有词人深刻的人生印记。据宛敏灏先生查证，宋绍兴年间，16岁的张孝祥在明州进士预选中考了第一名。两年后在省里的进士预选考试中又获得了第一名。后又博得宋高宗赵构的赏识，成为新科状元，并击败了秦桧的子孙。然而在此期间，因金军大举侵入中原，张孝祥随父南下避难，在避难途中遇到了一女子李氏，两人一见倾心，后生下一子名张同之。但他们的结合未能得到张家的承认，后张孝祥被迫与时氏结婚，婚前张孝祥将李氏与同之送走，从此李氏出家入道观，二人再未谋面。

张孝祥词作中有不少是表达对李氏的怀念的，但大都比较隐晦难懂。此词中描绘了一位清新雅致的仙子，当是李氏的化身，词人思念她却相见无期，只能在梦中追寻。上片虽无梦字，但一开始那种迷蒙的意境就把读者带到了他的梦中。那位美丽的仙子乘风而来，由一句“烟鬟雾鬓萧萧”我们可想见其美貌，但又遥不可及，她给人的印象是朦胧的，是梦幻的。这位仙子给人的视觉感是由远而近，忽然，词人从她丝质般的华衣和身上所带的兰花饰物与玉佩上认出了她原来是自己一直朝思暮想的人儿。从“冰”“兰”“琼”等字上，我们可以想见她内心的高洁与冰清。此时，词人顿感天地清明，一片和蔼却又灿烂的气象出现在天地之间，霞光升起，沉沉的雾霭正渐渐消逝。她略略皱着眉头，不说一句话，刚向前走几步，又退回去，伫立不动，一副踌躇的样子，让词人情何以堪。

上片的艺术手法堪称绝妙。词人梦后写此词，不直接写梦见了自己的爱人，而是写仙子，给人朦胧的感觉。忽然，从她的衣服配饰认出她原来是自己思念了许久的人——李氏。这样一写，便忽生跌宕之感，短短几十字，写得有声有色，情节彰显，可见词人笔力。

下片依然写梦中的活动。尽管这位仙子遥不可及，但总算愿意接纳词人，可是美好的时光总是短暂的。“断魂欲遣谁招”，一个“断魂”，蕴含了太多情伤。无论如何，李氏与自己总是要分离的。但词人并不灰心，他要执着地等青鸾来传信，乌鹊来搭桥，去追寻李氏。这一对有缘无分的人儿，连在梦中也不得长久，幽梦乍醒，仙人远逝，只见得红云一片，隐隐听见几声笙箫。至此，词已达到高潮，词人虽然没有直接描绘自己的情感，但那透彻心扉的痛苦与矢志不渝的期望早已沁人心脾，令人追慕不已。

踏莎行

（南宋）吴文英

润玉笼绡，檀樱倚扇。绣圈犹带脂香浅。榴心空叠舞裙红，艾枝应压愁鬟乱。

午梦千山，窗阴一箭，香瘢新褪红丝腕。隔江人在雨声中，晚风菰叶生秋怨。

吴文英的很多词都是忆妾怀妾之作，可见词人对妾用情之深，而苏、杭二姬的去与亡也给他带来了终生难平的伤痕，这些忆妾怀妾词哀婉缠绵，真挚动人。这首《踏莎行》是其代表作，是其怀念苏妾所作，时间是端午时节。

这首词的大部分都是在写梦，却无一梦字，上片在梦中回忆妾的形貌，直到下片才揭晓，可见真是“如七宝楼台，炫人眼目，拆碎下来，不成片断”（张炎《词源注》）。“润玉笼绡，檀樱倚扇。绣圈犹带脂香浅”，“润玉”，即玉润，润泽如玉，形容美女的肌肤光莹润泽；“绡”，本指用生丝织成的薄绢、薄纱，此指用凌绡制成的薄衫；“檀樱”，指檀口，女子浅红色的嘴唇，“檀”即浅红色，“樱”是说女子的小口像樱桃一样又小又红；“绣圈”是指绣花的圈饰，这里指端午节时妇女在腕上戴的红丝线。用绫绡制成的华美的薄纱轻轻地裹着美人如玉般的肌肤，而罗扇微并半遮美人的小口，玉臂上的红丝线还略微带着脂粉的香味。开头三句最精彩的莫过于“笼”“倚”二字，按照顺序应是“绡笼润玉”“扇倚檀樱”，除了平仄之外，这样一来，更耐人寻味。“榴心空叠舞裙红，艾枝应压愁鬟乱”，“榴心”，石榴，暗指端午节；“艾枝”，即艾蒿，端午节时插艾枝、饮艾酒、戴艾蒿以驱邪除秽。“榴”句暗示美人是歌女的身份，“艾”句描述美人正在午睡小憩的姿态。纵观上片，词人用非常细腻的笔墨回忆姬妾，这种近于客观的白描，使美人的形貌与神态在读者的脑海中留下了深刻的印象。前三句描绘出一个美貌无双的女子，后两句一个“空”字、一个“愁”字，又透出美人心中的哀怨与愁绪。寥寥几笔，绘出一幅仪态万方又略带忧伤的美人图。

下片起首二句进入转折，让读者明白上片如此尽心尽力地刻画的原来是词人做的一个梦，“千山”“一箭”都说明梦已远逝，飘缈不逮。“千山”运用李贺《四月》诗意：“晓凉暮凉树如盖，千山浓绿生云外。”“香瘢新褪红丝腕”，因梦而回想起美人的手臂上的红丝线，此句应是词人臆想之思，词人思念其妾情深似海，亦想美人因思念他而日渐消瘦，以致红丝线上褪下的斑驳红迹犹在腕上。

“隔江人在雨声中，晚风菰叶生秋怨”，最后两句写尽飘缈哀怨之极致，无故连最恶梦窗的王国维都说：“梦窗词之佳者，如‘水光云影，摇荡绿波，抚玩无极，追寻已远’。余览《梦窗甲乙丙丁稿》中，实无足当此者。有之，其‘隔江人在雨声中，晚风菰叶生秋怨’二语乎？”（王国维《人间词话》）这几句之所以能达到“含有余不尽之意”“以迷离称隽”的效果，主要是因为一个“隔”字，隔江人已是寻绎不逮的朦胧感，而又在雨声中，声音“隔”，视觉“隔”，那隔江人又远一层，连晚风中的菰叶都生了秋怨，这该是怎样的愁与苦啊！

夜游宫　竹窗听雨，坐久隐几就睡，既觉，见水仙娟娟于灯影中

（南宋）吴文英

窗外捎溪雨响。映窗里、嚼花灯冷。浑似潇湘系孤艇。见幽仙，步凌波，月边影。

香苦欺寒劲。牵梦绕、沧涛千顷。梦觉新愁旧风景。绀云敧，玉搔斜，酒初醒。

梦窗的梦词，大多不落俗套，具有创造性。这首梦词虽然不是他的名作，但和他的《踏莎行》一样，都具有新意和美感，内心感受也极为细腻生动，而且词人把自己的号“梦窗”化雪无痕地融入了词中。

词的小序交代了词人倚竹窗听雨、慢慢入睡、梦见女仙的过程。首句“窗外捎溪雨响”，“捎”是略拂之意。“潇湘”，据《史记·五帝本纪》记载虞舜巡视南方，死在苍梧之野，其妻娥皇、女英闻讯赶至南方，投水殉夫，成为潇湘女神。现在的潇湘已成为水名，即今湖南境内的湘江。“幽仙”，指湘君。“凌波”，水仙花以水为生，故有凌波仙子的美称。上片用典虽多，但不失晦涩，读者能深切地感受到这寥寥二十几个字内营造出的凄美意境：窗外雨声潺潺，雨水掠过小溪，发出了清脆的声响。这时屋里的孤灯显得格外的亮，但也格外的清冷，那种冷是一种寒香冷，充盈着

整个房间。窗外雾茫茫，雨水漫上台阶，词人独自一人在屋中小憩，这种感觉真像乘坐孤舟在湘江之上漂荡。此时，仿佛湘君轻挽裙带，水上盈盈步微月，皎洁与清冷的月光映照在她身上。

下片依然叙写梦境。“香苦欺寒劲”，短短五个字却包含了肤觉、视觉、味觉、嗅觉和心灵体味。在如此美妙的茫茫雨雾中，词人与仙子在江上逍遥漫步。词人梦醒了，虽有新愁涌上心头，但依然沉浸在旧梦中，隐约仙子的秀发闪耀着动人的光泽且蓬松欹侧，玉簪也微微斜着，直到仙子渐渐远去，词人的酒意才微醒。

整首词颇具梦窗词的特色，梦窗写词，无论写妻妾或描绘梦境，总是晦涩中带有真情，仿佛词人总是睁着惺忪迷离的双眼，在描绘这个令人感到刺骨寒心的世界，可是心里却无比的清醒。错觉与幻境，错综叠合，将读者引入一个魔方大厦，满眼琳琅的风景与色彩，迷离幻邈不可追寻。词人写梦中的女子，不管是描绘她的姿态还是容貌，毫无往日宫体诗词的猥琐与晦暗，他笔下的仙子散发着水仙花的清香，与月为伴，在雨中徜徉，在沧涛上漫步，高洁优雅，超凡脱俗。这首词营造了一种精致独到、虽不阔大但十分幽远的艺术境界。

人月圆

(元)倪　瓒

惊回一枕当年梦，渔唱起南津。画屏云嶂，池塘春草，无限销魂。
旧家应在，梧桐覆井，杨柳藏门。闲身空老，孤篷听雨，灯火江村。

倪瓒是元代的书画家、诗人。从小衣食无忧，但依然注重修身养性。当时政治黑暗，倪瓒秉持隐居山林洁身自好的态度，逐渐形成挥洒淋漓、孤傲清高的性格，因此他的诗词中那些自然清新的机趣，是个人性情的真正流露和表现。诗词就像他的清幽淡远的书画一样萧散空灵，带有一缕不食人间烟火的禅意。

这首词无疑是倪瓒年长后回忆旧家之作。以“惊回一枕当年梦”起句，很容易陷入历史虚无主义和历史绵长、人生短暂的套路，但词人从容不迫地笔锋一转：在带有离别和忧伤的南津，渔人满载而归，桨声和渔歌调子响彻湖面。上片“画屏云嶂，池塘春草”两句是在回忆梦中之景，用散朗的笔触描绘了清新的景色：湖边矗立着巍峨的山峰，云雾缭绕，如同画屏烟景，春暖时，湖泊和池塘因为水草的繁衍，变得一片青绿，春愈深，水面愈绿，充满了盎然生机，于是词人顺势呼出一句：“无限销魂。”

上片的“渔唱”，是渔人所唱的歌曲，而一般没有渔唱这个词。因为词人要在最小的篇幅内展现如此丰富清新的意境，所以用缩略的方法造了这个词。也是引用王勃《滕王阁序》：“渔舟唱晚，响穷彭蠡之滨。”南津，犹南浦。此词一出，不管词人描绘的景色多么高远与美妙，整个词的基调都变得哀伤起来。首两句应是“渔唱起南津，惊回一枕当年梦”，词人应该是听着渔人的歌曲渐渐入眠，然后才做了一个带有如此美景的梦，然而此梦只应是当年，回味那时已惘然。第一字是“惊”，引出词人回想起当年无忧无虑舒适的生活，一字之中，却见词人复杂的情感与惝恍的心情。“无限销魂”，应是词人在写词时的感慨，“旧家应在”亦是。

下片中“梧桐覆井，杨柳藏门”是回忆梦中之人。这两句词人没有直接描绘是什么人，给读者留下更多的想象空间。倪瓒家院子里有很多梧桐树，倪瓒和他的妻子感情很好，再从下句“孤篷”句知，此时词人的妻子应已逝去，这个梦中之人应系词人的妻子。这几句是说：如果旧家还在的话（现实的感慨），梧桐已经把井都盖住了，杨柳的长势应该把门都藏住了（梦中的景象），然而，我的妻子已不在人世间，空留下我一人度过孤苦的余生（潜在的情感）。“闲身空老”又是写词人写词时回想梦境的感慨，最后两句“孤篷听雨，灯火江村”遥映上片“渔唱起南津”，并采取对比手法，万千灯火的江村上，应该家家都在温馨地吃着晚饭，过着快乐的生活，唯有我，像无可依附的浮萍一样，在江上的孤篷里听着凄怨的雨声，独自老去。词人的性格在当时不同寻常，清高孤傲，不问政治，一生不仕，妻子逝去，词人更加孤独。这样的结尾无奈而又感人。

这首词篇幅虽短但一波三折，峰回路转，从词人回忆——梦中美景——词人感慨——梦中怀人——现实境况来回穿插对比，亦真亦幻，令读者亦忧亦喜，迷离惝恍，为词人的身世感怀不已。

第十一节 婚姻爱情词

概说

中国是诗歌的国度，数千年来产生了数以万计、种类丰富的名篇佳作，作为中国古典诗歌中最为重要的题材之一的婚姻爱情题材作品，一直是诗苑中的奇葩，沐浴在人间的清风雨露中，彰显着无穷的魅力，闪烁着异样的光辉。

爱情诗歌，自诞生之日起就具有其独特的魅力，早在先秦时期，就已有了颂扬爱情的作品，如《诗经》中的“关关雎鸠，在河之洲。窈窕淑女，君子好逑”（《周南·关雎》），“蒹葭苍苍，白露为霜。所谓伊人，在水一方”（《秦风·蒹葭》），《楚辞》中的“乘赤豹兮从文狸，辛夷车兮结桂旗。被石兰兮带杜衡，折芳馨兮遗所思”（《九歌·山鬼》），“麋何食兮庭中？蛟何为兮水裔？朝驰余马兮江皋，夕济兮西澨。闻佳人兮召予，将腾驾兮偕逝”（《九歌·湘夫人》）等。先秦诗歌中这种纯真、热烈的相思爱情，为日后婚姻爱情诗歌的大放异彩打下了良好的基础。

汉代，尤其是汉末至魏晋南北朝时期，在多种多样表现婚姻爱情的名篇中，有痴情女子对所爱之人的热烈表白：“上邪！我欲与君相知，长命无绝衰。山无陵，江水为竭，冬雷震震，夏雨雪，天地合，乃敢与君绝！”（《上邪》）也有遭遇感情突变的女子对爱情的决绝宣誓：“有所思，乃在大海南。何用问遗君？双珠玳瑁簪，用玉绍缭之。闻君有他心，拉杂摧烧之。摧烧之，当风扬其灰。从今以往，勿复相思！相思与君绝！”（《有所思》）更有描述以死捍卫爱情的叙事长诗《孔雀东南飞》。

婚姻爱情，有欢乐，就有悲伤。东汉秦嘉的《赠妇诗》“独坐空房中，谁与相劝勉？长夜不能眠，伏枕独展转”，感慨夫妻别离的无奈与痛苦。西晋潘岳的《悼亡诗》“如彼翰林鸟，双栖一朝只。如彼游川鱼，比目中路析”，则沉重道出了痛失伴侣的哀伤情绪。《西洲曲》是南朝民歌中的压轴之作，也可以看成是汉末至魏晋南北朝时期爱情诗歌的代表之作。

到了唐代，特别是中晚唐至五代时期，婚姻爱情诗歌逐渐走向成熟。唐诗中表现婚姻爱情的作品内容多样，大体上包含恋情诗、赠内诗、悼亡诗、弃妇诗、离妇诗、相思别离诗、宫怨诗、艳情诗等。

“东边日出西边雨，道是无晴却有晴”“花红易衰似郎意，水流无限似侬愁”，刘禹锡在《竹枝词》中描写的是纯真朴素的恋情。“去年今日此门中，人面桃花相映红。人面不知何处去，桃花依旧笑春风”，崔护的《题都城南庄》讲述的则是男子对少女的爱慕之情以及佳人难见的怅惘之意。相思离别是情人之间、夫妇之间经常要面对的现实，这其中充满了无限的惆怅与哀伤，也蕴含了不尽的情思。“君问归期未有期，巴山夜雨涨秋池。何当共剪西窗烛，却话巴山夜雨时”“多情却似总无情，唯觉樽前笑不成。蜡烛有心还惜别，替人垂泪到天明”，李商隐的《夜雨寄北》和杜牧的《赠别》描写夫妻分离的感受与情思有着异曲同工之妙。生离固然痛苦，但仍有相见之日，一旦死别，便相会无望，阴阳两隔，留下的只有无尽的苦痛与遗憾。“在天愿作比翼鸟，在地愿为连理枝。天长地久有时尽，此恨绵绵无绝期”，白居易的《长恨歌》虽然描述的是唐明皇与杨贵妃的生死恋情，但在形式上却属于代笔悼亡诗，传达的是对爱情的思念追悼和永恒坚守。如果说帝王的爱情不足以代表爱情的大多数，那么元稹的那一句“曾经沧海难为水，除却巫山不是云”（《离思》）则足以将人世间的夫妇之爱推向无与伦比的高峰。

一种文学题材的出现和繁荣，都要有其形成的外部条件，从先秦到唐代，婚姻爱情诗的丰富和成熟，无疑为婚姻爱情词的出现和发展奠定了坚实的基础。

唐五代词主要包括《敦煌曲子词》、中晚唐文人词、花间词、南唐词等，婚姻爱情词，尤其是爱情词在唐五代词中占有重要的位置。从词的语言风格来看，《敦煌曲子词》的作者应为来自社会底层的平民，从词的内容表达来讲，在题材广阔、内容丰富的敦煌曲子词中，有相当一部分和男女情爱相关，如反映歌儿舞女的恋情生活的、抒发征夫旷女的思念之情的等等。

唐代词的发展，从《敦煌曲子词》到中晚唐文人词，经历了从民间传播到文人创作的演变过程，形式上渐渐走向成熟。白居易、刘禹锡、温庭筠等人的词中，尤其是温庭筠的词中，都有对爱情的细腻描写。

五代词的发展主要围绕在西蜀和南唐两个地域，其中，西蜀的词人称为“花间词人”。南唐词坛是以中主李璟、后主李煜以及宰相冯延巳为代表。温庭筠虽然生活在晚唐，但是被视为“花间词派”的一员，他往往“借助一个个画面尽量传导出一种活力和鲜润”“画面与画面之间没有连缀；没有情事的交代，甚至没有抒情”（王兆鹏《唐宋词分类选讲》）。虽然“花间词人”奉温庭筠为鼻祖，但是在实际创作中，他们绝大多数作品都只是堆砌华艳的辞藻，用来表达妇女相思、恋情、闺怨，甚至是服饰、体态等等，题材内容比温词更狭窄、更空虚。

欧阳炯《花间集序》言：“镂玉雕琼，拟化工而迥巧；裁花剪叶，夺春艳以争鲜。是以唱《云谣》则金母词清，挹霞醴则穆王心醉。名高《白雪》，声声而自合鸾歌；响遏行云，字字而偏谐凤律。杨柳大堤之句，乐府相传；《芙蓉》《曲渚》之篇，豪家自制。莫不争高门下，三千玳瑁之簪；竞富樽前，数十珊瑚之树。则有绮筵公子，绣幌佳人，递叶叶之花笺，文抽丽锦；举纤纤之玉指，拍按香檀。不无清绝之辞，用助娇娆之态。”在欧阳炯来看，“镂玉雕琼”“裁花剪叶”“合鸾歌”“谐凤律”是为了满足“绮筵公子”“绣幌佳人”“用助妖娆之态”的欢娱的需要。此篇序言表述了欧阳炯对花间词的词体特征和价值功用的基本论调，亦可以说是“词为艳科”的正式宣言。

《花间集》共收词500首，其中有近400首涉及男女情事，因此其描写的多为闺阁生活，具有浓厚的绮靡侧艳的色彩。男欢女爱的“艳事”，离别相思的“艳情”，直言露骨的“艳语”，甚至于直接大胆地描摹女性体态“蛾眉”“蝉鬓”“香腮”“莲脸”“朱唇”“雪胸”“纤腰”“玉指”等，构成了花间词“艳”的特质。此类描写与其说是男女爱情，不如说是男女艳情更为贴切。

南唐词人是五代时期比花间词人稍晚的词家，集中在当时南唐的首都金陵，主要以南唐二主李璟、李煜和冯延巳为代表。然而南唐早在中主李璟时期，就没有了上述的闲适氛围，国势日弱，终至萎靡不振。南唐君臣只能强作欢颜，苟且偷安，他们的词作中时常透露出绝望的心情，这也构成了南唐词的感伤基调。冯延巳的《鹊踏枝》（谁道闲情抛掷久）虽然写闺中女子的“闲情”“春愁”，却没有了花间词那种艳丽的描写和感官的刺激。通过描摹女子内心无可排遣的哀愁，最终指向是对南唐国运的担忧。

中主李璟的《浣溪沙》（菡萏香销翠叶残）表面上写荷花凋落、秋风吹起的时节，闺中思妇的相思怨别，实则如王国维在《人间词话》中所说“南唐中主词：‘菡萏香销翠叶残，西风愁起绿波间。’大有众芳芜秽，美人迟暮之感。乃古今独赏其‘细雨梦回鸡塞远，小楼吹彻玉笙寒’，故知解人正不易得”，借思妇的情感波动来传达一种对南唐危亡的忧伤情绪。

李煜的《喜迁莺》（晓月坠）表现的是其对所钟爱的美人别后思念的感情。身为帝王，李煜对女性总不免魂牵梦系，这也是多情皇帝的真实写照。此词虽刻意营造冷寂的氛围，其要表达的不外乎借伤春之情，暗寓怀人之苦，并没有太多的深刻意义。李煜的另一首词《清平乐》（别来春半）虽然还未脱离男女伤离念别的传统藩篱，但是此词作于南唐亡国前夕，“拂了一身还满”的落花和“更行更远还生”的春草，传达得更多的是心中无限的哀思。

“词为艳科，词可以大写艳情，大写女性之美，恋情题材于是膨胀开来。如沈义父所言：作词与诗不同，纵是用花卉之类，亦须略用情意，或要入闺房之意。……以至宋诗与宋词产生了清晰的分工。在宋诗中你绝少能找到爱情，宋人已将前代压抑已久的情爱一股脑地注入宋词中。亦如钱钟书所说：‘爱情，尤其是在封建礼教眼开眼闭的监视之下，那种公然走私的爱情，从古体诗里差不多全部撤退到近体诗

里，又从近体诗里大部分迁移到词里。'”（王兆鹏《唐宋词分类选讲》）

因此，两宋时期的婚姻爱情词数量繁多，内容丰富，蔚为大观，取得了极大的成就。北宋立国之初，词的成就并不显著，直到晏殊、欧阳修、张先、柳永等人出现时，词才逐渐成为一种时人追逐的时尚文化。此时的词沿用五代时的小令，词风主要学花间词和南唐词，题材内容不外乎男女情爱和相思离别。通过回忆当年欢聚的场景，表达出伤春怀人之意。欧阳修的《诉衷情》（清晨帘幕卷轻霜）主要通过歌女回忆与意中人昔日的相会、相合到相离的遭遇，表现歌女的痛苦愁闷。

柳永不但创作了大量的慢词长调，而且更是突破了晚唐五代爱情词一味地谈情说爱的狭窄性，创作了大量更适合市井民众的爱情追求和情爱心理的作品。如《凤栖梧》：“伫倚危楼风细细。望极春愁，黯黯生天际。草色烟光残照里。无言谁会凭阑意。拟把疏狂图一醉。对酒当歌，强乐还无味。衣带渐宽终不悔。为伊消得人憔悴。”词作表现的是才子词人对伊人的一片痴情和对爱情的始终不渝、至死靡它的信念。

晏殊、欧阳修、张先、柳永这些词人主要活动在真宗后期到仁宗时期，此时尚属于北宋词的中期阶段。从英宗到靖康之变前夕已经进入了北宋词的后期阶段，此一阶段堪称群星璀璨，苏轼、周邦彦、贺铸、晏几道、秦观、黄庭坚、王安石、晁补之等一大批词人活跃在词坛，写出大量佳作，婚姻爱情词也进入了繁荣时期。

苏轼作为开一代豪放词风的领袖，其词作也体现出多样性的特征。纵观苏轼的词作，或抒写夫妻之间至死不渝的相思，或为歌儿舞女创作。

如果说宋词的第一次变化是柳永使词从上层社会的贵族娱乐走向大众、深入民间，第二次变化是苏轼使词从应歌娱乐的游戏文字变成承载心灵诉求的文学体裁，那么，南渡时期的第三次变化就是词人将个人的喜怒哀怨与国家危亡融于一体，使词的内容更加丰富，风格也更加沉郁凝重。李清照、辛弃疾、姜夔、吴文英、陆游、史达祖等人的婚姻爱情词都取得了不俗的成绩。李清照的婚姻爱情词以南渡前后为界，表现出了相当大的差异。李清照早年的词充满了活泼细腻的气息，如《点绛唇》（蹴罢秋千）中的“和羞走。倚门回首，却把青梅嗅”；《蝶恋花·离情》中的“独抱浓愁无好梦，夜阑犹剪灯花弄”；《一剪梅》（红藕香残玉簟秋）中“此情无计可消除，才下眉头，却上心头”。这些词清新晓畅，情真意切，写出了细腻、委婉的情感，这对五代以来的浮华词风无疑是一种净化。南渡以后，李清照的爱情词充满了凄婉沉郁的气息，如《武陵春》（风住尘香花已尽），悲情哀绪中寄托着对亡夫刻骨铭心的思念。

辛弃疾的词虽以豪放著称，但其爱情词亦不可小觑，如《满江红》（敲碎离愁）

“相思字，空盈幅。相思意，何时足。滴罗襟点点，泪珠盈掬。芳草不迷行客路，垂杨只碍离人目。最苦是、立尽月黄昏，栏干曲”；如《青玉案·元夕》“蛾儿雪柳黄金缕，笑语盈盈暗香去。众里寻他千百度，蓦然回首，那人却在灯火阑珊处”；再如《满江红·暮春》“庭院静，空相忆。无说处，闲愁极。怕流莺乳燕，得知消息。尺素如今何处也，彩云依旧无踪迹。谩教人、羞去上层楼，平芜碧”。

姜夔的爱情词多为以清空优美的语言来追忆过往的恋情。如《长亭怨慢》：“渐吹尽、枝头香絮。是处人家，绿深门户。远浦萦回，暮帆零乱向何许。阅人多矣，谁得似、长亭树。树若有情时，不会得、青青如此。日暮。望高城不见，只见乱山无数。韦郎去也，怎忘得、玉环分付。第一是、早早归来，怕红萼、无人为主。算空有并刀，难剪离愁千缕。”此词是姜夔与合肥歌女二姐妹相恋后告别时所作。《鬲溪梅令》：“好花不与殢香人。浪粼粼。又恐春风归去绿成阴，玉钿何处寻。木兰双桨梦中云。小横陈。漫向孤山山下觅盈盈。翠禽啼一春。”此词为怀念侍女小红之作。

金元明清时期，特别是元明清三代，以小说戏曲为代表的通俗文学兴起，爱情题材作品在戏曲小说中独放异彩，而相比之下，传统的诗词题材则相形见绌，诗词作品中对爱情之描写始终未能摆脱前人之窠臼，因此未能表现出自身之独特面目，总体成就亦未能超越唐宋时期。

随着时代的变迁，元词中少了唐宋时期那些男欢女爱、相思离别的题材，词人更多地在隐逸、山水、怀古题材上做文章。金至元初，词坛上成就最为突出的当属元好问，从数量来讲，婚姻爱情词在其词作中所占比例并不多，但其质量足以代表一个时代之风貌。元好问的婚姻爱情词主要有《摸鱼儿》(恨人间、情是何物)，直接体现了直率、诚挚的情感，词人对坚贞不渝的爱情的礼赞溢于言表。

明词是中国词坛上处于一个萧条的时期，既没有唐宋金元词的多姿多彩，又没有清词的独特风貌，历代之评论家对明词的评价亦无褒扬。晚明时期词风稍振，内忧外患的时局激发了文人的创作情怀，为清初之词坛鼎盛奠定了良好的基础。此时之爱情词亦饱含真情，如陈子龙寄赠柳如是的《踏莎行·寄书》：“无限心苗，鸾笺半截。写成亲衬胸前折。临行简点泪痕多，重题小字三声咽。两地魂销，一分难说，也须暗里思清切。归来认取断肠人，开缄应见红文灭。”两颗思念之心在情真意切的书柬里自然而然地融为一体。

清代是中国古代词史上唯一一个可与宋代抗衡比肩的朝代，其创作队伍之庞大、作品数量之繁多、创作内容之丰富都足可以称得上继两宋词之后的又一个黄金时期。清代的婚姻爱情词量多质优，但若论影响力来说，当推朱彝尊、陈维崧、纳兰性德三人，其中又以纳兰性德为冠。

纳兰性德不仅在清代词坛，即便是在中国古代词坛也具有举足轻重的地位。

王国维《人间词话》中赞其“以自然之眼观物，以自然之舌言情……真切如此。北宋以来，一人而已”。与清代其他词人不同，爱情词占据着纳兰词三分之一多的篇幅，可谓词人呕心沥血，用泪水和墨水结晶而成的珍品。纳兰性德的爱情词情调凄凉哀婉，气氛悲郁怆恻，行间字里充斥着怨恨幽深的气息，给读者一种无奈的感伤。根据学者统计，在现存的300多首纳兰性德词中，像“憔悴”“悲”“伤心”“断肠”“凄凉”等字眼随处可见。其中，“愁”“泪”“恨”三个字出现频率最高，“愁”字出现90次，“泪”字使用65次，“恨”字使用39次。纳兰性德的妻子卢氏早亡，故在纳兰性德的爱情词中，描写夫妻恩爱的词含情至深至真。《沁园春》一词之小序记述：“丁巳重阳前三日，梦亡妇淡妆素服，执手哽咽，语多不复能记，但临别有云：‘衔恨愿为天上月，年年犹得向郎圆。’妇素未工诗，不知何以得此也？觉后感赋。”凄婉哀伤的笔调中，蕴含的是词人对亡妻的一片深情。虽然纳兰性德与爱妻“一生一世一双人”的愿望不能实现，但是词人肝肠寸断、刻骨铭心的用血泪浇灌的爱情词足以打动每个读者的心扉，此亦为纳兰词独特的魅力所在。

菩萨蛮

敦煌曲子词

枕前发尽千般愿，要休且待青山烂。水面上秤锤浮，直待黄河彻底枯。

白日参辰现，北斗回南面。休即未能休，且待三更见日头。

此首《菩萨蛮》一直作为《敦煌曲子词》的代表作品被人提及。这首词是向恋人表达内心喷薄火热感情的誓言，但就其忠于爱情的思想而言，此词并无新颖之处，对永久好合的爱情的期盼亦不能为其所具有的“代表性”增添更多分量，它真正的动人之处在于质朴无华、通俗易懂、明快活泼的语言。词，人称“侧艳”，而这首词却与侧艳无关，全词以比喻为主，起句引出话题，余者以比喻为其忠于爱情的主旨服务：青山朽烂、秤锤浮水、黄河枯竭、参星日现、北斗居南、三更见日，以上述六种不可能出现的现象来表达自己感情的坚定。观其所选喻体，极为平常，山河星斗，皆为人所易见之事物，信手拈来，贯之以一线，生动形象自不必多言，其上至天文下至地理的选取范围亦给人以广阔的空间感和恒久的时间感，于平凡之中获取了不平凡的艺术效果。以物喻情，是古代文学作品常用之法，《卫风·氓》“桑之未落，其叶沃若”“桑之落矣，其黄而陨”，何如爱情之繁华与凋零？更有汉乐府《上邪》之“冬雷震震、夏雨雪，天地合，乃敢与君绝”情意，手法与此词相差无几，以其在前，则此首《菩萨蛮》可视为《上邪》之百年后的唱和。

望江南

敦煌曲子词

莫攀我，攀我太心偏。我是曲江临池柳，这人折了那人攀，恩爱一时间。

天上月，遥望似一团银。夜久更阑风渐紧，为奴吹散月边云，照见负心人。

某些版本按照抒情内容的差异将此词分为两首，前一首是典型的娼妓之音，既是对自己身份地位的悲鸣，又是对真爱难得的愤慨。后一首“天上月”则表现了痴情女子的悲吟和控诉，怨怒负心汉对其的伤害，这是一首写弃妇怨情而带怒意的怨词。如《鹊踏枝》：“叵耐灵鹊多谩语，送喜何曾有凭据？几度飞来活捉取，锁上金笼休共语。比拟好心来送喜，谁知锁我在金笼里。欲他征夫早归来，腾身却放我向青云里。”假借思妇和喜鹊之间的对话，通过一连串的心理活动，暗示了闺中少妇对远在异方的征人的极度相思之情。

思帝乡

（唐）韦　庄

春日游，杏花吹满头。陌上谁家少年足风流？妾拟将身嫁与一生休。纵被无情弃，不能羞。

韦庄词以表达真切的主观情感为一大特色，此首《思帝乡》亦是如此。全词仅起句为写景，余者四句皆为词人所拟女子的心里独白。“春日游，杏花吹满头”，此二句乍看极为平淡、简单，殊不知，此词的基调就奠定于此。“春日游”，点名了时间、地点，更于其中一个“游”字，起着为下文启幕蓄势的作用。《诗经·溱洧》诗，朱熹以为写郑国之俗：“三月上巳之辰，采兰水上，以袚除不祥……士与女相与戏谑，且以芍药相赠，而结恩情之厚也。”（《诗集传》）可知自古以来，春日之游，并非单纯的踏青，还有一种对爱情的追求隐含在内，这正与春日生机勃发的季节特质相符合。接下来的“杏花吹满头”恰恰是对这种生机勃发之状的绝好描写，“满”字用得形象而生动，更以此为读者展现了一幅花瓣随风起舞的春日美景。此时此景，对爱情的呼唤便水到渠成。词中女子希冀遇到陌上少年中“足风流”者，风流者，人、才均优异者。可知女子对爱情对象是有美好期盼的，下言“妾拟将身嫁与一生休”，对美好姻缘的及时把握与满足感、幸福感显而易见。接下来女子又做了另一面设想——“纵被无情弃”，这是一桩婚姻最坏的结局，假设自己遇到如此悲剧，女子并未表现出绝大多数女子的悲戚悔恨，而是直言自己并不以此为羞愧悔恨之事——“不能羞”。不禁让人想到当代流行的“不求天长地久，只要曾经拥有”之婚恋观。由最末两句，一个性情直率、坚定于爱情的形象鲜明起来。她对爱情大胆、果断、执着，虽不似《上邪》《菩萨蛮》中女子那般炽热，但那种敢作敢为没有后顾之忧的求爱态度令人瞩目，这种心境唯以“亦余心之所善兮，虽九死其尤未悔”形容最为恰当。这种对人物心理个性的形象表述，使我们看到韦庄所刻画的人物是“活”的，而写同样话题的温庭筠之作，如《菩萨蛮》(小山重叠金明灭)，却给我们一种仕女图的感受，其中的女子与我们是有距离的，而韦庄所写则是贴近生活的、真实的女子。

定风波

(北宋)柳　永

自春来、惨绿愁红，芳心是事可可。日上花梢，莺穿柳带，犹压香衾卧。暖酥消，腻云亸，终日厌厌倦梳裹。无那！恨薄情一去，音书无个。

早知恁么，悔当初、不把雕鞍锁。向鸡窗，只与蛮笺象管，拘来教吟课。镇相随，莫抛躲，针线闲拈伴伊坐。和我，免使年少光阴虚过。

此首《定风波》为闺怨词，描写了一位少妇相思之情及由此延伸开去的想象，其中“针线闲拈伴伊坐”与其他相思词之写作极为不同，是日常生活细节的鲜明体现，被视为柳永俚俗词作的代表句。此词上片起句即以惨淡不堪的春色描写入手，引出少妇相思的叙述。以一“惨”一“愁”来修饰春景，以物着我之色彩来突显这种情思的深切，更以“芳心是事可可”来加以强调。随后描写似无超出一般写法之处，对此女子仍以《伯兮》之诗“女为悦己者容”的思路来加以描绘。“日上花梢，莺穿柳带”，以外境之动、之闹来衬托女子的孤单、寂寞，使人想起那“打起黄莺儿，莫教枝上啼。啼时惊妾梦，不得到辽西”的思妇。写其懒起怠妆，而用“暖酥”“腻云”二词，又显得颇为艳俗。至此片末句，女子的怨丈夫久不与其通音信之言脱口而出，使其形象活络起来。下片即是女子的心理描写，写其“悔当初、不把雕鞍锁”，致使丈夫远行，自己孤单，与上片末句连起来看，这种又怨又悔的矛盾心理，将思妇刻画得很真实，很贴切，其形象也因此而可爱起来。恰似那“悔教夫婿觅封侯”的女子。接下来的想法又进一步给其可爱加分，“向鸡窗，只与蛮笺象管，拘束教吟课”，希望只让夫婿在书斋中活动，“只与”“拘束”，透露出少妇性格中那小小的霸道，而她的霸道都是为了她那单纯的想法——“镇相随”。你读书，我在你身边做针线活，让我们年轻生命的每一天都在彼此的陪伴下度过。

此词以对景物的描绘虚写思妇的情愫，对其心理活动以大的篇幅加以直言，虚实结合，刻画了一个美丽、可爱、鲜活、立体的女子形象。

昼夜乐

（北宋）柳　永

洞房记得初相遇。便只合、长相聚。何期小会幽欢，变作离情别绪。况值阑珊春色暮。对满目、乱花狂絮。直恐好风光，尽随伊归去。

一场寂寞凭谁诉。算前言，总轻负。早知恁地难拚，悔不当时留住。其奈风流端正外，更别有、系人心处。一日不思量，也攒眉千度。

这是词人以一位女性的视角通过回忆与爱人往昔的快乐时光，有感于现在的孤单状态，抒写离情别绪的作品。铺叙展衍，层层递进，细致地描绘了女主人公内心的起伏变化以及对离别的怨恨，生动地展现出她内心的愁苦和人生的曲折。起句便是女主人公回忆起与爱人相聚短暂而快乐的幸福时光。“洞房记得初相遇”，女主人公与爱人初次相遇，是在洞房花烛夜。虽然是那种先结婚后恋爱的传统婚姻，但“便只合、长相聚”，她与爱人感情甚好，希望日日相聚在一起。可惜事与愿违，初欢后两人便要面对离别。“何期小会幽欢，变作离情别绪”，什么时候开始，曾经两人团聚的时光变成了女主人公独守空房，在这里感叹离情别绪了！词人通过对女主人公最初与爱人的欢乐时光和现在独自感叹离情别绪的心态的鲜明对比，表现了女主人公离别后承受的巨大痛苦。“况值阑珊春色暮”，何况现在又是这春色阑珊的暮春时节，周围的一切景物都是那么的凄凉冷清。“对满目、乱花狂絮”，女主人公抬眼望去，满目都是凋零的残红在漫天飞舞，这样的场景更加触动她内心深处的伤感情怀。“况值”二字体现了女主人公的心境由追忆过去回到了现实生活中，也传达出她触景伤情、睹物思人的悲伤。“直恐好风光，尽随伊归去”，只怕这美好的春光也和你一样，转眼即逝了。词人将女主人公的爱人与这美好的春光相联系，他们都是美好的，却都是容易失去的。

下片词人进一步抒发女主人公对离别的怨恨之情，以及自己的懊悔情绪。“一场寂寞凭谁诉”，爱人离开之后，女主人公的内心只剩下了寂寞，而没有了以往的甜蜜时光了，可是她的这份寂寞苦闷心境却无法和别人诉说，只能埋在内心深处折磨自己。“算前言，总轻负”，女主人公后悔当初自己言而无信，损伤了爱人的感情，辜负了爱人的深情。“早知恁地难拚，悔不当时留住”，倘若自己早知分开后再相逢是那么的困难，真后悔当初没有把爱人留下来。“其奈风流端正外，更别有、系人心处”，他不仅举止儒雅风流，样貌端正，更重要的是，他的心里十分在意自己。可见女主人公的爱人是一位风流倜傥的人，远非一般浮华轻薄的人可以相比的。“一日不思量，也攒眉千度”，女主人公没有一天不在思念自己的爱人，每次思念时都不由得紧锁眉头。此句非常形象地表现出女主人公思念和悔恨的心境，可见其思念之深切。

诉衷情

（北宋）欧阳修

清晨帘幕卷轻霜，呵手试梅妆。都缘自有离恨，故画作远山长。
思往事，惜流芳，易成伤。拟歌先敛，欲笑还颦，最断人肠。

词人先以素描手法勾勒出一幅图画。“清晨帘幕卷轻霜，呵手试梅妆”，女主人公清晨起来将帘幕卷起，她看见一地的清霜，天气很凉，她用呵气温暖自己的双手，试图为自己化妆。梅妆，是指梅花妆，始于南朝宋寿阳公主。起句点明写作时令，并为我们展现了一个细致美丽温婉的女子形象。“都缘自有离恨，故画作远山长”，由于丈夫离别心中充满幽怨伤感，所以才故意把双眉画成细长浅淡的样子，就像是绵延的山脉。古人有以山水比喻别离的写法，眉黛之长，一般象征了水阔山长。词人通过对女主人公画眉情态的描写，特别是她将自己的眉毛画得像山脉一样绵长，表达出她内心深处对爱情是十分向往和渴望的，可是现在的情况令她无法如愿，只能默默忍受痛苦的折磨。

下片通过女主人公对美好爱情的回忆，更深层地抒发其内心对离别的幽恨。“思往事，惜流芳，易成伤”，回忆着美好的往事，怜惜流逝的美好年华，往往更容易令人受伤。女主人公感叹自己无法与心爱的人在一起厮守，无法掌握自己的命运和幸福，只能忍受凄苦和悲凉。“拟歌先敛，欲笑还颦，最断人肠”，想要放声高歌却要先收敛自己的情感，想要开怀大笑却先要皱眉，这种矛盾、这种纠结真是令人痛苦的事情。此词结句十分传神地刻画了女主人公矛盾的内心和对生活的无奈，“最断人肠”则反映出女子对美好爱情的渴望和离别带来的愁苦怨恨。

蝶恋花

（北宋）苏　轼

花褪残红青杏小。燕子飞时，绿水人家绕。枝上柳绵吹又少，天涯何处无芳草！

墙里秋千墙外道。墙外行人，墙里佳人笑。笑渐不闻声渐悄，多情却被无情恼。

此词清新自然，委婉秀丽，是一首言情的杰作。“花褪残红青杏小”，春天眼看着就要逝去了，百花都已经凋零了，杏树上已经开始生长青涩的果实。开篇寥寥七个字，写明了时令，并且写到了衰败和新生。花朵凋零，果实初生，这本来是自然界的客观现象，在词人眼中却那么有深意，让我们感到几丝凄清。“燕子飞时，绿水人家绕”，燕子在高空中来回盘旋，清澈碧绿的溪水围绕着人们的屋宅流淌。词人的视线转向了高远的地方，心情也随之变得明朗舒畅。他看见燕子盘旋、绿水环绕，一切还都是春意盎然的景致。“枝上柳绵吹又少，天涯何处无芳草”，柳枝上的柳絮已经渐渐吹散了，越来越少，可是天涯无处不生长着茂盛的芳草。此句的情感一波三折，先是描写渐渐吹散的柳絮，这本是一处伤感的景致，春天渐渐消逝了，可是词人突然转笔，写到天涯随处都是茂盛的青草，不用因为柳絮的飘逝而感到伤心，表达了词人豁达的胸襟和气度，此句也成为流传千古的名句。

下片词人又将视线转为眼前。“墙里秋千墙外道”，围墙里面挂着一个秋千，墙外是行人走的小道。“墙外行人，墙里佳人笑”，围墙里的女子在荡秋千时发出了欢快的笑声，墙外的行人听到了传出的笑声。此句词人只写到墙内的笑声，没有描写少女荡秋千的具体场景，但是我们可以想象到这是何等欢快的场面。一面围墙，挡住了词人的视线，却挡不住欢乐的传递，挡不住词人对美好事物的向往。此句写得生动传神而不流于俗艳，情感真挚而不轻浮，十分难得。“笑渐不闻声渐悄，多情却被无情恼”，围墙内的笑声渐渐消失不见了，行人听不到欢快的少女笑声而若有所失，仿佛自己被少女的无情而伤害到了。

此词结构错综复杂，寄托了词人对爱情的向往，情感一波三折，时而失落凄清，时而豁达豪放，时而甜蜜柔美，虽是写爱情，但其中渗透着人生的哲理。

鹊桥仙

（北宋）秦　观

纤云弄巧，飞星传恨，银汉迢迢暗度。金风玉露一相逢，便胜却人间无数。

柔情似水，佳期如梦，忍顾鹊桥归路。两情若是久长时，又岂在朝朝暮暮。

秦少游词以细腻幽微的情感体验见胜。此首《鹊桥仙》虽不是其词中的佼佼者，却以较高的格调在古今爱情词中鹤立鸡群，独树一帜。此词取意于牛郎织女七夕相会的传说，由此引发词人的深入思考。词的上片完全是对传说的模写。“纤云弄巧”，由云朵的变化让人联想到那“纤纤擢素手，札札弄机杼”的皎皎河汉织女。“飞星传恨”，写出织女牛郎离别之苦，这种相思分别之苦达到了顶点即转变成一种恨，可谓由爱生恨，恨彼此不得朝夕厮守。“银汉迢迢暗度”，指出二人分离皆由此天河而致，“暗度”亦说明二人将于夜晚渡河相会，为下文“便胜却人间无数”的美好相会做好铺垫。“金风玉露”，特指二人相会之时间，秋天在五行中属金，其风称为金风，玉露，也指秋天的露水。古人于七夕之作中喜用此词，少游之前有李商隐《辛未七夕》诗：“由来碧落银河畔，可要金风玉露时。”其后有纳兰性德《齐天乐》词：“清漏频移，微云欲湿，正是金风玉露。”愈是美好愈是容易逝去：“柔情似水，佳期如梦。”这种甜蜜与幸福宛如易醒的美梦，稍纵即逝。当此情意缠绵之时，又怎忍心回头踏上归程？称为“归路”，实乃分别之途，再一次开始长久的分离。当面对这种痛苦时，多数人选择将心中悲哀抒发到底，亦如“山长水阔知何处”的迷茫与无奈，抑或选择一个美好的愿望来作结，“在天愿作比翼鸟，在地愿为连理枝”，总归是绵软无力的。少游在这里却出奇制胜，以一种积极的态度示人：“两情若是久长时，又岂在朝朝暮暮。”一方面可以看作对织女牛郎真实情境的描述，另一方面更是对爱情坚贞的升华和赞颂：盈盈一水间，终年一相会，时空隔不断双方的挚爱。此词格调之高即在于此，无怪其成为千古名句。

钗头凤

（南宋）陆　游

红酥手，黄縢酒。满城春色宫墙柳。东风恶，欢情薄。一怀愁绪，几年离索。错，错，错。

春如旧，人空瘦。泪痕红浥鲛绡透。桃花落，闲池阁。山盟虽在，锦书难托。莫，莫，莫！

陆游一向以诗著称，其词数量不多，唯此一首《钗头凤》誉满古今，广为传唱。此词是写放翁和唐婉有情人被迫离散的伤感哀思。唐婉之事，是时人与后人每每提及的重点，以王双启编著的《陆游词新释集评》为例，其中关于陆游词的评论中涉及陆、唐之事者占据三分之二，此词作于二人分别之后偶遇于沈园时。人称陆游与辛弃疾一样，喜于诗词中“掉书袋”，此词中却一扫堆砌典故，通篇以“情”贯注，读来凄婉悲酸，感人肺腑。

词之上片，起句“红酥手，黄縢酒”，以人之美好者与酒之美好者共提，既可理解为往昔的美好，亦可理解为为下文的转折做铺垫。此点美好，似在庭院闺中，情境小而近，词人于此点到即止，转而以“满城春色宫墙柳”写时节之美好，视野更加放宽，境界由此宕开，却又未曾疏离于起句之意义涵盖，更于此中透露出伤心之境，起句酝酿的悲伤气氛得以蔓延开去。“东风”，本为春之信使，李商隐诗：“飒飒东风细雨来，芙蓉塘外有轻雷。”此词却于东风后缀一“恶”字，似东风已然成为肃杀之秋风，词之颜色陡变，春色愈美，经此东风，愈加令人心伤。“恶”字实乃全词情调转变之处。

下片起首三句，写别后唐婉伤情之状，平淡无奇，直至“桃花落，闲池阁”才又换了新境界。落花、闲池，一派生机渐去的情境，直贴词人心境，“闲”字更是将此中无人的信息透露出来，今日之沈园已无旧人之身影，孤单、落寞之意不言自明。然而此词百转千回的悲剧审美感受却不仅仅依靠“恶”“闲”二字，更多的来自两片各自的末句“错，错，错”“莫，莫，莫”。“错”，直言悔恨之情，你之错？我之错？抑或是舅姑之错？而最大的错误是我同意与你的分离，造成几年离索、愁绪满怀的苦痛。“莫”，罢了，这是无奈的叹息，昔人已为他人妇，锦书从此难托，错已铸就，纵有万般妙计，却又无力挽回。悔恨交加，悲戚深彻裂人肺腑。放翁为此悔恨终生，直至垂暮之年，皆有诗作悼念这段难以忘怀的感情，若将“沈园柳老不吹绵”等与此词并观，不知悲伤又平添几许？

高阳台

吴江叶元礼，少日过流虹桥，有女子在楼上见而慕之，竟至病死。气方绝，适元礼复过其门，女子母以女临终之言告叶，叶入哭，女目始瞑。友人为作传，余纪以词

（清）朱彝尊

桥影流虹，湖光映雪，翠帘不卷春深。一寸横波，断肠人在楼阴。游丝不系羊车住，倩何人、传语青禽？最难禁，倚遍雕阑，梦遍罗衾。

重来已是朝云散，怅明珠佩冷，紫玉烟沉。前度桃花，依然开满江浔。钟情怕到相思路，盼长堤、草尽红心。动愁吟，碧落黄泉，两处难寻？

《高阳台》是朱彝尊的代表作之一，演绎了男女双方的阴阳之恋。上片写女

子的一往情深。“桥影流虹”三句交代了悲剧发生的时间和地点，同时亦有烘托气氛之效。“横波”“断肠”从伊人暗送秋波写起，浪漫中又有“楼阴”之隔，“倩何人”表现出希望破灭的痛楚与迷茫。“最难禁”三句，将女子的思恋之苦逼入绝境，只两个“遍”字即可见其用情之深矣。

下片专写男子的奇遇与遗憾，以“朝云散”写男子见女而不可得的惆怅，化用《高唐赋序》中楚怀王和巫山神女之事，蒙上一层梦幻色彩，富有浪漫性。“前度桃花，依然开满江浔”则化用崔护诗中的句意，给人以余味无穷之感。男子因钟情这样的奇女子而怕到相思之所，直指痴情男子的内心。收之以“碧落黄泉，两处难寻”，表现上天入地的苦苦寻求。

全词写得缠绵有致，将男女深情表现得沉痛哀婉，悲切动人。

第十二节 历代闺怨词

概说

说到闺怨之词，首先要提及《忆秦娥》：“箫声咽。秦娥梦断秦楼月。秦楼月。年年柳色，灞陵伤别。乐游原上清秋节。咸阳古道音尘绝。音尘绝。西风残照，汉家陵阙。”此词作于何年不详，但内容是闺怨之词，秦娥梦醒，望楼外月上柳梢，思及当年离别之苦痛，不免伤心欲绝，遥望乐游原上冷落凄凉的秋日景象，通往咸阳的古路上音信早已断绝。西风轻拂，眼前只留下汉墓和宫阙。女子闺思之情娓娓道来，令人黯然伤神。

晚唐五代时期的花间词人在闺怨作品中多描写女性的外貌和生活，视野比较狭窄。宋代闺怨词反映女性生活更为丰富和广泛。以前的词作更多延续男性作家集中关注着青春韶华女性的幽怨。宋代以来，出现了新的发展，自柳永将闺情词内容延伸到妓女生活，更多地表现地位低下的歌伎阶层的悲惨命运，以及对忘恩负义的男性的谴责与抨击。但作为宋代闺怨词更为重要的新的特征是，女性所作的闺怨词的出现。作为宋代的女性，她们虽然和前代一样，但幸运的是，文化发展使得词作为一种新的文学样式开始进入她们的生活，这种更适合抒发哀情愁绪的文学体裁，开始成为她们抒发内心苦痛的重要载体。有越来越多的女性参与到词的创作中，开始了真正意义上女性闺怨词创作。

宋代女性的闺怨词拓展了女性的心灵世界，将她们内心的爱情世界第一次真正地表达出来，与男子作闺怨词相比较，这种来自内心的情感更为真实，更具代表性。宋代男性在诗词创作方面更多地注重内容的寄托，看似软侬细语，实则另有他声，如诗经之兴、离骚之香草美人。宋代男性如苏轼者更注重内容的拓展，相对来说更具一定的功利性。女性闺怨词则不然，她们的空间范围只限于自己的闺房，女性根本就被排除在政治之外，社会兴亡，全是男性的责任。因此，她们的闺怨之作，其目的更为单纯，缺少社会寄托和文化承载功能，皆缘事而发，情感娓娓道来，句句发自肺腑，感人至深。再者，传统文人注重显示自己的才华，南宋辛弃疾“以文入词”，使更多的典故开始在词中表现出来，男性文人更加注重自己文化学识修养入词，往往一首小词，也注重炫耀自己博古通今的才华，而女性文人的闺怨词语言更为平实，语气更为直爽，心中愁思扑面而来，直指人心。

宋代女性闺怨词的开门户者是魏夫人的《菩萨蛮》："溪山掩映斜阳里。楼台影动鸳鸯起。隔岸两三家，出墙红杏花。绿杨堤下路，早晚溪边走。三见柳绵飞，离人犹未归。"词人见景伤情，斜阳表时光已晚，恋人不归。鸳鸯双宿双飞，一系列景物表达了词人愁思萦怀，难以消解。自此词之后，女性闺怨词便登上文坛。宋代许多女性能够有机会受到良好的教育和熏陶，她们不仅像男人一样富有诗情画意，同时，也开始自觉地追求一种文化时尚。如李清照、朱淑真、孙道绚等人，她们的词虽然存世不多，但占主要比重的还是闺怨题材的内容。李清照的《声声慢》"寻寻觅觅，冷冷清清，凄凄惨惨切切"一连叠字，步步深入，将丈夫离世，对丈夫愈来愈深的思念外化为一连串的动作和感觉，若有所失，开始寻找，寻找不到又不相信丈夫已去，于是开始固执地继续寻觅，短短几字，将女性执拗的性格以及对丈夫的深情表现出来。寻之不得，开始由外部情景向内心情感生发，因人不在，无人陪伴，感觉家中之景物都变得冷寂萧条，因内心孤独而感周遭冷清，这种由内而外、由情观景的手法，历来受到称道。

女子写闺怨，情感更为丰富真挚，更注重细微意念的表达，细节的描写更为栩栩如生，更为缜密。不但注重女性容貌的描写，更注重女子情感的刻画，相比之下，男性代言缺乏真实性，女子的多愁善感，更多的是为了满足男子的内心审美需求，满足男性的自恋心理。其实男子外出，女子纵然思归，也未必如男性希望的那样终日以泪洗面，肝肠寸断。李清照的词抒发孤独和哀愁的情绪，以白描的手法表达自己内心难以排解的伤感和思念。她善于用浅近直白的语言传达内心丰富而真挚的情感，讲求韵律美。

闺怨词在宋代前期融入了士大夫的生活，随着柳永俗词的出现，闺怨词的内容、语言变得充实、丰富，如柳永的一些闺怨词笔端由富家千金、名门闺秀，转向娼家、歌伎下层妇女的情爱生活。词作往往通过妓女对于爱情的向往和对于薄情人的怨恨，表现出女性对爱情的执着和对于始乱终弃的负心男性的谴责，丰富了闺怨题材和主题。

金元两代词，紧承两宋。金代一朝，苏学北盛，形成"清刚劲爽""深裘大马之风"，因此，词风刚健，缺乏闺怨词的柔婉，但并非没有闺怨词作。

经历"国朝文派"党怀英、赵秉文等人的创作，闺怨词在金代取得了长足的发展，吸收了北地清爽的风气，内容较南宋的婉约柔美更为清爽洒脱，话语间透漏出独特的气度。金词后期当然以元好问为盟主，他能以诗之法度，振词之精神，寓疏宕之气、开阔之境于儿女之情中，使其仍有缠绵宛转之度，而无纤巧软媚之态。

元词不仅数量较少而且名家也相对较少，呈现下滑趋势，所谓"词衰于元"。元代闺怨分前后两期，前期由于多为金、南宋遗民所作，虽风格上承袭宋代，但其情感更为更富，遗民们将自己对于历史的兴衰、对于祖国的悼念都寄含在词作之中，看起来缠绵悱恻的闺怨之作往往寄慨遥深，读起来便感其中凝结着词人的滴滴血泪，已经超出了简单的闺怨内容，这不得不说是元代闺怨词的一大特点。

明代中后期闺秀词人的大批出现，不得不说是明词史上的一个较为独特的现象。一批大家闺秀开始染指翰墨，并且相互唱和、酬赠，一时女性词作蔚为可观，如明末清初的秦淮八艳等人。女性词人的作品，为词坛带来了新鲜气息。沈宜修、叶小鸾等闺怨词的创作，更具女性特有的敏感，细节描写更为精致。同时能够另辟蹊径，将内心真实的细腻情感通过恰当的景物和语言描绘出来，使闺怨词更加蕴藉深婉，真切动人。

词至清代一洗元明之萎靡，开始重新焕发生机，一时间，清代词学兴盛，词家竞起，词派林立，蔚为大观。徐灿本是名门之后，从小精于诗画，为当世才女。但徐灿如李清照一般，经历了国家灭亡的惨痛，同时徐灿的丈夫出仕新朝，遭到了前朝遗老和时人的冷嘲热讽，其内心之酸楚难以纾解，况且她本想规劝丈夫保其气节，但由于利益的诱惑，丈夫还是弃节入仕，她内心的纠结在词中也含蓄曲折地表现出来。在她的闺怨中掺杂着更为复杂难言的情绪。

闺怨，年轻女性的相思之怨，是女性的主要情感之一，也是其生命意识的具体体现，一直是文学创作的一个重要题材。而词作为以抒发情感见长的文学体裁，是表达闺怨的主要载体，闺怨词的发展与词之兴衰基本趋于同步，而且带有鲜明的时代印记。两宋是词的黄金时代，亦是闺怨词的青春时期；到了金代，闺怨的作品开始濡染北地的清刚劲健的风格，文风更为直爽；到了元代，受到元杂剧和散曲的影响，闺怨情感更为丰富，语言更为通俗；到了明代，有更多的女性参与创作，其内容更为缜密，更注重内心情感的抒发，同时更加注重细节的描写，闺怨之作更加完美；清词中兴，各种风格的闺怨之作不再拘泥常态，开始变得丰富多彩，如朱彝尊等人注重情感的抒发，张惠言注重寄托，清末四大家将沧桑的情感融入闺怨词中，使其风格多样，词作内容的广度和深度都得到了空前的发展。

菩萨蛮

（唐）温庭筠

翠翘金缕双鸂鶒，水纹细起春池碧。池上海棠梨，雨晴红满枝。
绣衫遮笑靥，烟草粘飞蝶。青琐对芳菲，玉关音信稀。

此词是词人在春意盎然中抒发深闺愁怨之作。上片主要描写景色。“翠翘金缕双鸂鶒，水纹细起春池碧”，一对翘着翠绿尾巴的鸂鶒，身上有着金色的花纹，看上去那么的绚烂明艳，它们在水面上嬉戏，激起层层的水纹，扰乱了一池碧绿的春水。这是一幅生机勃勃的春季画卷，美丽又带着无限的幽情。“池上海棠梨，雨晴红满枝”，海棠和梨树的枝丫都伸到了池塘的上方，一场春雨过后，天气晴朗起来，这时海棠树和梨树的枝丫上开满了红色的花朵。在词的上片，词人为我们勾画了一幅色彩鲜明艳丽的景致，笔触由池塘里的鸟儿写到池塘上方的海棠花和梨花。

下片开始人物描写，抒发深闺中的苦闷心情。“绣衫遮笑靥，烟草粘飞蝶”，女主人公在这句中才开始出现。女主人公红润的脸颊上荡漾着笑容，她用美丽的衣裳掩面而笑，更加动人，五彩的蝴蝶在一池春水上方的烟雾中嬉戏飞舞。词人将女主人公的情态刻画得惟妙惟肖，写出了一位女子娇羞而美丽的情态。“青琐对芳菲，玉关音信稀”，尾句表达出女主人公内心的深闺愁绪。“青琐”是指华贵之家，“芳菲”是指美好时节。富贵的家境、美好的季节都还在，只是可惜曾经与自己一起春游的人却远在边塞，与自己中断了音讯。这首闺中愁怨词构思缜密，清丽脱俗，堪称佳作。

点绛唇

（宋）李清照

寂寞深闺，柔肠一寸愁千缕。惜春春去，几点催花雨。

倚遍阑干，只是无情绪。人何处，连天芳草，望断归来路。

此词上片描写一位女子在深闺中的惜春情怀。“寂寞深闺，柔肠一寸愁千缕”，女主人公独自一人在深闺之中，心中十分苦闷寂寞，仿佛一寸柔肠便有千缕愁丝，内心的愁绪都纠结在了一起。词人运用夸张的手法，表明女主人公内心愁绪之繁乱。“惜春春去，几点催花雨”，女主人公那么喜爱春天的美好时光，那么怜惜春天的动人景致，但是春天依旧离去了，天下起了蒙蒙的细雨，仿佛在催促花儿早点凋零。此句情词并胜，神韵悠然。唯一能给女主人公寂寞的内心带来一丝安慰的便是这美好的春光，可是春天也要逝去了。春天，也代表女主人公的美好青春年华，也将在这深闺之中一去不复返了。此词通过描述女主人公对春天的惋惜，透露出其内心悲凉的情绪。

下片开始写女主人公的愁状。“倚遍阑干，只是无情绪”，女主人公从闺房中走出，站在高台上倚栏远望，百感交集，内心的愁情深重无法得到排解。“人何处，连天芳草，望断归来路”，自己心爱的人现在在何处啊？她看不见爱人的身影，只见一片片的芳草绵延向远方，与远处的天空相连，无论她望了多久，即使将归路望断了，也没有见到爱人的身影。此词描写爱情柔美凄凉，真挚深切，令人读之动容。

念奴娇

（宋）李清照

萧条庭院，又斜风细雨，重门须闭。宠柳娇花寒食近，种种恼人天气。险韵诗成，扶头酒醒，别是闲滋味。征鸿过尽，万千心事难寄。

楼上几日春寒，帘垂四面，玉阑干慵倚。被冷香销新梦觉，不许愁人不起。清露晨流，新桐初引，多少游春意。日高烟敛，更看今日晴未。

此词应是丈夫出仕在外，词人独守空闺，思念丈夫而作。“萧条庭院，又斜风细雨，重门须闭”，庭院深深，因为寂寥无人而十分萧条，天空又下起了细细的小雨，刮起了微微的斜风，词人只能将门关上。此句给人寂寞幽深之感，这样萧条凄苦的景象，令词人不得不关闭门窗，表达其内心深处的愁绪和思念之情无法得到排解。“宠柳娇花寒食近，种种恼人天气”，此刻已经临近寒食节了，柔美的细柳和娇嫩的繁花令人爱怜，可是此刻的天气却是令人烦恼的。词人用“宠柳娇花”寥寥四个字，就勾勒出了一幅春季的图画，可见词人炼字功夫的纯熟。这样美好的景色，却因为恼人的天气而无法尽情欣赏，词人在此也是暗示自己美好的青春年华要消磨在这深闺之中，而无法陪伴在爱人身边。“险韵诗成，扶头酒醒，别是闲滋味”，此句写到了人物。词人用冷僻难押的字押韵作诗，喝着易醉的扶头酒，酒醒之后，内心百感交集，无法见到爱人的愁绪又涌上心头。“征鸿过尽，万千心事难寄”，大雁已经飞过了，词人内心的万般情感该由谁捎给远方的人呢？

下片进一步抒发深闺的愁苦之情。“楼上几日春寒，帘垂四面，玉栏干慵倚”，词人在深闺中感到了春日的寒冷，帘幕在自己的周围垂着，慵懒地倚着栏杆，无法消解内心的痛苦。“被冷香消新梦觉，不许愁人不起”，她忍受着寒冷想睡一会儿，可惜罗衾不耐春寒，她被寒冷惊醒。“清露晨流，新桐初引，多少游春意”，早晨起来后到处都是晶莹的露珠，还有那清澈的流水，梧桐树长出新的嫩芽，这是多么富有春意的美好画面啊！此句由前面的凄清悲苦转为明丽清朗，一派富有生机的春季景色。“日高烟敛，更看今日晴未”，太阳升起来了，驱走了阴云，可是春天的天气阴晴不定，虽然已经放晴，但不知什么时候又会变化。由天阴写到天晴，又转而担心晴天后又会阴天，一波三折，以问句作结，韵味悠远，是一首别具一格的闺怨词。

鹧鸪天

(金)刘 著

雪照山城玉指寒。一声羌管怨楼间。江南几度梅花发,人在天涯鬓已斑。

星点点,月团团。倒流河汉入杯盘。翰林风月三千首,寄与吴姬忍泪看。

此词突破了传统江南词作的那种香艳柔靡,将闺怨之作与边地独特的景色融为一体。皓月当空,气候寒冷,楼阁上听到纤纤玉手奏出的悠悠羌管之声,羌管乃胡乐,与南方的丝竹显然不同,因听羌乐,因感天寒,想到故国家园,此时正是梅花初发,与挚爱携手赏梅之时。可如今,情景惨淡,欲归不能,朝仕异族,内心极度痛苦,千言万语无处诉,借酒浇愁愁更愁,千思万绪难以抒发。想到家中的姬人,此时正在盼望郎君早日归来,正所谓"海上生明月,天涯共此时",一轮圆月,两处相思,不知今夜愁思落谁家,词人更是痛不欲生,只能将自己的滴滴血泪凝成词句,寄给情人,诉尽平生不得志。此词情景独特,作为南人受到北地词风的影响,词作增添清爽之风,本为相思闺怨之作,信手题来,读之令人肝肠寸断。

谒金门

(金)王庭筠

双喜鹊,几报归期浑错。尽做旧愁都忘却,新愁何处著?

瘦雪一痕墙角,青子已妆残萼。不道枝头无可落,东风犹作恶。

王庭筠这首《谒金门》亦是闺怨词中之佳作,可惜金代词一直受到冷遇,未能引起足够的重视。试看全词,首句写喜鹊报喜,声声都令佳人以为是爱人归来,"几报归期浑错",开始听之信以为真,亦喜上眉梢,笑靥如花,可伴随着无尽的等待与一次次的失望,开始讨厌喜鹊的乱报佳期,于是迁怒他物。但女子再次听到喜鹊鸣叫,虽嘴上责备,心仍不甘,依然抱有希望,可失望的积累使得愁思倍增,本不想也罢,既已思归,良人不归,此等感受折磨人心,正所谓"自古多情空余恨",愁思越积越多,难以排遣。

闲愁无处排遣,望故园墙角,残雪已融,树木上春花落尽,自知初春将过,新萼残花,如自己一般,时光流逝,青春亦将在这样的虚无中消失殆尽,痛苦之情难以言表,人将老矣,却不见情人归来,怎能泰然自若?故如前文所言,只能迁怒于报喜的灵鹊,不论是埋怨其多管闲事,还是怨恨自己的多情,都无法排遣魂牵梦绕的思念。

点绛唇

（元）曾允元

一夜东风，枕边吹散愁多少？数声啼鸟，梦转纱窗晓。

来是春初，去是春将老。长亭道，一般芳草，只有归时好。

此词看起来似平淡易懂、软弱无力，正是出于这种自然天成，才形成其与众不同的特点。夜来东风，恼人闲愁，想到窗外花被吹落，伤春意绪自上心头。“枕边吹散愁多少”，还是继承传统的闺怨内容，女子慵懒地病卧闺房，愁听风雨。试问自己的闲愁几许，还是希望被这东风吹尽，能够早日解脱。这番愁绪，所谓何事？等到早上，莺歌鸟语，声声催人醒，梦中本可能与佳人相会，无奈被莺叫醒，如“啼声惊妾梦，不得到辽西”，女子醒来却没有去呼打黄莺，而是感慨，想到丈夫当初是在春初而来，因此，每到初春便心旷神怡，希望这美好的时节能够把自己的丈夫护送回来，可是，又突然想到自己的丈夫是在春尽之时离去的，春初是预期丈夫回来的时日，可春光荏苒，风吹落花，初春就这样结束了，未待良人归来，别离的暮春时节又来到了，一种绝望的意绪萦绕心头，自是痛苦难堪。最后一句“长亭道，一般芳草，只有归时好”，妙趣横生。长亭古道本为离别之地，芳草萋萋是送别之时，此时此景，本是伤心欲绝，可是女主人公突发异想，若是佳人归来，景物也会变得好起来。

以女性的角度和意趣可将思夫之感情表现得更为细腻、委婉、洒脱，也可表现得更为质朴、真挚。此词中女子对丈夫的思念没有缠绵悱恻的语言倾诉，而是通过对于周围景物的描写和内心感受的表达，塑造出一位感情热烈、性格开朗、活泼快乐的女性，一洗闺怨题材的幽怨悲哀，通脱明快，别具一格。

蝶恋花

（元）赵孟頫

侬是江南游冶子。乌帽青鞋，行乐东风里。落尽杨花春满地，萋萋芳草愁千里。

扶上兰舟人欲醉。日暮青山，相映双蛾翠。万顷湖光歌扇底，一声催下相思泪。

赵孟頫作为南宋王室成员，入元出仕新朝，其内心之煎熬可想而知。此词看似闺怨，实则蕴含深远，与前文所提到的刘著的词大致相似。首句以女子身份出现，道述自己的身世，自言乃是江南之女，江南女子如今流落何处？词人没有细细道来，但可以想象，重点强调自己乃江南女子，如今定是流落他乡。再看自己的穿着，乌帽青鞋行走在东风里，春风拂面，女子初来踏春，兴致盎然，基调看似较为乐观。可一句“落尽杨花春满地”，突然与刚才的行乐东风相违背，正是想要望见盎然之春意，不料刚刚出来，就睹见杨花落地，暖春将尽。接下来的大转折，将词人真正的情感表现出来。其实在这里，前面基调越是快乐，与后面的忧愁落差越大。“萋萋芳草愁千里”，本来踏春，却忽见落絮，思及春将归去，又见芳草萋萋，愁意顿生。词人在这里见到春天将去，不禁睹物思情，思及宋室江山正如这春天一样匆匆而过，昨日还是宋朝之王室，今日变成蒙元之奴臣。本想赏春，不但未能将身世之感和内心之怨淡化，反而更增新愁。悲从中来，无可断绝，唯能借酒浇愁，醉生梦死，扶上兰舟，看似此乃女子赏春、思君病酒之情态，实则是愁怨难述，欲以此行排遣消解。“日暮青山”，点出时间已晚，愁绪加重，暗喻南宋王朝的灭亡。所谓残照江山，多指朝代的覆没，内心无尽的追思和伤感，用作“日暮”景象，更是感伤备至。最后一句“万顷湖光歌扇底”给全篇定下一个感伤的格调。万顷湖光又能怎样，人生匆匆，山河巨改，江山易主，故发此等感慨，读完此词似乎还感觉有种悲歌萦绕耳际，终是难以忘怀。

可以说，元代前期的闺怨词往往借闺怨女子来表达亡国遗民对于国家灭亡的感叹，对于君王及家人的思念，如赵孟頫等人，他们闺怨词的基调多哀伤而具有历史的沧桑感，与宋代不同之处就在于此，增添了更多哀怨的成分和寄托的内容，读起来令人五脏六腑杂味翻沉，回肠空断。

蝶恋花

（明）杨　基

新制罗衣珠络缝。消瘦肌肤，欲试犹嫌重。莫信鹊声相侮弄，灯花几度成春梦。

风雨又将花断送。满地胭脂，补尽苍苔空。独自移将萱草种，金钗挽得花枝动。

杨基字孟载，明初“吴中四杰”之一，曾为山西按察使，因事免官，罚做徭役，死于贬所。此作乃是托意闺怨，而所感尤深。其词继承花间词的风格，将女子对丈夫的思念通过文字娓娓道来，颇多赏春意绪。

首句“新制罗衣珠络缝”，女子何以新作罗衣，又是以珠络制成，弥足珍贵，将女子的抱怨表达出来，因为新衣已出，却无人来欣赏，纵然衣服华美，却觉得黯然神伤。接下来“消瘦肌肤，欲试犹嫌重”，大有“衣带渐宽终不悔，为伊消得人憔悴"之境，因为对郎君的无尽思念，导致人茶饭难进，肌消体瘦，就连新制的珍珠罗衣也难以撑起，这里一个"重"字可谓妙不可言，恰到好处。衣服乃轻快之物，女子纵然再瘦弱，也不至于连衣服都支撑不住。这里不仅是身体乏力的原因，更重要的是心灰意冷，穿上新衣也是身心俱疲，不愿这样白白的辛劳，悦己者不在身边，纵然满身珠光宝气、楚楚美丽，也不过是孤芳自赏。同时又将女子的娇柔美丽侧面点映出来，如长恨歌中的"侍儿扶起娇无力"，表现杨贵妃肤若凝脂、体态婀娜、轻柔舒缓的娇态。寥寥五个字，便将女主人公的风情万种和无尽情思呈现出来，不得不说此句之精妙。再看"莫信鹊声相侮弄，灯花几度成春梦"，喜鹊声声相呼，报喜而来，多少次误以为夫君归来，于是新衣著身，梳洗打扮，高楼上倚栏远眺，望尽天涯暮。可次次等待，盼来的却是灯花燃尽，春梦成空，相思不眠之夜，难得欢爱之时。丈夫的不肯归来，是因为灵鹊的误报，还是情郎的薄情？总之，只能将这份怨恨归于灵鹊误人。这里将女子的聪明和单纯淋漓尽致地表现出来。

再看下片，"风雨又将花断送。满地胭脂，补尽苍苔空。独自移将萱草种，金钗挽得花枝动"，将内心的情感与窗外的景物融为一体，"风雨"句正如唐婉的"雨送黄昏花易落"，风雨无情，匆匆春又归去，春花秋月何其美哉，此时却佳人不在，可无情风雨多恼人，将这般美景无情摧残，好花美丽不常开，青春转头一场空。望着残花如雪，苍苔满地，想到花亦如人，正如"未若锦囊收艳骨，一抔净土掩风流""今年葬花人笑痴，他年葬侬知有谁"，这种对于命运的感慨和无奈都寄予其中。自古红颜薄命，韶华难驻，如此光阴却要自己形单影只，为排解浓愁，独自种植萱草，希望好花再开，等待情郎归来，与君相偎相依。最后一句"金钗挽得花枝动"，将情感引入动作与景物之中，美丽的少妇劳作于花丛之中，头上的首饰碰得花枝摇动。女子为了能够让丈夫早日归来，能够与其共赏美景，可谓煞费苦心。词作层次分明，娓娓道来，余味无穷。

南歌子

(明)叶小鸾

门掩瑶琴静，窗消画卷闲。半庭香雾绕阑干。一带淡烟红树、隔楼看。

云散青天瘦，风来翠袖寒。嫦娥眉又小檀弯。照得满阶花影、只难攀。

叶小鸾乃是文学家叶绍袁和沈宜修的幼女，从小资质聪颖，好读诗书，琴棋书画样样精通，4岁能诵楚辞，好临王献之《洛神赋》，17岁许于昆山张立平为妻，未嫁而卒。

此词气韵韶秀、音调和雅，玲珑剔透，新意层出，表现出女词人特有的细腻和谐婉。首句“门掩瑶琴静，窗消画卷闲”对仗工稳，意趣盎然。“门掩”说明无人问津，瑶琴安静下来，闺中女子所谓何事不再弹琴，窗子停止摇动，风停了下来，画卷躺在书桌上，闺中女子画意顿消。一片安闲静谧，主人还未出场，通过景物便将这幽寂的气氛展现出来。接着是“半庭香雾绕阑干。一带淡烟红树、隔楼看”，与上文对应，屋子里香雾缭绕，闺房之中的情境跃然纸上。本写闺怨，女子却迟迟不肯登场，次第出现的是，听觉上女子的瑶琴不举，视觉上女子的书画闲置，屋内香烟淡淡，一派幽静。望楼外淡烟红树，甚为绝妙。首先望窗外红树淡烟点明时间，此时正是初春时节，万树花开，轻烟淡淡，花香四溢，也从侧面看出女子赏春之意绪。花间以来，闺怨词大都从女性的容貌情态写起，而此文上片已过，却不见女子出现，只能从侧面窥视其善弹瑶琴，好作诗画，立于高楼独自远眺的身影。至此，前面层层铺垫、寻寻觅觅的主人公才“千呼万唤始出来”，女子的容貌、情态我们不得而知，但正是这种不知，才令人更想一睹芳容，试看究竟。

下片“云散青天瘦，风来翠袖寒”，又是一副工对，举头见云散开来，青天狭窄，一个“瘦”字，乃点睛之笔，如李易安的“帘卷西风，人比黄花瘦”，天青海蓝，何来消瘦，天地之大，能容万物，青天消瘦，是天之高旷还是人之情绪使然产生错觉？春风阵阵，吹入阁楼，人感袖冷，上片营造了一个“幽”字的情态，下片这个“冷”字可谓其词眼，风来袖寒，故起伤怀情绪。“嫦娥眉又小檀弯。照得满阶花影、只难攀”，天气已晚，弯月徐徐升起，如嫦娥之眉毛一般。想象奇特，嫦娥眉毛何以弯弯，定是如女主人公般眉头紧蹙。如此月光，照得花影斑驳，难以攀折。花影其实乃一语双关，难以攀折一来是天已黑，花难见，二来乃女子自比，自己处于孤独的环境之中，“愿得一心人，白头不相离”的愿望，恐怕也难以实现，好景虽美，却无人光顾。女子思春，望能得倾心之人，却因为名门女子，恪守妇道，不能够随意恋爱，整日都是瑶琴、诗画，难以越雷池半步。春天来临，百花竞放，唯独自己如月下寒花一般，摇曳春风中无人欣赏。这首词新意频出，不见只言片语的容貌描写，却将女子的性情和神态侧面烘托出来，未见其人，却感其美。

闺中女子作闺怨词，身临其境，心感其情，描写更为贴切逼真，细腻动人，实为闺怨词中之佳品。

玉楼春

(清)郑文焯

梅花过了仍风雨，著意伤春天不许。西园词酒去年同，别是一番惆怅处。

一枝照水浑无语，日见花飞随水去。断红还逐晚潮回，相映枝头红更苦。

上片的前两句写梅花落尽，春天到来，应是花开遍地，千里莺啼，此时却是十日九风雨，美景伤逝于寒雨之中，自然勾出伤怀悲春之愁绪。本想伤春花败落，老天却连这样的时机都不给。接下来“西园词酒”与去年相同，而此备感“年年岁岁花相似，岁岁年年人不同”，当初的西园雅集确实聚散匆匆，时光就这样过去了，留下无尽惆怅。

下片，“一枝照水”写还有残花未谢，“花飞随水云”，更多的花儿被流水冲去，不禁想到李煜的“林花谢了春红，太匆匆”，花开晚春，有花已零落随流水，有花如无力蔷薇卧晚枝。词人最后将二者结合起来，词人的情感徒然赋予了花朵，尚未凋零的花朵看见已经随水浮沉的花瓣的命运，感慨自己来日如此，情何以堪，只能带来无尽的痛苦。全词词人将伤春愁绪与自己的人生经历结合起来，国家遭遇外来侵略，仁人志士捐躯赴国难，本是昨日同饮酒，今日却断刀下头。自己想到此处，不觉忧从中来，当初的雅会，今日的孤独冷清，鲜明的对比更能触动伤心的愁绪。再将落花与残留之花相比照，自己就是那些残留枝头的花朵，望见同伴们都随流水，也许自己的命运会和他们一样。

伤春的意绪和时代的背景相结合，将这份特殊的情感和复杂的内心矛盾相结合，更是令人悲伤无尽。

后记

1985年，自我进入安徽师范大学，师从于宛敏灏、刘学锴和余恕诚三位先生，于今已近三十寒暑，三位恩师的言传身教使我受益匪浅。我的学术理想和治学理路亦深受老师们的影响。

宛老致力于词学研究七十年，其《词学概论》（上海古籍1987年版、中华书局2009年版）从词学的体制法度、韵律词话等方面对词体进行细致而精辟的论述。先生亦擅填词，与夏承焘先生和唐圭璋先生并称“当代词坛三老”，有《晚晴轩诗词选》等传世。刘学锴先生和余恕诚先生是李商隐研究的著名学者，兼擅词学研究。刘学锴先生有《温庭筠全集校注》一书，将温庭筠词自《花间集》中辑出并进行校注和笺释。余先生曾与丁放师兄合著《唐宋词概说》，对晚唐五代和两宋词家进行了细致的梳理和分析。

光阴如流水，而师长们的教诲犹在耳边，这也正是促成我完成这部书稿的动因。《通赏中国历代词》从词体、词材和词史等角度观照作家作品，以词论和词心为出发点，以批评和阐释为目标。这部书稿的完成建立在广博的文史常识、敏锐的文学感受、恰当的思维方式和科学的表述形式的基础之上。我们从人文情怀出发，秉持善意的态度去理解文本中的复杂心理和矛盾情感，用真诚而准确的语言表达艺术感受，力求揭示古典诗词中的艺术营构真谛和现实人生真相。

钱钟书先生说：“古典诚然是过去的东西，但是我们的兴趣和研究是现代的，不但承认过去东西的存在并且认识到过去东西里的现实意义。”中国词史上的名家代不乏人，这部书稿力图通过横向的题材概说和纵向的名作鉴赏来进行沿波溯源的追索，以期充实我们的文化记忆和文学感受，从而深入体会词体的性灵之美。

长春出版社王占通副社长，蔼然长者，学富五车，真正的学者、出版家；谢冰玉主任，才靓之女，业务水平着实令人敬佩。弟子李莹博士，代景丽、王慷、胡洋、杨辰宇硕士，态度认真。在本书撰著期间，孟杨、曹磊、陈大远、邹晓春、全崴、周非非、孟祥娟、王春明、王赟馨、彭飞、聂垚、范氏义云、孙千淇、沈思澄、武禹含、丁晖、于悦、左红杰、刘文宙、马雁晶、蔡雨彤、焦炯炯、刘姝瑾等同学，都在资料搜集、体例设计和校对等方面做出了贡献。有此合作，甚为愉快。是为后记。

谨以这部书稿向我的师长们表示感谢和敬意！

沈文凡

2011 年 11 月

于日本关西学院大学寓所内